THETAHEALING®

OS SETE PLANOS DA EXISTÊNCIA

A FILOSOFIA DA TÉCNICA DO THETAHEALING®

Vianna Stibal

THETAHEALING®

OS SETE PLANOS DA EXISTÊNCIA

A FILOSOFIA DA TÉCNICA DO THETAHEALING®

Tradução:
Giti Bond e Gustavo Barros

MADRAS®

Publicado originalmente em inglês sob o título *Seven Planes of Existence: The Philosophy of the ThetaHealing® Technique*, por Hay House UK Ltd.

Editor:
Wagner Veneziani Costa (*in memoriam*)

Produção e Capa:
Equipe Técnica Madras

Tradução:
Giti Bond e Gustavo Barros

Revisão:
Jerônimo Feitosa
Maria Cristina Scomparini

Dados Internacionais de Catalogação na Publicação
(CIP)(Câmara Brasileira do Livro, SP, Brasil)

Stibal, Vianna
Os sete planos da existência: A filosofia da técnica do ThetaHealing®/Vianna Stibal; tradução Giti Bond e Gustavo Barros. – São Paulo: Madras, 2023.
Título original: Seven Planes of existence: the philosophy behind the ThetaHealing® Technique

ISBN 978-85-370-1227-7

1. Autorrealização (Psicologia) 2. Cura espiritual
3. Medicina energética 4. Meditação I. Título.

19-29520 CDD-615.8

Índices para catálogo sistemático:
1. Cura energética: Terapia holística 615.8
Cibele Maria Dias – Bibliotecária – CRB-8/9427

MADRAS EDITORA LTDA.
Rua Paulo Gonçalves, 88 – Santana
CEP: 02403-020 – São Paulo/SP
Tel.: (11) 2281-5555 – (11) 98128-7754
www.madras.com.br

Arrombando nos Portões do Céu!

Conforme o turbilhão da vida me acomete,
Eu me ajoelho, minha cabeça se abaixa,
De todas as direções,
De dentro, de fora,
Eu estou cercado pela escuridão,
Inundado por emoções escuras,
Eu sinto o sofrimento do medo, dúvida e desespero,
Eu sinto a frustração das limitações,
Eu sinto desejo e amor, melancolia e alegria,
Eu sinto a felicidade fugaz e ela se vai.

A realização desperta,
Da intensa angústia da mortalidade,
Da luz que eu sou, tão breve e efêmera,
E de tudo o que extinguiria a minha alma.

De dentro vem o trovão do desafio.
Reverberando através da minha alma, o poder constrói,
E eu me torno consciente de mim mesmo.

Resoluto contra todas as forças que me destruiriam,
Contra todas as vicissitudes do mal dentro e fora de mim,
No coração da desolação,
Dentro da escuridão que me consumiria,
Eu desperto e acendo a luz interior.

Pela primeira vez, eu posso ver o que me segura.
Meu corpo está ancorado a essa Terra,
Estou acorrentado como Prometeu,
Mantido em algemas invisíveis,
Moldado pelos filhos de um Deus menor.
Eu começo minha luta para ser livre,
Rangendo meus grilhões,
Como Fenrir, o lobo.

Encontro aceitação para o amargo e o doce.
De cada poro do meu ser,

Eu começo a sangrar,
A chorar um rio contra a amargura do desespero,
Derramando lágrimas de um líquido que me purifica.
Eu procuro o centro e encontro o equilíbrio.

Na agonia da vida, aprendo aceitação.
Eu me entrego completamente e olho para cima.
De meus joelhos me levanto sobre os meus pés,
Quebrando as correntes do medo
Com a pura energia do pensamento.
Uma explosão de luz azul
Dissolve as algemas invisíveis,
Para eu não mais temer a morte,
E começando de dentro,
Eu me torno o microcosmo.

Tudo se torna claro e eu vejo que eu fico de pé,
No Vórtice da vida,
O Vórtice que me liga e me segura a essa vida.
Ele gira ao redor e sobre mim,
Um pilar sagrado que leva ao céu,
E além, para o infinito.

Reunindo o poder sobre mim,
Da mágica que é pura,
Eu rujo enquanto o poder toma forma,
Contra o tempo, contra a morte, contra o medo e o desespero,
Fazendo-os ilusões.
Eu vou escapar.
Eu vou ser livre.
Eu vou *me tornar*
Um ser a partir dos elementos combinados,
Eu vou *me tornar*
A pedra filosofal, o macrocosmo,
Eu vou *me tornar*
A fênix das cinzas,
Ascendendo dessa prisão corporal,
Gritando o nome do Criador,

Amaldiçoando com o poder da divindade,
Coberto de iluminação,
Elevando-me como a tempestade em direção ao cosmos,
Para atacar os Portões do Céu!

Vou arrombar os Portões do Céu.
Sem esperança, vou com tudo para os Portões,
Para me quebrar sobre eles,
Para despender a essência da minha alma,
Para testemunha-los cair na minha frente,
Ou deixar cada átomo do meu ser explodir nessa tarefa,
Para me libertar do karma,
Ou deixar de existir e não mais ser.

Armado com a Lança da minha Fé,
Eu me levanto além do Universo,
Através de radiações imensuráveis,
Para alcançar uma barreira de cor e vibração
Que tenta impedir minha passagem.
Mas eu não serei negado!
Eu vou me tornar os Planos da Existência!

Cada plano se torna integrado dentro de mim,
E, com o poder do pensamento,
Eu vou falar a *Palavra* ao Universo,
A Palavra que se torna uma entonação,
A entonação, uma pulsação de som,
Uma frequência tão poderosa que *não pode ser negada*,
A força expandindo conforme destrói os Portões
Com o poder de mil estrelas explodindo.
Os eternos Portões começam a vibrar e a gritar,
E explodem num estouro de luz dourada.

Então vem a vibração,
A entonação do som divino,
Vindo do coração do Céu,
A voz de uma multidão de anjos,
Se tornando a própria voz de Deus,

Alcançando a mim e a ele,
Falando em uma só voz, uma questão.
Em lágrimas de alegria,
Em exultação,
Eu me abro à questão:

"Criança humana,
Há uma solução dentro de você,
Para ir além dos Portões do Céu,
Para tocar o rosto de Deus,
E dar um passo a frente, ser como um só,
Com o Criador de Tudo o que É?
Aqui, então, está o que você procura!
Ouça e cumprimente o Tudo o Que É!
Abra-se, pequena centelha de Deus,
E conheça a divindade!
Bem-vindo ao Criador de Tudo o Que É".

Eu me levanto em um pilar de luz brilhante perolada,
Que me envolve,
Que me faz completo, inteiro.
Eu me torno luz,
Não mais separado da Criação,
Mas me tornando a própria Criação.

Guy Stibal, Dezembro de 2006.

Todos nós estamos procurando os Portões do Céu. Podemos ser ricos ou pobres, agnósticos ou religiosos, no fundo dos nossos corações todos nós esperamos que eles existam – um portal para uma vida além desta, para uma consciência superior... E, para aqueles que acreditam, para Deus.

Os Portões do Céu são as barreiras feitas das nossas crenças que nos separam de um Deus amoroso.

Talvez se os Portões explodirem, nós conheceremos Deus nesse corpo mortal. Talvez seja como o Mestre Eckhart diz: "Deus não existe sem nós, nem nós sem Deus".

É assim que eu percebo a Vianna. Ela, e outros como ela, estão aqui para abrir os Portões do Céu e mantê-los abertos, para entá não haver separação entre um Deus amoroso e nós.

Os planos da existência nos dão o mapa para estraçalhar os Portões do Céu.

Índice

Introdução

Neste livro, informações serão reveladas de uma das mais poderosas técnicas de cura energética, ThetaHealing. O ThetaHealing é um processo de meditação que nós acreditamos criar a cura física, mental e espiritual usando as ondas cerebrais Theta. Quando estamos em um estado mental Theta puro, nós estamos aptos a nos conectar com o Criador de Tudo o Que É através de uma oração focada.

Foi por meio do Criador de Tudo o Que É que eu aprendi como criar cura física, progredir espiritualmente, e encontrar um caminho para a iluminação. O ThetaHealing nasceu e provou a sua validade para mim pelo que eu acredito ter se tratado de uma cura instantânea da minha perna. Eu ainda estou no processo de compreender a importância dessa primeira cura e o aprendizado que essa experiência foi para mim e como isso continuará sendo importante para pessoas interessadas nesse trabalho muito depois de que eu já tiver partido desta vida e me mudado para um lugar superior. Essa cura espontânea foi a pequena semente que cresceu e se tornou a árvore sagrada do ThetaHealing.

Este livro acompanha meus dois primeiros livros, *ThetaHealing* e *ThetaHealing Avançado**. No *ThetaHealing* explico passo a passo os processos da leitura, cura, trabalho de crenças, trabalho de sentimentos, trabalho de *digging*, trabalho de genes, e dou uma introdução dos planos da existência e conhecimento inicial para o iniciante. No *ThetaHealing Avançado*, dou uma pequena descrição das minhas experiências em cada plano da existência e como usá-las na cura com

*N.E.: Obra publicada pela Madras Editora.

a mente. Esses dois livros dão ao leitor uma profunda orientação para os trabalhos de crenças, sentimentos, *digging*, genes, insights dos planos da existência, e às crenças, que acredito serem essenciais para a evolução espiritual. O foco desses livros é ensinar como acessar as habilidades de cura desde o Sétimo Plano da Existência, usando o amor incondicional do Criador de Tudo o Que É.

Este livro não inclui muitos passo a passo dos processos específicos que estão nos meus dois primeiros livros, mas é necessário alcançar um entendimento desses processos para utilizar este livro integralmente.

Nesta obra, levarei você para dimensões que eu acredito ser o início da própria vida, em uma viagem que nos leva para fora do Universo e oferece o conceito de que no estado de Theta é possível se conectar à divina energia *antes* de ela se tornar qualquer coisa nesse Universo. Vou explicar os planos da existência, que nos fornecem uma estrutura conceitual para entender como e por que a criação trabalha nos níveis físico e espiritual, e como isso se relaciona conosco em todos os níveis do nosso ser: mental, espiritual, física e emocionalmente.

É importante que o conceito dos planos da existência seja entendido, porque ele é o guia filosófico definitivo para a arte do ThetaHealing.

É interessante perceber que levou muitos anos para compilar todas as informações sobre ThetaHealing nos livros que as pessoas usufruem hoje. A inspiração para isso depende de vários fatores, mas principalmente esses livros vieram de anos de meditações, rezas, fé e orientação divina. Este livro apenas levou muitos anos de considerada canalização que começou em um flash de luz, quando eu estava na Croácia dirigindo para o local do nascimento de Nikola Tesla. Esse flash de luz foi a faísca de inspiração que abriu meus sentidos e ele continuou vindo a mim, na minha cabana no alto das montanhas de Idaho. O restante da inspiração veio de você, querido leitor, porque, sem a sua vibração de amor, essa filosofia não teria vindo.

Todos nós temos diferentes motivações para aprendermos algo como o ThetaHealing. Algumas pessoas estão em busca de conhecimento, algumas são meramente curiosas, e outras têm menos do que motivos altruístas. Mas a maioria das pessoas que o aprendem é pura de coração e está procurando expandir as habilidades adormecidas na sua mente. É isso o que o ThetaHealing é designado a fazer: ensinar as pessoas como usarem suas habilidades psíquicas por meio do despertar espiritual. Eu comecei dessa mesma forma, e se pode dizer que o ThetaHealing começou porque eu precisava controlar minhas próprias habilidades psíquicas.

O que me motivou primeiramente a fazer isso foi observar os obstáculos pelos quais minha mãe passou. Eu percebo minha mãe como uma ótima intuitiva em essência, mas que se tornou uma fanática religiosa que não consegue manter isso controlado. Suas crenças estão em desacordo com sua essência e, por muitos anos, ela brigou com a própria intuição por considerá-la errada, imoral ou mesmo má, em razão de intolerância e superstição. Agora ela a usa de tempos em tempos, mas, por causa do que lhe foi ensinado, sempre a questiona, perguntando-se se sua linda essência estaria vindo de algum lugar sombrio. Quem dera ela fosse capaz de aceitar isso como um presente de Deus, e então poderia deixar a intuição voar livremente, sem restrições, como um falcão nas alturas que vê a criação desde nuvens.

Quando tinha 15 anos, tornei-me consciente dessa mesma essência intuitiva dentro de mim. Entre as idades de 17 e 27 anos eu não podia controlá-la de jeito nenhum. Foi só quando fiz 31 anos que comecei a controlar essa essência em vez de ser controlada por ela. O que significa que, em vez de receber jorros de informações intuitivas ou ser assombrada por espíritos e outras energias, aprendi como focar e lidar com o que estava acontecendo. Se os espíritos eram negativos, eu dizia a eles para irem embora. Às vezes eles iam e às vezes voltavam. Mas aí eu aprendi a enviá-los para a luz de Deus e eles ficavam lá.

Aprendi como fazer isso pela orientação do meu "pai celestial". Uma das coisas mais importantes que eu aprendi do lado religioso da minha mãe foi que havia um "pai celestial" que me amava e com quem eu podia falar sempre que quisesse. Desde os meus 3 anos de idade comecei a conversar com ele. As respostas às minhas perguntas nem sempre eram as que eu queria, mas sempre recebia as respostas.

Alguns anos depois foi por intermédio desse meu relacionamento com o meu "pai celestial" que fui introduzida às Leis do Universo. Isso começou com uma experiência visionária quando conheci a Lei da Verdade do Sexto Plano da Existência na minha sala de estar. Essa Lei me mostrou que eu estava criando situações difíceis em minha vida por causa de meu sistema de crenças e que *eu podia manifestar mudanças a partir da minha conexão com o divino.*

Essa foi uma experiência profunda, mas a razão pela qual eu a tive foi porque chamei por ela e em algum nível eu acreditava que era possível. Eu acreditava nisso porque quando eu era criança minha mãe costumava ler para mim na Bíblia sobre um homem chamado Salomão. Ele pediu a Deus por uma coisa, essa uma coisa era sabedoria. Essa história ficou gravada em minha mente mesmo quando adulta. Eu acreditava que eu poderia pedir a Deus apenas uma coisa, e eu gastei horas pensando sobre o que essa uma coisa deveria ser.

Que "uma coisa" me ajudaria a cuidar da minha família? Eu havia, recentemente, aberto um consultório para leituras intuitivas, então pedi a Deus que me mostrasse *verdade.* Se eu pudesse dizer a verdade às pessoas em uma leitura, elas voltariam para outra leitura e falariam de mim para outras pessoas. Elas poderiam até não gostar de mim pessoalmente, mas, se eu pudesse dizer-lhes a verdade, eu estaria prestando um serviço, de qualquer forma. Então pedi para ver a verdade, mas eu não tinha ideia de que a Lei da Verdade apareceria na minha sala de estar!

Desde aquela vez, a Lei da Verdade tem sido a Lei com a qual eu tenho mais me conectado. Ela ainda vem me visitar de tempos em tempos, curiosa, eu penso, para ver como tenho lidado com os meus desafios de vida.

Após essa experiência, eu estava em uma busca pela pura verdade, para conhecer e me comunicar com a minha mais alta divindade, e para saber como o Universo foi criado.

Foi mais ou menos nessa data que as pessoas começaram a me pedir para dar aulas. Eu comecei a fazer isso, meus alunos se tornaram a minha motivação para eu parar e pensar a respeito do que eu estava fazendo intuitivamente, para entender, e para ver se os outros também conseguiam fazer isso. Esse foi o começo do meu entendimento dos sete planos da existência. Eu vi que meus alunos tinham a necessidade desse entendimento também. Eles precisavam do equilíbrio que isso trazia.

Isso me levou a perguntar ao Criador sobre a construção do Universo. No entanto, a informação não veio a mim toda de uma vez. O meu cérebro teve de se desenvolver o suficiente até estar apto para processar.

Meus alunos também quiseram saber mais sobre as Leis, então eu disse ao Criador: "Eu quero escrever um livro que mostre aos meus alunos como usar todas as Leis do Universo. Você vai me explicar?".

A resposta foi algo que eu não esperava: "Quando você estiver pronta".

Fiquei chateada com isso. Perguntei novamente a Deus, mas outra vez a resposta foi igual: "Você receberá quando estiver pronta".

Então perguntei:?" "E o que eu preciso para ficar pronta?"

O Criador respondeu: "Você precisa aprender algumas coisas".

Na minha infinita sabedoria, eu disse: "Eu sei todo o tipo de coisas".

O Criador simplesmente repetiu: "Você precisa aprender algumas coisas".

"Que coisas eu preciso aprender?"

De uma hora para outra, minha vida virou um caos e o trabalho que eu amava tanto estava sendo atacado na Internet. Eu não conseguia entender o porquê de aquilo estar acontecendo comigo. O que eu precisava aprender?

Recebi a resposta quando fui a um templo budista no Japão.

Como relatei em *Nas Asas da Oração*,* depois de ensinar uma aula em Tóquio em 2009 eu visitei um templo budista do século XIII e um monastério chamado Engakuji, na cidade de Kamakura. Alguns restos do Buda eram supostamente guardados em uma gruta lá e eu quis experimentar essa energia.

Quando pisei dentro da gruta, senti uma dor afiada no meu peito, ao mesmo tempo em que um choque elétrico passou pelo meu corpo. Aí veio um formigamento, acompanhado da sensação de estar sendo banhada por pétalas de rosa e a essência de uma risada. Eu perguntei ao Criador: "O que é isso?", e eu ouvi: "Isso é compaixão".

Eu me senti confusa, porque pensava que sabia a sensação de compaixão.

O Criador explicou: "Essa é a sensação da compaixão de Buda. Todos aqueles que desenvolveram a virtude da verdadeira compaixão

---

*N.T.: *In The Wings of Prayer*, livro de Vianna ainda não publicado em Português.

têm uma sensação que se torna a essência deles mesmos, e essa é a compaixão de Buda. Há muitas virtudes que você precisa adquirir".

Posteriormente, fui ver o Buda Daibutsu de Kamakura, uma grande estátua de bronze no chão do templo de Kotoku-in. Havia uma pequena loja lá com muitos tipos diferentes de estátuas de Buda à venda. Perguntei ao Criador qual estátua que eu deveria comprar que representasse uma virtude que eu precisava adquirir, então peguei uma pela qual me senti atraída. Eu esperava que fosse o Buda da proteção, já que eu estava sendo atacada na Internet. Porém, quando perguntei qual tipo era aquele, me disseram que era o Buda da misericórdia.

Aquilo me desapontou porque estava me dizendo que eu deveria ter misericórdia daqueles que estavam fazendo falsas acusações contra mim e dos que estavam se deixando levar por eles. De alguma forma, aquele tinha de ser o Buda errado. Peguei outro de outra seção, mas a mensagem debaixo dizia a mesma coisa: "Misericórdia". Eu olhei para algumas outras estátuas naquela seção para ver se todas diziam a mesma coisa, mas todas eram diferentes. A mensagem era clara: de alguma forma eu tinha de achar uma maneira de perdoar aqueles que estavam me atacando. Eu levei o Buda para casa e segui a sua mensagem.

Depois, dei-me conta de que eu nunca poderia ter canalizado os planos da existência sem desenvolver as virtudes que eu estava relutante em adquirir: Tolerância e Misericórdia.

Uma vez que aprendi essa importante lição, eu estava pronta para aprender mais. O Criador me iniciou na exploração de como dominar as Leis do Universo. Isso me levou a um entendimento diferente das dimensões e de como elas funcionavam.

Eu também queria descobrir por que algumas pessoas conseguiam fazer curas eficientemente e outras eram ineficientes nessa arte. Nós somos todos conectados ao Criador, então por que deve ser assim?

Eu penso que descobri algumas das razões para essa anomalia, porque perguntei ao Criador as perguntas certas. Uma resposta que eu recebi foi que as pessoas que conseguiam fazer curas tinham diferentes padrões de pensamento de outras pessoas. Isso mudou a visão delas da realidade. Elas não aceitaram o que as outras pessoas definiram como realidade e foram pelos seus próprios caminhos.

A maioria de nós não faz isso. Também não nos damos conta de que temos talentos latentes que estão lutando para acordar dentro de nós. Nós somos incrivelmente poderosos sem saber. Nós somos compostos da essência da própria luz. Até mesmo vivendo em um mundo tridimensional, a nossa essência espiritual é multidimensional por natureza. Quando estamos em um corpo humano, agimos tridimensionalmente, mas nossas almas sabem que existem reinos além do físico. Esses reinos são os sete planos da existência. Eu o convido a descobri-los por meio do poder das ondas de pensamento Theta enquanto você ainda está em um corpo físico.

1

Os Sete Planos da Existência

Eu acredito que existem sete planos da existência. Eles são as forças do cosmos visíveis e invisíveis que definem as diferentes dimensões deste universo e daqueles além deste. Eles são tão vastos que a mente humana deve estar em um estado abstrato para entendê-los. O estado mental Theta nos permite perceber essas inexplicáveis forças e toda a sua magnitude através do Criador de Tudo o Que É.

Cada plano tem sua própria e única energia, mais bem descrita como vibração. A *frequência da vibração* é o que faz os planos diferentes um dos outros e os habitantes dos planos diferentes também. Quanto mais alta a frequência da vibração, mais rapidamente os átomos se movem. Por exemplo, as moléculas nos objetos sólidos do Primeiro Plano se movem muito devagar. As moléculas nas plantas do Segundo Plano se movem mais rápido, e por aí vai, através dos planos. Essas vibrações são a essência da vida em todas as suas formas.

As forças vibracionais dos planos têm igualmente vastas e minúsculas proporções que, uma vez entendidas, podem ser curvadas pelo poder do pensamento puro.

Os planos são divididos por finos véus que tomam a forma de crenças que são programadas na mente subconsciente de todos os homens, mulheres e crianças deste planeta. Quando subimos ao Sétimo Plano da Existência, aprendemos como desmanchar esses véus de crenças para então percebermos que nós não estamos separados dos planos, mas conectados a todos eles.

Cada plano da existência é subordinado às suas próprias condições, regras, Leis e compromissos. Por sua própria natureza, os primeiros seis planos têm em si ilusões, mas o Sétimo Plano é a essência da verdade e da divindade.

Os planos são tão vastos que a mente humana tem de estar em um estado abstrato para compreendê-los, e são, ao mesmo tempo, tão minúsculos que não podem ser mensurados. Para entendê-los, temos de estar na frequência cerebral Theta, que cria um estado divino de mente. Eu chamo isso de estado Theta. Ele nos permite ser receptivos para as vastas paisagens internas e externas que compõem a criação. E nos permite comunicarmos com o Criador. A forma com que somos capazes de perceber os planos da existência em toda a sua magnitude é pelo Criador de Tudo o Que É do Sétimo Plano da Existência.

O Sétimo Plano da Existência

Esse é o plano do Criador de Tudo o Que É, a energia que flui através das coisas para criar vida. Aqui nós temos o entendimento de que nós somos parte de Tudo o Que É, parte de Deus.

No Sétimo Plano, podemos utilizar as energias de todos os planos sem estarmos presos por nenhum dos seus juramentos ou compromissos. Isso porque a energia do Sétimo Plano cria os demais planos. É a energia que faz os quarks, que faz os prótons, nêutrons e elétrons, os quais, por sua vez, fazem o núcleo do átomo.

O Sexto Plano da Existência

Esse é o plano das Leis que criam a própria matéria-prima do Universo, tais como a Lei do Tempo, a Lei do Magnetismo, a Lei da Gravidade, a Lei da Luz, e muitas mais.

O Quinto Plano da Existência

Esse é o plano dos seres divinos e semidivinos, o plano dos mestres, como Jesus Cristo e Buda. Ele é dividido em diferentes níveis de vibração e consciência. Os níveis mais baixos são definitivamente os mais duais. Cada um no planeta é uma espécie de ser divino.

O Quarto Plano da Existência

Esse plano é o reino dos espíritos – o que algumas pessoas chamariam de "mundo espiritual". É onde os espíritos existem após a morte, onde estão os nossos ancestrais esperando por nós. É a escola dos seres do Quinto Plano – os espíritos desse local estão aprendendo e ainda não se graduaram nas vibrações das realidades superiores.

O Terceiro Plano da Existência

Esse é o plano das formas de vida baseadas em Proteína, tais como seres humanos e outros animais. Em parte, nós o criamos para experimentar o desafio de sermos governados pelas emoções e desejos instintivos e a realidade de vivermos em um corpo físico em um mundo físico. Aqui nós nos treinamos para o Quarto Plano e para avançar ao Quinto Plano.

O Segundo Plano da Existência

Esse plano consiste em matéria orgânica: vitaminas, plantas e árvores. Fadas são atraídas a ele por causa das plantas e árvores.

O Primeiro Plano da Existência

Esse plano consiste em toda a matéria inorgânica da Terra: os minerais, cristais, solo e as rochas, todos os elementos que formam a Terra na sua forma original, todos os átomos da tabela periódica antes que eles se unam a bases de carbono (e se tornem orgânicos).

INTERCONEXÕES

Todos os planos da existência são interconectados para formar toda a criação. Aprender sobre a natureza de cada plano nos leva a um melhor entendimento de todas essas interconexões e abrirá para nós o que cada plano tem a ensinar.

Equações

Sempre que nós aprendemos a usar a energia de um dos planos, uma correspondência com outro plano se abre para nós. Isso significa que, quando usamos a energia de um plano, estamos usando outra ao mesmo tempo. Isso é chamado *equação.*

Por exemplo, os minerais do Primeiro Plano automaticamente interagem com as Leis do Sexto Plano, o que os torna ainda mais efetivos.

Por meio desse conceito de equações, chegamos ao entendimento de que todos os planos da existência estão trabalhando no nosso corpo em completa harmonia para criar a vida.

Nossa Conexão com os Planos da existência

Nós somos o microcosmo dos planos da existência. O corpo humano é feito de cinco diferentes componentes: lipídeos, carboidratos, proteínas, ácido nucleico (DNA) e ATP (energia). Cada um desses está ligado a um plano em particular. Juntos, esses cinco componentes formam o que nós somos. Eles são os assistentes da vida que nos conectam aos outros planos.

Isso pode ser visto no fato de que a nossa saúde mental e espiritual é dependente de termos o suficiente de cada um desses componentes. Se eles estão em falta no nosso corpo, então faltará em outras áreas da nossa vida, como no esquema abaixo:

- Falta de ATP do Sétimo Plano vai criar: *falta de espírito e amor puro e incondicional.*
- Falta de ácido nucleico do Sexto Plano vai criar: *falta de estrutura espiritual.*
- Falta de lipídios do Quinto Plano vai criar: *falta de equilíbrio espiritual.*
- Falta de carboidratos do Quarto Plano vai criar: *falta de energia.*
- Falta de proteínas do Terceiro Plano vai criar: *falta de nutrição.*
- Falta de vitaminas do Segundo Plano vai criar: *falta de amor.*
- Falta de minerais do Primeiro Plano vai criar: *falta de suporte.*

É por isso que entender os planos da existência é tão importante: *nós somos os sete planos da existência.*

UTILIZANDO OS PLANOS

Na Antiguidade uma pessoa deveria dominar a energia de um plano de existência de cada vez. Por exemplo, para saber qual era a utilidade dos minerais, eles precisariam dominar o conhecimento do Primeiro Plano da Existência. Dominar a energia de um plano significava que eles tinham realizado uma mudança mental, e isso era chamado de iniciação. Essa é a primeira vez na história da humanidade que os planos da existência foram abertos simultaneamente para serem entendidos e utilizados como nunca antes. Aprendendo como fundir os elementos dos planos em uma energia coesa, nós vamos continuar, no entanto, passando por lições ou iniciações que nos ensinarão como usá-los e entendê-los. Se essas lições serão fáceis ou difíceis, depende de nós.

É fácil nos apaixonarmos pela beleza e magnitude de cada um dos primeiros seis planos. Eles todos têm seus próprios extraordinários sistemas de crenças, poderes e propriedades curativas. Isso nos leva a elocubrações mentais, que nos mantêm intrigados com cada um dos planos para nos mantermos lá e aprendermos tudo o que pudermos.

Cada plano da existência também nos dá a visão do divino filtrado através dele, que nós interpretamos da nossa própria forma. Eu acredito que é assim que as religiões são criadas: um buscador faz a conexão com a consciência de um plano da existência, pega o sistema de crenças desse plano e então o coloca em palavras escritas. Ordens religiosas têm sido formadas pelas energias inerentes de cada plano. No entanto, isso não significa que essas ordens não tenham recebido informações da pureza do Sétimo Plano da Existência também, já que as pessoas têm tocado a divindade desde o início dos tempos.

Hoje, conforme começamos a desenvolver as nossas habilidades intuitivas, nós vamos, naturalmente, nos conectar com as energias dos planos da existência e utilizá-las como ferramenta definitiva de autoaprendizado para o crescimento espiritual.

2

Esse Universo... e Além

Eu sempre quis saber os segredos do Universo. Um dia eu perguntei ao Criador: "De onde vem a energia que cria partículas do Sétimo Plano?".

Ele disse: "Vianna, ela vem do aspecto multidimensional. A energia de Tudo o Que É cria este universo e os universos além deste, moldando todas as diferentes energias em todas as diferentes dimensões".

O Criador me iniciou na exploração das chaves que revelam as Leis do Universo e como elas se relacionam com as outras dimensões. Para entender como sujeitar as Leis, eu, primeiramente, tive de melhor compreender o nosso universo e como ele funcionava tridimensionalmente. Isso me levou a ter um entendimento diferente das dimensões e de como elas funcionavam.

DIMENSÕES

"Dimensão" é um termo comum em ciência e metafísica, mas a maioria das pessoas não sabe o que uma dimensão realmente é. Sugiro a qualquer um que queira entender melhor esse conceito ler o livro *O Flatland*, de Edwin Abbott. Eu estava na terceira série quando meu professor leu esse livro em aula e mudou a minha vida. Eu perdia muitos dias de aula, pois ficava doente quando criança, mas no momento em que o professor leu esse livro pela primeira vez eu queria muito ir à escola. Mesmo tendo sido escrito há mais de cem anos em inglês vitoriano, o livro é intelectualmente provocativo, sugerindo que existem respostas para as realidades superiores desconhecidas que podem ser explicadas com nosso pensamento científico e racional se simplesmente liberarmos a nossa mente para fazer as perguntas certas.

No livro, Abbott descreve a vida de um pequeno quadrado vivendo em um mundo bidimensional. Ele tem uma pequena casa e, quando conhece um ser tridimensional, fica impressionado que ele consegue entrar em um guarda-louça e pegar um ovo. Isso é um milagre para o quadrado da segunda dimensão, assim como seria para se nós conhecêssemos um ser da quinta dimensão que pode mudar do estado sólido para espiritual e voltar para estado sólido novamente.

Espaço Tridimensional

Nosso universo é tridimensional e isso significa que somos seres tridimensionais pela nossa própria natureza. Os gregos conceberam três dimensões milhares de anos atrás usando a ideia do Espaço Euclidiano. Acima, abaixo e as quatro direções cardinais compõem o mundo tridimensional em que vivemos. É com isso que estamos acostumados e é assim que definimos o nosso universo.

Nós aprendemos sobre o mundo tridimensional na infância usando o que o médico alemão do século XIX Hermann von Helmholtz chamou de *inferência inconsciente*, que está intimamente relacionada com o desenvolvimento da coordenação dos movimentos de mãos e olhos. A habilidade visual para percebermos o mundo tridimensional é chamada *percepção profunda.*

Conforme amadurecemos, tomamos como certo que o espaço tridimensional é a única forma de perceber a realidade. Essa é uma forma que o nosso corpo nos mantém aqui para ter uma experiência no Terceiro Plano da Existência. Porque nós estamos tão fortemente apegados à terceira dimensão, a energia de outra dimensão seria algo que não entenderíamos. Mas e se por acaso a realidade fosse mais do que um espaço tridimensional e pudesse ser definida e percebida como multidimensional?

Acredito que existem muitas dimensões, cada uma muito diferente da nossa, mesmo no que é chamado multiverso. Eu aprendi que o Primeiro, Segundo e Terceiro planos são tridimensionais e que o Quarto, Quinto e Sexto planos existem multidimensionalmente. Eles são parte desse universo e parte de outras dimensões também.

Como somos seres tridimensionais vivendo nos primeiros três planos da existência, os Quarto, Quinto e Sexto planos vão muito além do que imaginamos como sendo normal. Nós nem mesmo entendemos isso. Não conseguimos conceituar o que pode ser feito na quarta dimensão, como isso difere da nossa realidade tridimensional ou, nem mesmo, como ele se parece. Para que fosse possível entender, teríamos de experimentá-la diretamente.

A maneira de experimentarmos essas energias de outras dimensões é através da consciência espiritual da onda cerebral Theta. Porque pensamentos espirituais viajam mais rápido do que a velocidade da luz, nós podemos usar a consciência focada para nos projetarmos para além do universo que nós conhecemos e usá-los como um veículo para experimentar as outras dimensões.

Espíritos Multidimensionais

Mesmo estando no Terceiro Plano, nossos espíritos não são tridimensionais em essência, mas multidimensionais. Estar em um corpo tridimensional parece peculiar para nós quando somos crianças, assim como o restante desse mundo tridimensional. Conforme crescemos, nunca deixamos de ter o sentimento de que nós podemos ser mais e fazer mais do que este mundo tem a nos oferecer. Isso porque nós experimentamos energias de outras dimensões antes de vir a este plano.

Cada um nesta Terra é algum tipo de ser do Quinto Plano. Somos todos de um dos dois tipos de energia espiritual: filhos de mestres e mestres ascensionados.

Filhos de Mestres

Os filhos de mestres ascensionados compõem a maior parte da população de almas na Terra. Eles vieram para cá do primeiro nível do Quinto Plano para aprender e crescer. Eles vivem muitas vidas resolvendo o carma de vidas passadas negativas e trabalhando na sua própria maestria, aprendendo como serem seres de pura luz. Uma vez que tenham aprendido as lições da energia tridimensional, eles são mandados para casa, no Quinto Plano, para começarem uma fase ainda superior de aprendizado.

Mestres Ascensionados do Quinto Plano

O segundo tipo de energia espiritual que vem para cá é composta de mestres ascensionados do Quinto Plano. Esses são seres espirituais que, através de muitas vidas, acumularam virtudes suficientes para avançarem além dessa realidade tridimensional para o Quinto Plano da Existência. Terem completado o carma das sucessivas vidas os levou a atingir uma vibração elevada o bastante para se tornarem mestres ascensionados. Se eles alguma vez retornam à realidade tridimensional, denominamo-los *mestres ascensionados.* Eu acredito que eles voltam para nos ensinar o significado de amor e para nos treinarem em uma forma mais elevada de evolução, para não nos destruirmos.

Mestres ascensionados vêm a esta dimensão com uma energia espiritual que é multidimensional. Um ser completamente consciente e desperto do Quinto Plano pode transformar o seu corpo sólido de ser humano em um corpo espiritual. Os seres da alta vibração são capazes a mudar (à vontade) entre esses estados.

Um mestre ascensionado neste planeta tem a missão de despertar para o seu potencial máximo para que possam levar seus filhos à iluminação e ensiná-los que suas almas são multidimensionais por natureza.

ENTENDENDO NOSSO UNIVERSO

Origem

O que me foi mostrado pelo Criador foi que, quando a energia pura de Tudo o Que É vem (de outras dimensões) ao nosso universo, ela expande. Por causa disso, eu acredito que o nosso universo está constantemente expandindo. Ele está sempre crescendo, mas não como um balão, porque a sua energia está saindo e entrando nele todo o tempo. Eu não acredito que ele esteja em colapso eu caindo aos pedaços ou que foi criado pelo Big Bang, mas, sim, através de energia que escoa até uma área para criar átomos e para animar as Leis do Sexto Plano. O Criador de Tudo o Que É do Sétimo Plano da Existência foi a inteligência divina que fez com que esse processo acontecesse.

Passagens Dimensionais

Então me foi dito que através do universo havia passagens dimensionais de variados tamanhos, de muito pequenas até muito grandes, e que elas eram na verdade o que a ciência chama de buracos negros.

Eu assisti a um programa de televisão em 2011 que apresentou a teoria do que era um buraco negro. A ideia era que quando você entrasse em um buraco negro entraria na escuridão, através de camadas de luzes, em uma luz dourada brilhante, através de uma matéria espessa e então em pura energia. Fui surpreendida por quanto isso se parecia com o processo que eu vinha ensinando por anos para ir ao Sétimo Plano.

Eu acredito que há buracos negros ao redor de nós, mesmo no nosso próprio espaço, e, quando subimos na meditação Theta, vamos inconscientemente dirigindo as nossas mentes para encontrar essas passagens dimensionais.

Eu também acredito que a energia fica presa nessas passagens e escoa dentro do nosso universo tridimensional de dimensões que são muito mais sofisticadas que a nossa.

Conforme entendo isso, vejo que buracos negros não existem apenas em algumas partes do espaço, mas em cada átomo como um campo de energia que está se movendo entre partículas minúsculas dentro do átomo. Essa é a energia de Tudo o Que É – a energia da criação.

Energia da Criação

A energia da criação consiste em uma forma pura de amor com inteligência infinita que é interconectada multidimensionalmente com todas as coisas, da menor partícula à maior galáxia no Universo. É isso o que compõe o Sétimo Plano da Existência. Está em toda a parte - existe em todas as coisas. É o que utilizamos em uma cura quando nos conectamos ao Sétimo Plano. Quando começa a se fundir, outros campos de energia são criados.

O espaço entre a energia da criação é o que a ciência chama de "matéria escura", mas eu chamo de Leis de Universo. Assim como você tem um campo morfogenético que direciona o DNA para executar suas funções, também a energia multidimensional que escoa no Universo direciona as Leis da mesma forma.

A energia da criação viaja para trás e para a frente através das diferentes dimensões, todo o tempo. É por isso que a teoria de que o Universo colapsaria se uma molécula fosse trazida de outra dimensão à nossa é ridícula. Quando uma energia de outra dimensão vem até a nossa dimensão, ela adquire uma nova forma e se torna a Lei do Pensamento.

Acredito que a energia da outra dimensão que entra no nosso universo tridimensional cria o que a mecânica quântica chama de "cordas" na teoria das cordas. A teoria das cordas é o conceito de que toda a matéria é composta de filamentos vibracionais e membranas de energia que são multidimensionais por natureza e vibram frequências específicas. Acredita-se que essas cordas são o começo das partículas subatômicas. Elas começam a se mover em padrões para formarem prótons, nêutrons, átomos, moléculas e, finalmente, matéria sólida. Enquanto essa teoria não é exatamente da forma que eu imagino que o Universo é formado, o conceito de cordas vibratórias é semelhante à forma como percebo as coisas.

Na minha visão, essas finas cordas são o microcosmo desse universo e os planos da existência são o macrocosmo. Se você for fundo no núcleo de um átomo, você vai encontrar prótons e nêutrons e, dentro deles, há partículas ainda menores, chamadas quarks. A energia do Sétimo Plano vem a esse universo e cria as partículas-corda, agita-as, e isso faz com que os quarks comecem a girar para criar prótons e nêutrons, que formam a energia do núcleo do átomo.

O número de prótons em um átomo torna-o o que ele é. Por exemplo, hidrogênio tem um próton e um nêutron, então o seu número atômico é um. O número atômico do ouro é 79 e o número atômico do mercúrio é 82 (esse conhecimento é a chave para a mudança da estrutura atômica de um elemento).

A energia que restou da formação do núcleo de um átomo cria as partículas de energia chamadas elétrons, que circundam o núcleo.

Quando aprendi que os planos da existência eram diferenciados pela velocidade com que seus átomos e moléculas estavam vibrando, cheguei a um impasse de confusão sobre gases, água e sólidos, e como eles se relacionavam e trabalhavam um com os outros através dos planos. A resposta à confusão foi que o elemento mais frequente no universo era o hidrogênio.

Eu me refiro ao hidrogênio como o "Pai da Criação". Quando o oxigênio começa a se misturar com hidrogênio e carbono, a "Mãe da Criação", nós temos o que percebemos como a vida.

Dois átomos de hidrogênio e um átomo de oxigênio formam água, que pode ser um gás (vapor), um sólido (gelo) e um líquido (água). Então, nas suas diferentes formas, ela tem a energia para levar nossa consciência entre os diferentes planos da existência. É a ponte entre os planos.

Isso explica o porquê de muitas pessoas terem experiências espirituais dentro ou sobre a água. Na verdade, a meditação que eu uso para ensinar a ida ao Sétimo Plano me foi ensinada enquanto eu estava em uma banheira de água quente.

Nessa meditação, nós estamos enviando a energia da nossa consciência para as vastas extensões do universo, em uma onda Theta atemporal que viaja muitas vezes mais rápida que a velocidade da luz através das Leis até a luz perolada da energia do Sétimo Plano. Quando estamos nessa energia, nós podemos nos tornar ela para que possamos a testemunhar usando-a para criar uma cura. Essa é a forma de fazer isso:

Suba para o Sétimo Plano da Existência!

Aterre-se e centre-se.

Comece enviando sua consciência para baixo ao centro da Mãe Terra, que é parte de Tudo o Que É. Traga a energia através dos seus pés, para seu corpo e para cima, através de todos os chacras.

Suba acima do chacra da coroa em uma linda bola de luz. Imagine a bola de luz subindo, indo além das estrelas e do Universo.

Vá para além do Universo, passando pelas camadas de luz, através da luz dourada, passando pela camada gelatinosa que são as Leis, passando pela luz azul-profunda, passando a névoa rosa e entrando em uma luz branca perolada, o Sétimo Plano da Existência, a pura energia da criação. Essa é a energia que cria as partículas que criam os átomos.

Nessa meditação, a luz dourada é a energia de Cristo de amor incondicional. A razão pela qual você passa pela luz azul-profunda, que é a Lei do Magnetismo, é para evitar se distrair por ela. Ela vai falar com você e você viverá bons momentos, mas você poderá passar horas com ela. Se você desejar, fale com ela após ir ao Sétimo Plano.

A luminescente luz branca-neve do Sétimo Plano vai parecer sem forma, mas ela brilha com energia e pode ter alguns brilhos das cores rosa e azul. Isso significa que ela está encharcada com a combinação de energias da verdade e da compaixão. Essa é a verdade mais elevada. Quando você se conecta a essa energia da criação, verá que ela está sendo derramada no nosso universo tridimensional desde o Quarto, Quinto, Sexto e Sétimo planos e formando átomos. Você está acessando essa pura energia antes que ela se torne um átomo. Você pode, portanto, direcioná-la, pelo poder do pensamento, ao espaço de alguém para "des-criar" a doença e criar a vida.

Eu sempre soube que estava indo a um lugar de puro amor e de pura energia para fazer uma cura. Eu não estava apenas "subindo", mas estava também "expandindo" na direção dessa energia. Conforme você expande com um pensamento puro, você aprende a puxar a energia de amor a você na sua forma mais elevada.

O exercício seguinte permite que você traga essa energia de Tudo o Que É para o seu próprio espaço.

Expandindo para o Sétimo Plano da Existência

Sente-se confortavelmente em uma cadeira ou sofá e respire profundamente.

Imagine que você e a cadeira se tornaram um em um nível molecular. Suas moléculas e as da cadeira estão sendo transferidas, de lá para cá, entre vocês. Você está se conectando com as moléculas, tornando-se um com elas.

Agora, imagine que, em um nível molecular, você é parte de tudo o que há na sala. Expanda e se torne um com o mundo lá fora.

Imagine que você é parte do bairro, e então do país em que você está.

Imagine que você é parte de todo o planeta Terra, conectando-se com o solo, Terra e mar, todas as criaturas, todas as nações desse planeta, até que você e a Terra se tornam um.

Imagine que você e o Universo são um só.

Imagine que você é parte de todas as luzes brancas brilhantes e douradas.

Imagine que você é parte da substância gelatinosa.

Finalmente, imagine que você é parte da luz branca iridescente que é o Sétimo Plano da Existência. Torne-se um com essa luz branca iridescente.

Pense com você mesmo, *Criador de Tudo o Que É, gratidão pela minha vida.*

Respire profundamente e abra os seus olhos.

Bem-vindo ao Sétimo Plano da Existência. Observe que você não está separado, você é parte de Deus, de Tudo o Que É.

Eu acredito que, quando nós subimos ao Sétimo Plano, estamos indo, através do cérebro, aos neurônios, para os mensageiros. Nós vamos dentro da própria energia que conecta os caminhos neurais às células. Ao fazer isso, tornamo-nos conscientes de que elas estão conectadas a cada molécula, a cada átomo, a toda energia associada com as partículas subatômicas...

O enorme poder do Universo está dentro de nós e ao redor de nós, esperando que o encontremos através da energia do pensamento puro. Uma vez que esse poder é reconhecido dentro, ele fluirá para fora, expandindo através dos planos da existência no imenso macrocosmo do Criador de Tudo o Que É. Será a consciência interior que nos trará o entendimento de que nós não temos mais a necessidade dessa incrível competição que há entre nós nos dias atuais, e a batalha da dualidade não cessará.

PENSAMENTOS – MAIS RÁPIDOS QUE A VELOCIDADE DA LUZ

Com a tecnologia atual, conseguimos construir máquinas, e a última fronteira é a exploração da consciência e do poder dos nossos pensamentos. Pense nas infinitas possibilidades se pudéssemos mover a matéria com o poder dos nossos pensamentos! Seria possível mudar um átomo de mercúrio em um átomo de ouro com a energia do pensamento, assim como os antigos alquimistas tentaram fazer. Mas, no momento em que alcançarmos esse nível de conhecimento, o ouro não terá mais valor do que o mercúrio, então por que fazer isso? O que terá real valor será a habilidade de curar. Ouro só terá valor pela sua vibração intrínseca, não pelo seu valor monetário.

Então, o que está realmente acontecendo com o processo que chamamos de pensamento? O que é isso exatamente? Pode ser definido pelos nossos conceitos tridimensionais limitados?

Obviamente, pensamentos são como energia em nós e podem influenciar a matéria, já que os usamos para mover nosso corpo. E se pudéssemos fazer mais com eles? E se fôssemos capazes de projetá-los de forma que desafiem as atuais explicações científicas? E se existissem energias que a física moderna ainda não descobriu?

Neste universo, acredito que há diferentes formas de energia que podemos alterar prótons e átomos ao redor de nós, muitos dos quais estão sob as Leis do Sexto Plano. Uma dessas energias é o pensamento puro.

Algumas dessas energias foram descobertas, enquanto outras ainda precisam ser exploradas. As seguintes são algumas que foram descobertas:

- Eletricidade
- Magnetismo
- Velocidade/Combustão
- Energia atômica (urânio plutônio)
- Hidrogênio
- Energia biológica
- Reações químicas
- Luz-Calor
- Vibração-Som

Essas são outras que ainda precisam ser completamente exploradas:

- Energia das pirâmides
- Energia pelo uso dos elétrons
- Movimento dos quarks/Teoria das cordas

- Geometria sagrada
- Energia dimensional
- Pensamento puro

O pensamento puro é uma das energias que estamos explorando neste livro. Eu acredito que é possível mover a matéria pelo pensamento puro – se você souber como. O Universo foi criado pela inacreditável energia da pura forma-pensamento de *amor*, que está agora escoando em nosso mundo como pura energia. O entendimento dessa forma-pensamento nos possibilitará nos tornarmos seres interdimensionais. Assim que você for puro de pensamento, coisas como teletransporte podem acontecer espontaneamente. Os pensamentos podem se mover entre as dimensões, mas somente se eles tiverem uma vibração alta – pensamentos de amor, gratidão e compaixão, por exemplo. Pensamentos de baixa vibração, como pensamentos de raiva, malevolência e avareza, nos mantêm confinados na prisão da terceira dimensão. O modo de nos movermos através das dimensões é com formas-pensamento *leves*.

A Forma-pensamento *"Light"*

Eu acredito que o que eu chamo de "forma-pensamento" é a mais pura e a mais poderosa forma de energia deste universo. Eu me refiro a ela como *"light"*, em vez de leve, pois mesmo o pensamento leve tem algum peso, o que o faz mais pesado do que uma forma-pensamento *"light"*. Ela é *"light"* porque deve trabalhar semelhante à energia da luz, porém viajando mais rápido do que a própria luz. Ela não pode ser pesada, senão vai se ancorar à Terra. Já, se é *"light"*, ele pode deixar os confins da Terra... e essa dimensão. O que são pensamentos "pesados"? São aqueles que nunca deixam o planeta, como âncoras que nos mantêm em um paradigma familiar na Terra, o que é uma das razões pelas quais somos tão apegados em criá-los. Medo, dúvida, descrença, ódio e ressentimento são só alguns deles.

Tome cuidado para não criar pensamentos que vão ancorá-lo a essa ilusão do Terceiro Plano!

Acredito que houve um tempo em que nos comunicávamos por pensamentos em vez de palavras, mas, como nós desenvolvemos a linguagem verbal, esquecemo-nos de como fazer isso. Como consequência, também esquecemos como controlar nossos pensamentos negativos.

Mas nossos pensamentos e nosso espírito são os que dirigem a nossa vida. Nossos pensamentos e emoções nos tornam quem nós somos. Para que a essência espiritual, que está no nosso corpo de Terceiro Plano, faça curas, nossos pensamentos precisam ser muito puros. Caso tentemos fazer curas quando temos pensamentos pesados, não vai acontecer.

Então, se você está fazendo uma cura e um pensamento pesado passa pela sua cabeça, pare e espere até que você esteja projetando pensamentos *"light"*, antes de começar de novo. Você apenas deve manter seus pensamentos puros por dois ou três minutos para fazer uma cura, escaneamento do corpo de alguém ou para ler os pensamentos de alguém.

Formas-pensamento são formas de energia muito poderosas. A forma certa de forma-pensamento *"light"* pode reger as Leis do Universo. Essas formas-pensamento *"light"* são chamadas virtudes (nós vamos falar disso em mais detalhes depois).

EXPRESSÕES DE PODER

À medida que nossa alma de Quinto Plano se integra com essa ilusão do Terceiro Plano, a habilidade de manifestar com o poder da palavra falada, pensamento focado ou mesmo com uma forte emoção vai aumentando.

As coisas que dizemos e as fortes formas-pensamento que nós temos são aumentadas pelo uso das ondas Theta. Isso porque, quando estamos em Theta, nos conectamos não apenas com a nossa divindade, mas diretamente com o divino, com a pura essência do Sétimo Plano. Porque essa é a energia da criação, é importante ter consciência de qualquer pensamento aleatório ou expressões e a forma que nós os projetamos. Há um componente emocional ligado às palavras e às formas-pensamento que nem sempre procede de maneira lógica. Então, não apenas temos de vigiar o que dizemos e pensamos, mas também temos de encontrar o porquê de nós estarmos dizendo e pensando em algo.

Pense em todas as palavras e formas-pensamento que existem no seu paradigma. O que eles significam para você em todos os níveis do seu ser? Talvez eles estejam impedindo o seu progresso sem que você perceba. Conforme você desenvolve suas habilidades intuitivas, suas palavras, formas-pensamento e sistema de crenças, terá o poder de criar mudanças na sua vida diária, para o bem ou para o mal. Se uma afirmação é pronunciada muitas vezes, ela se tornará "realidade". Se um pensamento é pensado em uma onda Theta profunda o bastante, uma manifestação instantânea é possível.

Uma vez que você está apto a manifestar mudanças com o poder dos pensamentos, você precisa especialmente vigiar o que você diz e pensa. Se você tem um pensamento negativo ou faz uma afirmação negativa, sempre diga: "Cancela".

Um profundo trabalho de crenças pode ser necessário para distinguir entre medos que podem causar manifestações e medos que não podem. Nem todos os pensamentos ou afirmações vão trazer uma manifestação, mas é muito importante estar alerta ao que você pode estar criando. (Para Trabalho de Crenças, ver página 60 e Apêndice.)

Quando se conectar ao Criador e trouxer a energia de Tudo o Que É a uma leitura, é importante ouvir as "palavras" do Criador. Se você permitir a entrada de seus medos, dúvidas ou falta de fé na sua leitura, sua comunicação com o Criador será filtrada através dos seus sistemas de crenças.

É o entendimento de como as formas-pensamento e as palavras faladas têm o poder de desenvolver uma *consciência viva* que é importante. Por meio da exploração da sua psique e da psique dos seus clientes com o trabalho de crenças, você pode saber se uma palavra falada ou programa inconsciente está causando disfunção.

Todos nós sabemos como as palavras podem ser poderosas. Fofocas e palavras não pensadas podem causar dor emocional. Como um processo de crescimento emocional, muitas pessoas aprendem a não dizer o que pensam. Se pudéssemos ler as mentes uns dos outros consistentemente, teríamos, *com certeza,* nossos sentimentos machucados!

Estando você consciente disso ou não, nós na verdade sentimos e filtramos os pensamentos dos outros todo o tempo. Há vezes em que somos bombardeados por pensamentos negativos de pessoas que gostam de não gostar da gente. Quando você sente essas vibrações, você pode permitir ou não que elas o afetem – é sua escolha. Há pessoas que não vão gostar de você ou do que você faz. Porém, se você permitir aos outros gostarem de você e respeitarem-no, isso mudará. Você deve estar preparado para receber amor de volta das pessoas e não esperar desgosto. Uma forma de evitar isso é cultivando o perdão e vivendo sua vida em conexão com a consciência do Sétimo Plano da Existência. (Para um exercício de perdão, veja a página 53).

O SÉTIMO PLANO DA EXISTÊNCIA: TUDO O QUE É

Após milhares de consultas com clientes, comecei a notar que muitos indivíduos intuitivos estavam focados na energia inerente a um plano específico de cada vez. Eu descobri que, por causa disso, eles estavam presos às regras daquele plano e se tornavam apegados a ele enquanto excluíam os outros.

Eu comecei me dar conta de que deveria existir uma energia única abrangente que unisse todos os planos. Então, através da iniciação aos planos da existência, aprendi como ir ao Sétimo Plano, dirigindo-me para além das próprias Leis. Isso foi quando fui capaz de encontrar o mapa da rota ao Criador de Tudo o Que É.

Desde o momento em que eu fui para o Sétimo Plano, percebi que eu nunca havia estado separada do Criador de Tudo o Que É. Não há separação além da ilusão que criamos para nos mantermos aqui no Terceiro Plano. Nós somos sempre parte de Tudo o Que É.

Princípios do Sétimo Plano

O Sétimo Plano da Existência é a mais pura energia de Tudo Que É. Tudo é extremamente abrangente. Ao contrário da energia dos outros seis planos, ela simplesmente nos acolhe com amor enquanto mudamos nossa vibração humana à perfeição.

Quando tomamos consciência que podemos utilizar a energia de Tudo Que É chegamos ao Sétimo Plano com facilidade e sem esforço e podemos criar a nossa realidade. Com essa consciência, o tempo deixa de existir. Toda separação baseada na dualidade desaparece, e a pura essência do divino e amoroso Criador de Tudo que É se revela.

Através do Criador, curas, resultados e autorresponsabilidade instantâneas são criadas. Problemas não são estabelecidos, somente mudados, pois outra realidade é criada – com o pensamento. O pensamento é uma energia tangível e rápido suficiente para influenciar a energia de prótons e nêutrons. Então, como curador é enviado um pensamento light ao Sétimo Plano, que conecta à energia de Tudo Que É, e o curador leva com ele uma imagem da realidade presente e testemunha a mudança de como deve ser essa realidade.

Na cura de doenças, eu digo aos alunos se conectarem a energia atômica de Tudo Que é, imaginar que somos todos feitos de átomos, e modificar o padrão de enfermidade testemunhando que seja substituído pelo padrão de saúde. Isso realinha esses átomos de forma correta. Não importa qual é a doença, você literalmente move essa energia interna para o Criador de Tudo Que É e traz saúde e plenitude.

A partir deste ponto de vista microcósmico, é compreendido o Sétimo Plano como a energia que cria as próprias partículas que compõem os átomos. É a fonte subatômica de Tudo Que É. A própria criação, a fonte de toda a vida e mais.

3

As Leis do Sexto Plano: Virtudes da Ascensão

O Universo é mantido unido pela incrível energia das Leis. Essas são formas-pensamento condensadas com uma vibração de alta frequência que podem tomar a forma de consciência de grupo e se comunicarem conosco. Elas têm uma energia tão alta, que estão aptas a transcender as energias do Primeiro, Segundo, Terceiro, Quarto e Quinto Planos e se tornarem a ligação universal que mantém tudo em união. Elas não apenas mantêm o Universo unido, mas também os universos multidimensionais.

O Sexto Plano da existência é composto pela essência das Leis. O Sexto Plano foi chamado de "o grande vazio" (ou matéria escura), que é na minha meditação parte da energia gelatinosa pela qual viajamos para chegarmos ao Sétimo Plano da Existência.

Há Leis que governam o nosso Universo, nossa galáxia, nosso sistema solar, a Terra e mesmo nós. Há Leis que governam o Quinto, Quarto, Terceiro, Segundo e Primeiro Planos da existência. Essas Leis criam uma divisão imaginária entre os diferentes planos, mas, na verdade, todos existem juntos. Elas são as Leis da Física: Lei do Magnetismo, Lei da Eletricidade, Lei da Verdade, Lei da Natureza, Lei da Compaixão, Lei da Gravidade, Lei do Tempo, e muitas outras.

As Leis do Universo são gigantescos grupos de consciência delas mesmas. Elas trazem o entendimento de que nós estamos tendo a experiência da vida. Elas criam a estrutura da realidade na qual existimos, em que respiramos e em que somos humanos.

Nós temos sorte por sermos aptos a utilizar as Leis à vontade. Por exemplo, usamos a eletricidade todos os dias quando ligamos e desligamos o interruptor de luz.

Como seres do Terceiro Plano da Existência, podemos captar informações diretamente de uma Lei. E também podemos aprender a curvar o espaço usando o pensamento e criando máquinas e energia atômica. Ao longo da história nasceram pessoas que receberam as informações das Leis e, como resultado, ajudaram a vibração da raça humana a ascender. Pessoas como Platão, Aristóteles, Leonardo da Vinci, Galileu, Newton, Tesla, Edison e Einstein nasceram com a habilidade de canalizar informações das Leis. Por exemplo, Tesla canalizou a Lei do Magnetismo e a Lei da Eletricidade. Quando Galileu propôs que a Terra era redonda, sua ideia não foi muito popular e muitas pessoas debocharam dele. A Igreja disse-lhe que era melhor ele mudar de ideia, pois a Terra era plana. Mas ele tinha certeza de que ela era redonda. Essa informação veio da inteligência das Leis.

Curadores que usaram as Leis do Sexto Plano da Existência farão curas com tons, cores, geometria sagrada ou formas geométricas, números e numerologia, magnetismo e grade magnética da Terra, astrologia ou luz. Às vezes, quando você faz curas, o Criador irá mandá-lo ao Sexto Plano da Existência, onde você poderá ouvir tons, ver cores e receber fórmulas matemáticas para doenças. São as Leis que ensinam a matemática do átomo.

A filosofia do Sexto Plano é: "Se está quebrado, conserte". Constantemente, curadores, aqui, ficam presos em explicações elaboradas demais, que requerem uma quantidade enorme de energia. Curadores que usam as Leis muitas vezes ficam obscurecidos em sua verdade e facilmente irritados consigo mesmos e com os outros em sua busca pela "verdade". Manter este e outros tipos de "vibração das Leis" por longos períodos de tempo é difícil para o corpo humano. São necessárias muita persistência e prática para manter esses tipos de energia, mas, se o amor for usado, pode ser feito. O Sexto Plano tem uma forte vibração que impõe verdade e responsabilidade na pessoa que se conecta com ela.

É importante, àqueles que usam o Sexto Plano da Existência, entenderem que eles estão vivendo na ilusão e conduzindo sua própria ilusão. Eles sabem que não mais precisam se punir para crescerem e progredirem. Nesse plano, a batalha entre o bem e o mal é eliminada e substituída pela pura Verdade. Pessoas que trabalham exclusivamente nesse plano são às vezes chamadas de *místicos*.

Cada Lei é uma enorme consciência que tem outras, menores, conectadas a ela. Ela tem uma essência espiritual e uma consciência viva e móvel. Você jamais deve permitir ou pedir que a essência completa de uma Lei venha até seu espaço ou seu corpo. Isso pode causar problemas que é melhor evitar. O corpo humano é frágil demais. Você deve se conectar primeiramente ao Sétimo Plano da Existência antes de falar com as Leis fora do seu "espaço" físico.

Você pode convidar uma Lei para falar com você, mas é a Lei que decide se e quando aceita o convite. Você pode falar com esses seres através do Sétimo Plano da Existência, mas para trabalhar com eles você tem de dominar as virtudes. Virtudes são características morais positivas que guiam a maneira que vivemos a nossa vida. Elas é que dirigem o navio do nosso espírito para as Leis.

PRINCÍPIOS DAS LEIS

As Leis do Universo são a estrutura do Sexto Plano da Existência. Elas estão sempre trabalhando ao nosso redor e interagem conosco diariamente. Bons exemplos de Leis que estão trabalhando todos os dias para nós: A Lei da Gravidade, do Tempo, do Magnetismo e da Eletricidade.

Uma das Leis que você irá conectar quando estiver fazendo ThetaHealing é a Lei da Verdade, que vai ajudá-lo ao longo da sua vida. A Lei da Compaixão é sempre uma porta de entrada para o Sétimo Plano da Existência. Ela parece uma nuvem rosa. Como diz o ditado: "É pela compaixão que você alcança o Criador de Tudo o Que É".

As Leis podem ser curvadas, como quando um avião levanta voo e a velocidade supera a gravidade. Você pode curvar a Lei da Eletricidade ligando o interruptor de luz. O próximo passo seria deixar a eletricidade fluir através da ponta dos seus dedos.

Há uma grande diferença entre curvar as Leis e usar as Leis nesse Terceiro Plano da Existência. Nós usamos as Leis a todo momento. O motor à combustão é outro bom exemplo disso. Nós dirigimos por uma estrada a 70 milhas por hora, mas talvez não entendamos o funcionamento interno dessa Lei – simplesmente a usamos. Mas as pessoas que criaram o motor à combustão tiveram de entender e canalizar a Lei para conseguirem construir o motor, em primeiro lugar. Houve um tempo em que as pessoas acreditavam que, se você viajasse mais rápido do que a 60 milhas por hora, você sairia voando! Mas houve alguém que pensou de forma diferente, e olhe para nós agora!

Tesla teve de entender certas Leis para conseguir trazer as Leis do Magnetismo e da Eletricidade para esta realidade. Ele pode ter nascido com a predisposição genética para adquirir certas virtudes e isso deu a ele tendências genéticas para acessar diferentes energias de certas Leis. Homens como ele sempre estiveram à frente das invenções.

Lei Harmoniosa

Todos nós nascemos com a Lei que é especial para nós. Por exemplo, eu sou fascinada pela Lei da Verdade e acho que essa Lei é parte da minha busca. Acho que muitas pessoas que percebem que são faíscas divinas vão se desenvolver o suficiente para se conectarem em harmonia com uma Lei em particular. Eu acho que muitos de nós vamos desenvolver uma afinidade com uma Lei do Universo, uma vez que percebermos essa conexão.

As Leis têm sido minhas melhores professoras e, pela minha experiência, elas estão acima das explosões emocionais. Algumas pessoas dizem que podem canalizar as Leis, mas pessoas que experimentam grandes erupções emocionais não podem estar canalizando as Leis, pois elas estão essencialmente acima das emoções negativas.

É possível aprender muito com as Leis. Após um ensinamento delas, você se sentirá muito energizado.

As Leis Maiores

Aqui, uma pequena lista das Leis Maiores. Não é uma lista completa – há na verdade milhares de Leis –, mas essas são as que devemos saber nesta vida.

- Abaixo da Lei da Verdade, estão a Lei da Profecia e a Lei do Movimento, que diz: "Uma vez em movimento, sempre em movimento". Abaixo da Lei do Movimento, estão as Leis do Livre-arbítrio e a Lei do Pensamento: "Eu penso, logo existo". Também abaixo da Lei do Movimento, estão a Lei da Velocidade e a Lei da Causa e Efeito (às vezes chamada de Lei do Carma). Abaixo da Lei da Causa e do Efeito, estão as Leis da Ação e a da Justiça. Abaixo da Lei da Justiça, está a Lei do Testemunho ou da Aceitação. A Lei do Testemunho é uma lei muito poderosa que diz que algo deve ser testemunhado antes que possa acontecer.

- Abaixo da Lei do Magnetismo, está a Lei da Gravidade. Abaixo da Lei da Gravidade, estão as Leis do Tempo e a da Atração. Abaixo da Lei do Tempo, estão as Leis da Geometria Sagrada e a das Dimensões (evite ficar preso na Lei das Dimensões, visto que há muitas dimensões). Abaixo da Lei das Dimensões, está a Lei da Ilusão, o que mantém você pensando que está aqui. Abaixo da Lei da Ilusão, está a Lei do DNA, que está conectada a todo o DNA. Os Registros Akáshicos ou o salão dos Registros também estão sob a Lei do Tempo.
- Abaixo da Lei da Vibração, está a Lei da Energia e, abaixo da Lei da Energia, está a Lei do Foco. Abaixo da Lei do Foco, estão a Lei da Luz, a Lei dos Tons e a Lei da Eletricidade.
- A Lei da Compaixão tem a habilidade de curvar muitas Leis. Abaixo da Lei da Compaixão, estão a Lei do Puro Intento, a Lei da Paciência e a Lei da Emoção. (Não existe Lei do Amor. Amor é a pura Energia do Sétimo Plano da Existência. *O amor apenas é* e é supremo.)
- A Lei da Natureza tem um nome que é Oma. A Lei da Natureza governa tudo que tem a ver com a Terra e com esta galáxia. Há Leis abaixo dela, tal como a Lei do Equilíbrio. A Lei da Natureza está sempre mudando e evoluindo sob a Lei da Vida. Abaixo da Lei da Vida, estão os elementos – terra, água, fogo e ar. Não há Lei da Criação da Vida, porque a verdadeira energia da criação é a Energia de Tudo o Que É do Sétimo Plano da Existência de puro amor.

Há muito mais Leis do que as mencionadas aqui.

Encontre-se com uma Lei

Para se encontrar com uma Lei, você terá de ir para cima do seu espaço para o Sétimo Plano (ver páginas 31, 32 e 33) e pedir ao Criador de Tudo o Que É para que o apresente à Lei. Você deve convidar uma Lei para vir até você. Você pode se encontrar com a Lei da Causa e Efeito, que às vezes se mostra como dois espelhos ou como duas cachoeiras. Ou talvez você vá se encontrar com a Lei da Compaixão, que se mostra na forma de fofas nuvens cor-de-rosa. Às vezes, as Leis se apresentam como grandes rostos ou bolas de energia.

Convide uma Lei para vir até você e se apresentar e então você terá uma experiência. Não se surpreenda se acontecer novamente após alguns dias com seus olhos e ouvidos, pois as Leis podem tomar a forma física para conversarem com você.

Sempre vá ao Criador primeiro antes de fazer qualquer outro trabalho e lembre-se de se manter focado. De outra forma, você pode se perder nas distrações do Sexto Plano.

Você está apenas sendo apresentado a uma Lei aqui. Você não pode curvar uma Lei até que tenha adquirido virtudes.

Bem-vindo ao mundo das Leis.

1. Vá ao Sétimo Plano da Existência (veja as páginas 31, 32 e 33) e convide uma Lei para vir a você, dizendo: "Criador de Tudo o Que É, é comandado eu me conectar a uma Lei do Sexto Plano da Existência. Grato. Está feito, está feito, está feito".
2. Testemunhe encontrar uma Lei por meio do Criador de Tudo o Que É.
3. Quando escolher retornar, mova a sua consciência para fora do Sexto Plano da Existência, lave-se com a energia do Sétimo Plano e permaneça conectado a ela.

É mais fácil se encontrar com a sua Lei Harmoniosa, uma Lei que está conectada a você desde o começo.

Encontre-se com a sua Lei Harmoniosa

1. Suba ao Sétimo Plano e convide a Lei para vir até você dizendo: "Criador de Tudo o Que É, peço para conhecer a Lei do Sexto Plano com a qual eu estou em harmonia. Mostre-me na mais elevada e melhor forma".
2. Encontre-se com a Lei e a conheça.
3. Quando terminar, lave-se com a energia do Sétimo Plano e permaneça conectado a ela.

Leis da Física e Leis Emocionais

Essencialmente, há dois diferentes tipos de Leis no Universo: Leis da Física e Leis Emocionais. Às vezes, uma emoção ou uma virtude são tão poderosas que se tornam Leis. Por exemplo, a Lei da Compaixão pode curvar as Leis da Física, como a Lei da Eletricidade, e a Lei do Magnetismo, mesmo sendo uma Lei *Emocional.*

Como as Leis Funcionam

Algumas Leis podem ser curvadas, enquanto outras podem ser quebradas. Uma das primeiríssimas Leis que pode ser curvada é a Lei do Tempo. Muitos *ThetaHealers* podem curvar a Lei do Tempo porque eles têm os atributos básicos (virtudes) necessários para isso, tais como compaixão e a vontade de ajudar o planeta. Esses atributos básicos tornam fácil curvar essa Lei.

Você apenas curva a Lei do Tempo, não a *quebra*. Você não para o tempo para todo o planeta, você apenas afeta seu próprio paradigma, seu próprio mundo microcósmico. Eu não desacelero a rotação da Terra simplesmente porque eu quero. Isso utilizaria uma Lei diferente, uma que eu não sou apta a curvar: a Última Verdade. Absoluta.

Leis que não podemos mudar são chamadas *Verdades Absolutas.* A Lei da Rotação dos Planos e a Lei do Livre-arbítrio são Verdades

Absolutas. A Lei do Livre-arbítrio significa que você tem livre-arbítrio e que está dividindo o planeta com bilhões de outras almas que também têm livre-arbítrio. Leis que são Verdades Absolutas superam leis menores.

Para interagir com uma Lei, *você deve primeiramente ir ao Sétimo Plano*. Para se conectar com a pura essência de uma Lei, você deve filtrá-la através do Sétimo Plano da Existência.

Se você deseja ancorar a energia de uma Lei ou usar e aplicar essa energia, você deve possuir as virtudes para se conectar a ela (veja a seguir). Então, você deve perguntar pelo nome da Lei. O nome da Lei é um tom ou uma vibração que você deve usar para interagir com ela. Então você espera a energia, vibração e informação chegarem até você.

VIRTUDES E VÍCIOS

Virtudes são padrões de pensamento que se movem mais rápido do que a velocidade da luz. Elas podem curvar o tempo e o espaço. Quando você dominar uma virtude, também estará dominando uma forma-pensamento de vibração mais elevada. Uma vez que seus pensamentos atingem uma vibração alta o suficiente, eles podem se conectar com uma Lei e trabalhar em uníssono com ela. Mas pensamentos negativos e vícios ligados a eles nunca deixam o campo magnético da Terra. Nada mostra melhor a dualidade do Terceiro Plano da Existência do que as virtudes e os vícios.

A maioria das virtudes vem de aprendizados das experiências que incluem vícios ou pensamentos negativos que superamos para conquistar essas virtudes. A erradicação dos vícios anda de mãos dadas com o cultivo das virtudes.

Nós usamos os vícios como motivação para progredirmos em nossa caminhada. Eles não são nossos inimigos, pelo contrário, servem para nos sentirmos seguros e protegidos. Eles criam uma "zona de conforto" para nós. Por exemplo, se temos ressentimento e ódio de um parente que nos abusou, isso mantém essa pessoa distante. Forma uma barreira entre nós e essa pessoa. Nosso subconsciente está tentando nos manter protegidos. Ele nos faz continuar ressentindo também, mas normalmente ressentimento também está conectado a lições positivas.

Uma das razões pelas quais algumas pessoas não dominam as virtudes é por seu apego a este plano e aos relacionamentos que eles têm com a família e amigos. Elas têm medo de progredirem demais espiritualmente e deixar a terceira dimensão e seus amigos e família para trás. Você não tem ideia de como o seu espírito ama sua família e seus amigos nesta existência.

Em um nível intrínseco, no entanto, a alma já sabe que ela deve desenvolver virtudes para todos os objetivos que quer atingir. Então, as coisas que parecem erradas na nossa vida não são um erro em um nível superior. Nós criamos todas as situações negativas (ou positivas) com o objetivo de aumentar o nosso nível vibracional. E como reagimos a essas situações define a profundidade da dor, da miséria, da alegria ou da felicidade que experimentamos no nosso dia a dia.

Nosso desafio é viver em um estado de puro amor, não nos deixando afetar por toda a negatividade da existência. Uma forma de fazer isso é descobrindo o que estamos criando na nossa vida. É verdade que a nossa alma está sempre criando algo para aprendermos, mas, quando focamos os nossos pensamentos, tornamo-nos conscientes do que estamos criando.

Se o Criador quer que eu aprenda a ser bom, por exemplo, então eu saio e sou gentil com dez pessoas por dia e aprendo bondade dessa forma em vez de aprender com as situações difíceis. Dessa forma, podemos focar no que temos de fazer e que deveria ser o nosso tempo divino. O nosso tempo divino é a razão pela qual estamos aqui – nossa missão nesta vida.

Sua alma já sabe muito do que eu estou lhe ensinando. Ela sabe qual a virtude que veio aprender como parte do seu tempo divino. Mesmo um mestre iluminado que veio à Terra como um tutor está aberto para aprender virtudes extras.

O importante é ser apto a adquirir virtudes à vontade.

Curvando as Leis pela Aquisição de Virtudes

Tão importante quanto ter virtudes é sermos aptos a direcionar os nossos pensamentos e mudá-los com bondade, amor, harmonia e humildade. Essas energias são criadas quando temos virtudes suficientes para curvar uma Lei. Por exemplo, seres multidimensionais do Quarto e Quinto Planos da Existência existem conosco neste plano e fora da nossa dimensão, ao mesmo tempo, e têm a habilidade de transitar pelas dimensões à vontade. A forma pela qual eles desenvolvem essa habilidade é dominando as virtudes para curvar as Leis. No momento em que você alcança o nível de vibração certo para manipular uma Lei, essa Lei vai começar a interagir com você e a lhe dar informações.

As Leis são os tecidos da matéria do Universo. Há uma forma para curvar quase qualquer Lei do Universo, e o pensamento é a maneira de fazer isso. Mas o pensamento tem de ser puro – um pensamento *light* – e ser precisamente direcionado para a estrutura atômica do começo de toda a criação.

Para conseguirmos entender como curvar certas Leis desse universo com os pensamentos, devemos ter o nome sagrado da Lei e processar pensamentos que tenham uma vibração alta o suficiente para alcançar a forma-pensamento da Lei em questão – isso é como dizer que você deve ter a virtude correta.

A maioria dos livros sagrados, incluindo a Bíblia Sagrada, a Torá, o Dhammapada Budista, o Bhagavad Gita e o Alcorão, fala a respeito de abraçar as virtudes para expulsar as nossas emoções negativas e evitar atos negativos. Os antigos entendiam a importância de se evitarem pensamentos negativos. Tanto as (escrituras) antigas quanto as mais modernas nos ensinam sobre o poder do pensamento puro e das virtudes. Todas as escrituras nos falam sobre manter distância de maus pensamentos, como ciúmes, ódio, ganância e ressentimento. Homens e mulheres sábios da Antiguidade não compreendiam diretamente as moléculas das emoções como nós entendemos hoje, mas eles entendiam, em um nível instintivo, que pensamentos negativos causavam problemas em suas vidas.

Então, muitas vezes no passado nos foram oferecidas orientações a respeito das virtudes, no entanto, por causa das nossas limitações, só fomos aptos a aceitar essas mensagens em fragmentos. Requer muita coragem espiritual aceitar esse conhecimento e nos tempos antigos, nem a classe dominante nem a maioria da população possuíam a capacidade para esse tipo de comprometimento com as virtudes. Atualmente isso está mudando.

Ao mesmo tempo em que é importante desenvolver virtudes, você deve estar apto a aplicá-las e fundi-las, da maneira correta.

Você pode necessitar apenas de um pouco de uma virtude específica, mas precisará da energia de muitas outras para manipular uma Lei. Os *ThetaHealers* fazem isso o tempo todo. Eles sobem até o Criador e visualizam uma cura usando não apenas a virtude da fé, mas também a de contenção, bondade, perdão, gratidão, aceitação, maravilhamento, esperança, serviço, coragem e compaixão. Essas misturas são necessárias para fazer curas consistentes e ativar cada Lei. Elas nos permitem elevar a nossa vibração a um nível em que podemos entender as Leis, conectar-nos a elas e curvá-las de uma forma pura. É o nosso direito de nascença realizar a nossa conexão com Tudo o Que É, mas as virtudes despertam em nós o desejo de fazer isso por meio da sustentação da frequência vibracional pura.

Se você possuir apenas três do conjunto de cinco virtudes que são necessárias para trabalhar em uma Lei, talvez não seja possível deixar Deus fazer o trabalho de cura instantânea. Caso esteja faltando em você determinada virtude e a sua alma decidir se conectar com a Lei da Verdade, então as coisas automaticamente virão na sua vida para tornar possível para você adquirir aquela virtude. Então, desafios começarão a surgir.

Maestria das Virtudes

Como você sabe que aprendeu o suficiente para ter adquirido uma virtude? Sabendo que você a dominou, praticou e sentiu a mudança dentro de você. Você *sentirá* a mudança, especialmente quando perceber que o Universo está tentando ensiná-lo. A vida não foi feita para torturá-lo, mas para ensiná-lo.

Isso é parte do despertar. O despertar é a percepção de que você é um ser de Quinto Plano, vivendo nessa ilusão e querendo progredir através dos níveis do Quinto Plano.

Quanto mais virtudes você adquirir, mais fácil se torna trabalhar com as pessoas e entendê-las. Quanto mais curas você faz, mais pessoas você alcança. Quanto mais pessoas você alcança, mais pessoas você muda. Quanto mais pessoas você mudar, maior se tornará a sua vibração neste plano, na preparação para a próxima evolução.

Dessa forma, progredir para um novo nível de evolução é possível pela aquisição de virtudes. Ao ter a maestria de uma virtude, você consegue alterar a frequência de uma forma-pensamento para que essa possa se conectar com uma Lei em particular. Certas virtudes conectam-se a certas Leis e então é possível trabalhar através dessas Leis a todo momento.

AS VIRTUDES DAS LEIS

As seguintes são algumas das virtudes necessárias para curvar as Leis: aceitação, assertividade, autenticidade, beleza, crença, bravura, cuidado, carisma, clareza, limpeza, sagacidade, comprometimento, comunicação, compaixão, confiabilidade, consideração, contentamento, convicção, cooperação, coragem, criatividade, curiosidade, dedicação, desapego, determinação, devoção, dignidade, resistência, divertimento, entusiasmo, excelência, equidade, fé, flexibilidade, foco, perdão, fortaleza, amizade, generosidade, gentileza, graça, graciosidade, gratidão, harmonia, solicitude, honestidade, honra, esperança, humildade, humor, idealismo, imaginação, integridade, inteligência, alegria, justiça, bondade, amor, lealdade, misericórdia, moderação, modéstia, moralidade, nobreza, otimismo, ordem, paixão, paciência, paz, perseverança, brincadeira, prontidão, puro intento, propósito, confiabilidade, respeito, responsabilidade, reverência, autodisciplina, serviço, sinceridade, simpatia, tato, temperança, tenacidade, agradecimento, tolerância, confiança, verdade, entendimento, unidade, visão, sabedoria e encantamento.

Os próximos parágrafos dão exemplos de virtudes e vícios bem como explicações de como essas formas-pensamento nos beneficiam e nos atrapalham.

A Virtude do Serviço

Quando comecei a fazer curas, tornei-me obcecada com a energia da cura instantânea. Quando uma cura instantânea acontece pela primeira vez, você se sente feliz e sente amor pelo mundo, pelo menos por uma hora ou duas até que algo o faça aterrar. Quando você experimenta a energia da cura instantânea em mais e mais pessoas, o sentimento de felicidade e amor dura mais tempo. Em algumas situações, uma pessoa vai receber uma cura instantânea e muitas outras pessoas receberão curas instantâneas diretamente depois disso. Quando isso acontece, você fica alegre por dois ou três dias e se torna desnecessário dormir ou comer.

Quando isso aconteceu comigo pela primeira vez, tive um efeito colateral: quando a euforia passava, eu me tornava deprimida, triste e mal-humorada. Por causa desses altos e baixos durante meus dias, quando eu finalmente chegava do trabalho, tinha de tomar banho para "limpar o meu dia" antes que pudesse falar com qualquer pessoa. Então, aprendi a me manter conectada com a energia de Tudo o Que É e não tive mais essas alterações de humor. Treinei minha mente para saber que estou sempre conectada a ela.

Essa energia não está conectada a mim; eu estou conectada a ela. Isso não começa em mim, porque nós estamos todos conectados a Tudo o Que É. Eu não controlo o mundo todo, mas sou parte dele. Então, posso mover essa energia para criar o que preciso para poder progredir.

Descobri que, se eu fizesse um esforço extra e colocasse as necessidades dos outros antes das minhas próprias e passasse um pouco mais de tempo com as pessoas que estavam doentes, poderia sustentar essa energia por mais tempo. A lição que aprendi foi a virtude do *serviço*.

A Virtude da Tolerância

É muito importante desenvolver a tolerância para entender quem somos e para entender os outros. Sermos capazes de tolerar o mundo em nossa volta nos permite vê-lo com clareza. Se não tivermos verdadeira tolerância, não poderemos ver a verdade completa. Se alguém vier a nós para uma cura e só virmos o bom e não o mau, estaremos nos afastando da verdade porque não temos a tolerância para vê-la. Se quisermos ver o coração de outra pessoa, temos de estar aptos a ver a verdade, e isso exige tolerância. Para conseguirmos ver o futuro, temos de ter verdadeira tolerância pela humanidade. Uma das razões pela qual muitas pessoas não são boas curadoras é porque elas não gostam da sua própria espécie – os outros humanos –, sem mencionar seu corpo humano. Tolerar é ser apto a permitir que as coisas sejam como elas são, sem ser afetado por elas, e progredir.

Uma das razões pela qual eu posso ver através das vidas dos meus alunos é porque sei que tenho a habilidade de amá-los e aceitar o que eles fazem das suas vidas, mesmo que eu não concorde com tudo o que eles façam. Sei que a minha intenção de ajudar é pura, porque não coloco minha opinião e porque faço meu melhor para deixar que o Criador de Tudo o Que É fale por intermédio de mim.

Se você está vivendo situações estranhas e estressantes com as pessoas da sua vida, pode ser que você esteja aprendendo tolerância.

A Virtude da Coragem

Coragem não é a falta de medo, mas, sim, o julgamento de que algo é mais importante do que o medo.
Você pode não viver para sempre, mas a pessoa excessivamente cautelosa não pode viver de nenhuma forma.

Coragem é quando encaramos nossos medos e seguimos adiante. Às vezes, pensamos que estamos brigando com o mal, mas são nossos próprios medos internos que estão contra nós. Mas mesmo brigar com os nossos medos e hábitos negativos nos mostra que nós podemos realizar coisas, mesmo quando parece que as possibilidades não estão a nosso favor. É por isso que é tão importante dominar a virtude da coragem.

Coragem é uma das virtudes que reúne muitas outras virtudes, pois sem coragem muitas delas não existiriam. Elas iriam se desmoronar porque é necessário coragem para aprender uma virtude. Nós devemos ter a coragem de dizer "Vamos ver se isso funciona", a coragem de dizer "Eu estou rezando para o Criador" e a coragem de dizer "Eu acredito no Criador de Tudo o Que É", ou, pelo menos, "Eu acredito".

Se as suas curas estão funcionando só às vezes, então você pode ter no seu cérebro formas-pensamento de um grau inferior que o estão bloqueando. É necessário coragem para ter a consciência dessas formas-pensamento disfuncionais e ainda mais coragem para limpá-las para que a cura possa acontecer.

A Virtude da Bravura

A Bravura tem uma energia diferente da coragem. Ela é a ausência do medo. É algo que nós, simplesmente, temos. É também uma virtude magnífica.

Tanto a bravura quanto a coragem são necessárias na vida. Bravura é, muitas vezes, desenvolvida após a coragem.

A Virtude do Perdão

Você não pode "fingir até fazer" virtudes como, por exemplo, alegria. Ser alegre é uma virtude que deve ser aprendida no nível da alma. A única coisa que você pode "fingir até fazer" é a virtude do perdão. Isso pode ser feito por meio da repetição do pensamento puro *Eu te perdoo, Eu te perdoo, Eu te perdoo*, muitas vezes até que eventualmente você desenvolva a virtude do puro perdão.

O Perdão tem uma vibração tão alta que simplesmente dizer essa palavra pode proteger você. Perdoar os outros pode dissolver energias negativas e pensamentos e enviá-los de volta ao emissor.

Na Bíblia está escrito para perdoar os inimigos. Isso traz proteção. O Perdão é a maior proteção que há.

Proteção por meio do Perdão

A maioria de nós consegue pensar em alguém que não gosta de nós ou mesmo nos odeia. Por favor, não me entenda mal – a maioria dos seus "inimigos" não vale o seu tempo, mas eu quero que você pense em alguém que está lhe mandando maus pensamentos, ou alguém que lhe fez mal na sua vida. Você deve imaginar esse exercício com uma pessoa de cada vez.

1. Suba e se conecte com o Criador (veja as páginas 31, 32 e 33) e imagine que essa pessoa que machucou você está na sua frente.
2. Imagine dizendo a essa pessoa quanto ela machucou você e o que ela lhe fez.
3. Imagine dizendo a essa pessoa que você a perdoa por tê-lo machucado. Enquanto você faz isso, observe a reação dela.

   Se a pessoa ainda estiver na sua frente e disser que sente muito, isso significa que ela sente remorso pelo que fez. Se você chegar ao entendimento de que ela sente remorso, então a energia do perdão vai protegê-lo de qualquer forma-pensamento de raiva que ela lhe envie. Isso também vai permitir que você sinta compaixão por ela.

Se ela virar cinzas na imagem, isso significa que não tem remorso e retira todos os pensamentos negativos de você. A pessoa cheia de ódio terá de lidar com seus próprios pensamentos negativos e não poderá mais afetá-lo. Isso significa que o que você tinha de aprender com essa pessoa está finalizado e que você está protegido dela.

Se, na sua visão, ela ainda está parada na sua frente sem dizer nada, isso significa que o que você tem de aprender com ela ainda não está finalizado. Isso significa também que você deve fazer o trabalho de crenças para essa situação. Conforme você se liberar da obrigação do que ela tem para lhe ensinar, ela vai se tornar cada vez menor na sua visão.

Em alguns casos, a pessoa vai pedir desculpas a você e pode ser que ela se retrate.

Em qualquer situação, o perdão é a mais forte proteção, porque, quando você diz "Eu perdoo você" para alguém, isso significa que você não mais aceita nenhuma energia negativa dessa pessoa.

O Vício do Criticismo

Um dos vícios em que mais facilmente caímos é sermos críticos com nós mesmos e com os outros. Enquanto formos excessivamente críticos, não poderemos sair da nossa zona de conforto e atingir a total iluminação. Quando praticamos ThetaHealing, temos de estar aptos a nos livrarmos (ou a, pelo menos, controlarmos) nossas tendências críticas, pelo menos pelo tempo em que estivermos curando.

Os humanos são criaturas interessantes. Por causa dos reflexos da sobrevivência, nós nos comparamos com os outros humanos por tanto tempo que isso se tornou um programa subconsciente coletivo. Isso se tornou instintivo. Nós constantemente comparamos nossa inteligência, nossa saúde, nosso corpo com os das outras pessoas. Comparamos nossas roupas, joias e até mesmo a quantidade de dinheiro que ganhamos.

Aprender a tirar esse hábito e outros tipos de pensamentos pesados pode exigir alguma prática. No entanto, uma vez que isso se torna uma meta consciente, o Criador vai lhe trazer muitas pessoas para você praticar isso. Você vai encontrar pessoas que são o reflexo das suas formas-pensamento pesadas até que você tenha dominado essa virtude.

O criticismo é uma das formas-pensamento pesadas que rapidamente fará baixar a sua vibração. Vai bloquear você de progredir. Há várias pessoas na Terra que não querem progredir e isso é, em última instância, algo que cada um de nós deve decidir. Mas esse é o único tempo na história em que somos aptos a adquirir todas as virtudes em apenas uma vida em vez de apenas aprendermos uma ou duas virtudes em cada vida.

Por que temos a permissão de atingir todas as virtudes nesta vida? Porque nós já as temos! Elas já são nossas. Apenas temos de nos lembrar delas nesse corpo de Terceiro Plano. Temos a oportunidade de integrar nosso ser físico ao nosso ser espiritual e nos tornarmos conscientes das virtudes que já possuímos. Como mais poderíamos ensinar amor aos filhos dos Mestres?

A cada pessoa que ajudamos a despertar, cada pessoa a quem damos esperança e amor, cada pessoa a quem fazemos a diferença, nós avançamos ao nível da alma. Alguns de nós queremos avançar aos altos níveis da alma para ajudar não só algumas pessoas, mas milhares de pessoas. É pouco provável que a maioria de nós se satisfaça despertando apenas uma pessoa, mas temos de lembrar que aquele único indivíduo pode, por sua vez, despertar milhares de pessoas. De qualquer forma, viemos para cá com a obrigação de despertar os outros, e o que podemos atingir é ilimitado.

O Vício do Egoísmo

Um dos vícios que sempre nos impede de desenvolver virtudes é o egoísmo, ou sermos egoístas. Isso traz carma. Testemunhei isso entre muitos dos meus clientes e alunos. A competição para ser o melhor "curador" é um perfeito exemplo de egoísmo. Lembre-se: *o melhor curador é o Criador de Tudo o Que É e seu papel é o de testemunhar as curas.*

Para dar outro exemplo, há muitas pessoas nas minhas aulas que dizem poder adivinhar o que eu estou pensando. Normalmente, o que elas dizem que estou pensando está completamente errado.

O que elas estão me dizendo é o que está na mente *delas*. Seu egoísmo não está lhes permitindo que vejam a verdade.

Há uma diferença entre ser egoísta e saber que você tem um dom. O egoísmo pode bloquear você de usar muitas habilidades. Se você for muito egoísta, vai se bloquear de se tornar quem você realmente é, e também de aprender o que você precisa trabalhar. Você realmente possui certos atributos ou somente *acha* que os tem? Pode ser que você esteja à frente espiritualmente e o seu ego esteja naturalmente mantendo as pessoas longe de você.

O ego não é algo ruim. Um ego saudável define como nos vestimos, como nos movemos. É o que nos define. Mas egoísmo é quando pensamos, *"tudo sou eu"*, e isso pode beirar o narcisismo. Uma pessoa egoísta pensa que todo mundo existe para ela. É importante saber a diferença entre ego e ser egoísta. Isso mantém nosso ego controlado e evita os problemas que o egoísmo pode causar.

Uma boa forma de manter o ego equilibrado é ter a capacidade de amar os outros como *eles* precisam ser amados. Isso nos torna um pouco vulneráveis. Mas muitos de nós fizemos a promessa de despertar pessoas antes de virmos para cá, o que significa que nós temos de aproveitar a oportunidade de ajudá-los.

Quando estamos testemunhando Deus fazer as curas, podemos ter alguns sucessos em curas e leituras. É por isso que sempre temos de dar o crédito a Deus, o Criador. Deus é o curador. Nós somos as testemunhas. Se um curador ficar confuso com isso, o universo providenciará uma maneira de clarear isso para ele. Eu às vezes vejo isso em novos alunos de ThetaHealing. Após terem a sua primeira aula, eles podem pensar que, de repente, já são *experts*, quando, na verdade, estão apenas começando a aprender.

Ser *confiante* é testemunhar o Criador de Tudo o Que É fazendo as curas e ser *egoísta* é tomar para si os créditos pelas curas. É importante saber a diferença entre esses dois conceitos tão distintos.

LIBERTE A SUA MENTE

Acredito que, se mantivermos a nossa mente focada com a combinação certa de virtudes, com as fórmulas certas, mesmo que por alguns segundos, nós podemos mover e moldar o Universo e nos transportar de um planeta para outro. No entanto, muitas pessoas, quando sabem dessas possibilidades, fixam-se em emoções pesadas que as prendem nessa realidade, onde estão. Nós criamos esses sentimentos para não precisarmos dar o próximo passo na nossa evolução espiritual. É por isso que é muito importante estarmos atentos quando estivermos entrando em sentimentos negativos e, conscientemente, mudarmos o foco dos nossos pensamentos (isso não significa que devemos ficar irritados com nós mesmos por ter esses sentimentos, apenas que devemos mudar o foco).

Sempre que você se tornar obcecado por sentimentos negativos em relação a uma situação ou a uma pessoa, esses pensamentos estão mantendo-o na "zona de conforto". O que isso significa? Pode ser que nossos ancestrais nunca tenham ido além de certo ponto na evolução do DNA. Se formos além dessa "zona de conforto" do DNA, mudaremos não só as nossas próprias vidas, mas as vidas dos nossos ancestrais também. Tudo o que conquistamos nesta vida está sendo projetado de alguma forma para a frente e para trás no nosso DNA genético através do campo morfogenético. Ao mudarmos nosso DNA, estamos mudando milhares de vidas no futuro e no passado. Isso significa que as coisas que fazemos nesta vida importam de maneiras das quais podemos estar completamente inconscientes. Isso também significa que os componentes emocionais do nosso DNA podem ser nossos inimigos ou nossos amigos, dependendo da nossa consciência sobre eles.

Ao mesmo tempo em que é importante limpar crenças negativas do nosso DNA, também é importante desenvolver as virtudes necessárias para se trabalhar com uma Lei (já que elas desencadeiam curas ou progresso), por exemplo, curvar o tempo ou mover a matéria.

Mesmo os mestres do Quinto Plano ainda precisam progredir em todos os planos da existência. Então, lições são trazidas às nossas vidas com o objetivo de nos ensinarem as virtudes que precisamos aprender para trabalharmos com as Leis. Nós temos dentro de nós o conhecimento de quais virtudes precisamos dominar nesse plano. E o que podemos fazer aqui é ilimitado, contanto que continuemos progredindo.

Para conseguirmos curvar as Leis do Universo, temos primeiramente que nos conectar à energia de Tudo o Que É do Sétimo Plano com a percepção de que já somos conectados a tudo. A forma de alcançarmos essa percepção é usando as ondas cerebrais Theta e experimentando a pura energia do amor.

Quando percebemos que não estamos separados do Criador, podemos direcionar os nossos pensamentos. Nós podemos ir através do Universo se esses pensamentos estiverem embasados em virtudes como a bondade e o amor. Mas, se esses pensamentos estiverem embasados em ressentimento, eles não podem viajar pelo Universo mais rápido do que a velocidade da luz.

O primeiro passo é conhecer a energia de Tudo o Que É. Uma vez que saibamos que somos parte dessa energia, podemos focar nos pensamentos do que queremos que aconteça. Nós subimos, conectamo-nos com o Criador e focamos. Tudo depende de focarmos. E a única forma para conseguirmos manter o foco é adquirindo as virtudes e os atributos necessários para isso.

Isso tudo está interligado com o nosso tempo divino, nossa missão neste planeta. Seja o que for que quisermos aprender neste planeta, criaremos situações em que iremos aprender. Por exemplo, se nós quisermos ter força, criaremos situações em que a força é necessária.

Nosso subconsciente e o tempo divino da nossa alma estão completamente conscientes das nossas interações com os planos da existência e da nossa necessidade de desenvolvermos uma virtude em particular. Eles já sabem quais atributos estamos buscando. Então, é importante explorarmos o que está acontecendo em nossa vida para nos certificarmos do que estamos criando e evitarmos permitir que o nosso subconsciente atue de forma selvagem e crie aventuras para que possamos adquirir certos atributos.

Adquirindo virtudes (da melhor e mais elevada forma)

1. Faça a si mesmo as seguintes perguntas:
   "O que está acontecendo na minha vida?"
   "Que desafios eu estou vivendo?"
   "Por que estou tendo esses desafios e eles estão sendo criados para que eu adquira virtudes ou tenho de trabalhar nas minhas crenças?"
   "Que virtudes estou aprendendo? Em quais virtudes estou trabalhando atualmente para obter maestria e ganhar conhecimento sobre uma Lei?"
2. Para ter o complemento total de atributos para adquirir uma virtude, você deve subir ao Sétimo Plano (veja as páginas 31, 32 e 33) e pedir ao Criador um download dos atributos que lhe faltam.
3. Pergunte-se: "Tenho medo de adquirir novas virtudes?"
4. Escreva o que você teme, para que possa depois liberar.
5. Você gostaria de ter todas as suas virtudes ampliadas em dez vezes? Escreva todas as virtudes que você já tem e as virtudes que você gostaria de ampliar.
6. Escreva a quais Leis você tem a habilidade de se curvar.
7. O seu ego é seu amigo ou ele está fora de controle?

Downloads para Virtudes (por exemplo, ir ao Sétimo Plano e pedir por esses atributos):

"Eu sou capaz de ser bondoso".
"A todo o lugar que eu vou, brilho com a luz perolada de Deus".
"Eu irradio a compaixão".
"Eu irradio a bondade".
"Eu irradio a alta vibração do humor".

Aplicando o Positivo

No desenvolvimento do ThetaHealing, uma das coisas mais importantes que aprendemos é que criamos oportunidades de aprendizado não apenas das crenças negativas, mas das positivas também. *Mas, se nós não compreendermos o positivo e aplicá-lo na nossa vida, é provável que fiquemos reciclando o negativo, várias e várias vezes.*

Nossas crenças negativas foram criadas porque nos serviram, e em algum nível nós queríamos isso. Então, é indispensável que estejamos conscientes das nossas formas-pensamento projetadas enquanto estivermos no estado de Theta. É por isso que é tão importante usarmos o trabalho de crenças para removermos e substituirmos os programas negativos enquanto baixamos *downloads* de sentimentos do Criador para chegarmos a um local de pureza em nossos pensamentos.

No trabalho de crenças encontramos a crença raiz e vemos como ela está nos servindo e o que estamos ganhando com ela. É importante percebermos o que aprendemos com ela para que possamos limpá-la e progredir.

Trabalho de crenças sobre o impossível

Talvez sejam necessários alguns trabalhos de crenças para limpar o que você acredita ser impossível. Mas limpar crenças pertencentes ao que é percebido como impossível vai liberar sua mente das correntes que o prendem ao inconsciente coletivo do Terceiro Plano. Para algumas pessoas, é impossível curar outras pessoas com um pensamento.

Faça o teste de energia para:

"É impossível curar com o poder dos pensamentos".

"É impossível se conectar com as Leis".

"É impossível curvar as Leis".

"É impossível adquirir virtudes".

"É impossível libertar a minha mente".

"É impossível desenvolver habilidades intuitivas".

DESENVOLVENDO HABILIDADES POR MEIO DAS VIRTUDES

O que você seria capaz de fazer se conseguisse manter a vibração de múltiplas virtudes por horas, ou mesmo dias, de uma vez? Pergunte-se o que aconteceria se você utilizasse todas as suas habilidades. Será que a sua vibração seria tão elevada que você sairia dessa terceira dimensão e retornaria ao lugar de onde veio? Você pode descobrir que tem medo disso. No entanto, não há fundamento para isso, pois você não voltaria ao Quinto Plano sem antes terminar o que veio fazer aqui.

Aqui no Terceiro Plano há muitas habilidades a se desenvolver. Nós podemos recuperar habilidades do nosso DNA, de vidas passadas, ou de outro tempo ou lugar. Curas e habilidades xamânicas são passadas através do DNA. No entanto, curas por empatia e curas emocionais são habilidades que ainda precisam ser refinadas. Algumas habilidades são passadas pela genética, mas nós também trazemos habilidades que vêm da energia da nossa alma. Eu sei que trouxe comigo conhecimentos ancestrais que são espirituais por natureza, quando eu vim à Terra. Eu vim a esta vida com o conhecimento de como me conectar ao meu pai celestial e à minha mãe celestial. Eu sei que ensinei sobre o ThetaHealing antes. Quando estou ensinando isso agora, há momentos em que as informações vêm espontaneamente, porque eu já tenho esse conhecimento em mim.

Pode ser que os nossos ancestrais tenham sido grandes curadores que foram torturados ou mortos pelos seus talentos. Nós podemos estar aptos a curar, mas esses medos ancestrais podem estar nos impedindo de alcançar todo o nosso potencial. Eliminar esses medos pode nos ajudar a revelar essas habilidades de cura. Sempre sintonizo a minha energia com a energia da luz "formigante" do Sétimo Plano para não carregar nenhum medo. Quando você se visualiza naquela energia branca "cintilante", o medo se vai.

Há muitas habilidades e atributos que as pessoas consideram negativos por natureza, mas nós devemos tomar cuidado com isso. Por exemplo, ser teimoso não é um atributo ruim, assim como ser confiante também não é.

Com qualquer habilidade que trazemos a esta vida, é importante trazer sabedoria de como usá-la também. Pense nas habilidades que você trouxe desde o nível espiritual. Por exemplo, com a clarividência você consegue ler o pensamento de alguém, mas conseguir ler o coração de alguém é completamente diferente. Quando você pode ler o coração de alguém, isso lhe dá a habilidade de ver a vida dela.

Outras habilidades são desacelerar o tempo, testemunhar uma cura e, um dos mais importantes atributos, a bondade.

Bondade

Eu nasci com bondade e vejo esse mesmo atributo em alguns dos meus netos. Você pode ver nos olhos deles que a compaixão está na profundidade de suas almas. De vez em quando, você pode vê-los olhando com o olhar de compaixão e de pena quando veem os desvios da condição humana.

Uma vez eu tive uma experiência telepática interessante com o meu neto de 9 meses. Nós começamos a tagarelar na linguagem dos bebês e então começamos a rir. Ele estava me explicando como os humanos pareciam engraçados para ele. Ele me disse que nós humanos parecíamos hilários quando pensávamos tão bem sobre nós mesmos, ou quando dirigíamos nossos carros, ou quando nos levávamos tão a sério. Ele observou quanto podíamos ser dramáticos quando adultos e como perdíamos tanto tempo em atividades bobas. Ele me disse como era legal mover o seu corpo. Ele projetava essa energia com amor e bondade em vez de achar tudo ridículo. Ele tinha a sabedoria de mil anos dentro do seu pequeno corpo. De onde essa sabedoria e bondade tinham vindo? Da sua alma e do seu DNA.

Esse tipo de bondade empática sempre foi fácil para mim também. Se você é assim, no entanto, você nem sempre diz o que se passa pela sua mente e você se senta no canto, pois não quer dizer nada que possa machucar alguém. Isso ocorre porque você pode sentir os sentimentos dos outros. Essa habilidade é importante quando você é um curador.

Cura

Há uma razão pela qual algumas pessoas são melhores curadoras do que outras e é porque elas possuem as virtudes necessárias para fazer a cura acontecer.

Quando alguém pede para ser um melhor curador, todos os seus medos, dúvidas e descrenças vêm à tona para serem limpos, porque essas são crenças negativas que o atrapalham. Se ele não se der conta de que é isso o que está acontecendo, o processo de limpeza poderá ser um desafio.

Uma mulher veio até mim em uma das minhas aulas e disse: "Vianna, pedi ao Criador para ser uma melhor curadora e agora eu não quero nada mais relacionado a curas. Quando cheguei em casa, todos os membros da minha família ficaram doentes e eu tive de trabalhar neles o tempo todo!".

Ela pediu para se tornar uma melhor curadora e a melhor maneira de fazer isso é trabalhar com as pessoas. Então, Deus deu a ela muitas pessoas para ela praticar.

Essas são as lições que podem aparecer na sua vida. A alma já sabe o que ela quer e o que precisa para crescer. Então as pessoas que aparecem na sua vida podem estar lá para lhe ensinar as virtudes da paciência, compaixão e perdão, mesmo que estejam fazendo você se sentir miserável. Mas, se esses atributos forem aprendidos, você pode então prosseguir para uma vibração mais alta em sua vida. Em vez de se sentir miserável, você pode perceber que essas situações são oportunidades de aprendizado. Então você pode se liberar da necessidade de ser ensinado por meio de dramas.

Em uma cura, você não pode julgar ou ser crítico com a pessoa que está sendo curada e você deve estar apto a tratá-la com compaixão. Então, se você refinar esses atributos, suas habilidades de cura irão florescer.

Quando comecei a curar, eu rapidamente percebi que todos vêm aprender o ThetaHealing por diferentes razões. Algumas pessoas vêm para curar seu corpo. Elas curam seu corpo, curam alguns amigos e parentes, e até aí é aonde vão com o uso do ThetaHealing. Algumas pessoas aprendem como ensinar a modalidade aos outros e não fazem curas de forma regular.

Olhando os meus alunos através por essa ótica, há uma razão pela qual algumas pessoas podem usar os métodos que eu criei e outras pessoas não podem. Isso acontece muito porque eles não trabalham com pessoas suficientes para adquirir a proficiência necessária. Trabalhei com milhares de pessoas em milhares de situações diferentes através dos anos, e nem todo mundo tem a oportunidade de ter esse tipo de experiência. Mas trabalhar servindo as pessoas é apenas parte da resposta. O outro lado da moeda sagrada é se comunicar com o divino, e é aí que entram os Sete Planos da Existência.

No meu primeiro livro, ensino que você pode subir e se conectar com o divino. O ThetaHealing é se conectar com o divino no serviço aos outros. Comunicar-se com o divino e alcançar o divino deveria ser o primeiro objetivo de um bom praticante de ThetaHealing. Mas, para os alunos que querem continuar a desenvolver as suas habilidades de cura, o ThetaHealing tem muito mais a oferecer.

Uma das conversas que eu tive com Deus foi sobre testemunhar uma cura. Eu perguntei: "Por que nem todos conseguem testemunhar uma cura? Afinal, é nosso direito divino".

Deus me falou: "Vianna, é porque lhes falta bondade. Bondade é a chave para poderem curar".

Então explorei a pergunta sobre o porquê de algumas pessoas serem boas curadoras e outras não. Eu descobri que algumas pessoas tinham uma boa compreensão de trabalhos de cura, mas não conseguiam aplicar. Elas culpavam Deus, culpavam os clientes, e alguns culpavam seus professores. Eles falhavam em reconhecer que a causa eram os seus próprios pensamentos, ou os pensamentos que lhes estavam faltando.

Outro erro que temos visto é quando um aluno pensa que ele é o Criador e que está fazendo as curas e as leituras. Quando eles pensam assim, isso, inevitavelmente, os levará ao fracasso quando realmente precisarem obter sucesso.

Para conseguir testemunhar e então realizar uma cura, você deve aprender a *Contenção.* Você consegue se lembrar de todas as vezes que quis socar o nariz de alguém, mas não fez? Na sua jornada de cura vão surgir situações em que você irá sentir como se desse às pessoas uma parte da sua mente e isso irá mudar a sua vibração. Para conseguir curar, você deve ter compaixão. Compaixão é uma Lei, mas é também uma virtude.

Fé na Cura

Recentemente nos mudamos para uma casa em Kalispell, Montana, e minha filha Bobby trouxe meus netos para comemorarmos o novo lugar. Ainda havia caixas em toda parte e a casa estava uma bagunça. Os menininhos, cheios de energia, começaram, alegremente, a explorar cada canto e recanto da casa. Eles acharam um quarto de depósito no andar de cima, que se tornou um ótimo lugar para brincarem. Eles estavam brincando felizes por algum tempo quando, de repente, o meu neto mais velho, Remington, desceu as escadas com os olhos inchados, quase fechados e cobertos de urticária.

Fiquei aterrorizada, pois eu sabia que ele poderia ter um choque anafilático. Eu disse a Bobby: "Rápido! Coloque-o no carro e vamos para o hospital!".

Mas ela, calmamente, me olhou e disse: "Não se preocupe, mamãe, vai ficar tudo bem. Não temos tempo para isso. Apenas faça uma cura nele".

Então me acalmei e subi para testemunhar uma cura no pequeno Remington.

Após alguns minutos, o inchaço começou a diminuir. Conforme o tempo passava, desinchou completamente e Remington ficou bom. Aparentemente foi algo no carpete na sala de depósito que causou a alergia. Eu nunca tinha visto uma reação começar e ir embora tão rapidamente como essa antes, mas o que foi realmente impressionante foi a pura fé de Bobby na sua mãe.

Para uma cura acontecer, você precisa de um pouco de fé. É por isso que o ThetaHealing trabalha com outras modalidades e religiões – ele permite que você continue com a sua fé. Você pega essa fé e a usa. Ter fé e amor em Deus é permitir que algo aconteça em vez de bloquear. Você também deve ter a virtude da gratidão – ser grato. Você tem de ficar maravilhado e ter a definição de Deus de Esperança e Serviço. Você tem de estar a serviço do seu amigo (ou amiga) para que uma cura funcione. Se as curas não estiverem acontecendo, é pela falta de um desses atributos.

É claro que não podemos curar se a pessoa não quiser ser curada, mesmo da sua autodestruição física ou mental. Em algumas pessoas, há algo dentro delas que não quer aceitar uma cura. Aceitar isso pode ser difícil para alguns curadores. Mas, se fizermos downloads para o cliente de fé, bondade e perdão antes de fazermos uma cura, nossas chances de ter uma cura instantânea serão muito maiores.

Como curadores, o humor em que estamos também é muito importante. Se subirmos e pedirmos uma dose extra de fé, bondade e perdão antes de fazermos uma cura, também mudará o resultado. Todas essas coisas precisam estar presentes sempre, e pode ser por isso que curas nem sempre acontecem.

Do outro lado da sagrada moeda, as curas podem estar funcionando muito bem e, de repente, você entra em uma briga com a sua mulher, com o seu marido, com o seu chefe ou com a sua mãe. Então, as curas não acontecem. Isso significa que outros aspectos entraram furtivamente sua vida e mudaram a sua vibração. Outras coisas, como ressentimento, medo, dúvida e descrença, interferem na sua cura, como falei em meu primeiro livro.

Para conseguir fazer uma cura, você deve estar limpo de ressentimento. Isso não significa que você tenha de estar *completamente* limpo de ressentimento, mas apenas que no momento da cura não pode haver ressentimento ou raiva no seu espaço. Você deve estar livre para subir e se conectar em um momento pacífico de puro amor. Temos o direito de usar essa energia do amor, mas nós temos de conseguir manter a essência dele.

Com prática, você pode tornar essa conexão virtuosa mais e mais forte. Quanto mais esses sentimentos positivos estiverem presentes em sua vida, menos os sentimentos negativos podem puxá-lo para baixo.

Você deve, primeiramente, conectar-se com a energia de Tudo o Que É. Quando perceber que não está separado, o Criador lhe mostrará como testemunhar uma cura. Então você pode subir e testemunhar a cura, mas deve ter as virtudes necessárias para direcionar seus pensamentos e realizar a cura. É direito de nascença de todos testemunharem curas e você só precisa manter a pureza por uma fração de segundo. Mas, para fazer isso, você deve se manter na energia do Criador de Tudo o Que É e na energia da virtude correta por uma fração de segundo. Então você tem de conhecer a virtude e incorporá-la na sua vida para poder usá-la em uma cura. E, quando adquirir a virtude, você deve mantê-la ativada pelo restante da sua vida.

Mesmo sendo Deus que faz a cura, o curador é a testemunha, que a faz possível pelo ato da cocriação. Uma das razões pela qual é possível para mim testemunhar curas é porque acredito que elas possam ser feitas, mas também tenho algo muito importante: Bondade. Nasci com a bondade. Eu sei como ser bondosa. Se você não for bondoso, não poderá ser um bom curador. Então, se você quiser se tornar um melhor curador e rezar para ser melhor nisso, Deus vai organizar um "programa de treinamento" para lhe mostrar como ser bondoso, ter compaixão e adquirir qualquer que seja o atributo que você precisa para acessar a Lei da Cura.

Para facilitar a cura em outra pessoa, você apenas tem de criar um pequeno espaço no seu cérebro, retirando ressentimento suficiente, para que funcione. Isso criará uma pequena abertura no *continuum* do espaço-tempo.

Com o conhecimento de que você tem de adquirir certas virtudes para ser um melhor curador, o próximo passo é parar e olhar para o estresse na sua vida que pode estar bloqueando uma cura.

A Lei da Cura é a vibração do livre-arbítrio. A Lei do Livre-arbítrio é uma Lei do Universo que não pode ser quebrada. Ela simplesmente é. Então, outra coisa que precisamos saber a respeito da cura é que as pessoas têm livre-arbítrio. Isso significa que não podemos fazer nada por uma pessoa sem a sua permissão. Se você estiver lendo isso com outras ideias na cabeça, talvez a informação não seja para você. Todos que fazem uso desse trabalho devem entender que há outras Leis conectadas ao Livre-arbítrio, como a Lei da Verdade e a Lei da Justiça. Quebrar a imperatividade de Leis como a do Livre-arbítrio significa estar em oposição direta a essas Leis. E elas trabalham sinergicamente umas com as outras para aprimorar os atributos que são inerentes a cada uma.

Na verdade, a melhor maneira de perder o seu dom de cura é começar a fazer duas coisas em seus trabalhos de cura: uma delas é negar a existência de Deus ou da energia de Tudo o Que É. A outra é interferir no livre-arbítrio das pessoas e impor a sua vontade ao mundo e aos outros. Forçar seus padrões espirituais sobre os outros só fará com que você *pense* estar se tornando poderoso. O que vai acontecer é que qualquer dom que você possa ter vai ser diminuído ou distorcido.

Todas as Leis devem ser ativadas a partir do Sétimo Plano, assim como as virtudes apropriadas. As virtudes necessárias para curar são: aceitação, compaixão, coragem, fé, perdão, gratidão, esperança, bondade, contenção, serviço e encantamento.

Isso significa que você precisa ter verdadeira compaixão pelo que está acontecendo com o cliente sem ficar sobrecarregado com a pungência das situações em sua vida. Isso também significa que você deve ser capaz de manter essas virtudes e formas-pensamento por tempo suficiente para que uma cura aconteça.

Habilidades Intuitivas

A habilidade de nos conectarmos ao Criador é o nosso direito divino, e, ainda que algumas pessoas tenham nascido intuitivas, elas ainda têm de desenvolver e praticar seus talentos. Algumas pessoas desligam suas habilidades psíquicas quando são jovens e, somente quando ficam mais velhas, desenvolvem-nas novamente. Todas as habilidades precisam ser praticadas.

Geralmente, as habilidades intuitivas pulam gerações, a não ser que ambos os pais as tenham muito fortes e possuam genes recessivos que carreguem essa predisposição. Muitas pessoas possuem essas habilidades intuitivas adormecidas no seu DNA.

Em uma leitura psíquica você precisa se treinar para estar certo. Não deixe que ninguém o treine para que seja normal estar errado. Nunca programe ninguém para que não precise estar certo o tempo todo. Programe-os que é certo estarem corretos o tempo todo. Eu já ouvi muitos intuitivos dizendo que eles estão certos 10% das vezes, mas um intuitivo tem de estar certo a maior parte das vezes. Um bom intuitivo deve estar correto pelo menos em 91,3% das vezes e em 97% se tiver praticado por mais de três anos.

Por que algumas pessoas têm habilidades intuitivas e outras não? É porque seus padrões de pensamento são diferentes dos outros. Você aceita o que as outras pessoas definem como realidade ou busca seus próprios caminhos? Um bom intuitivo faz o seu próprio caminho.

Da primeira vez que fiz leituras intuitivas, eu me tranquei no quarto e fiz entre 18-20 leituras seguidas para que eu pudesse aprender o que estou lhe dizendo neste livro. Teria sido mais fácil se eu soubesse as perguntas certas para fazer ao Criador. Mesmo assim, você pode não entender algumas respostas e mensagens que recebe no início.

Quando me tornei consciente deste caminho em que estou agora, comecei a receber premonições do futuro. Em uma dessas premonições me vi abaixo de uma pirâmide em uma caverna. Pensei que isso era impossível, mas muitos anos depois, quando fui pela primeira vez ao México, tive a oportunidade de entrar em cavernas debaixo do Templo do Sol em Teotihuacan, as quais o público em geral não está autorizado a visitar. Quando isso aconteceu comigo, essa premonição finalmente fez sentido.

Essa premonição foi sobre o futuro nesta vida. O que é importante em premonições é saber de onde elas vieram. A pergunta que devemos fazer é: "Está vindo do passado, do DNA ou do futuro?". Um bom intuitivo é capaz de distinguir entre todas as suas vidas do passado, presente e futuro no contexto desta vida.

Ser um bom intuitivo significa ver a verdade, ter bondade, exercitar entendimento e ter tolerância. Tolerância é uma virtude grandiosa aqui, pois você pode não gostar do que você verá na mente de alguém.

A RECEITA SECRETA PARA ADQUIRIR HABILIDADES E O TRABALHO COM AS LEIS

Quais virtudes você precisa dominar para adquirir certas habilidades? A seguir, uma lista com as habilidades e virtudes requeridas.

A Habilidade para ser Sem Idade

É impressionante que podemos focar o nosso pensamento e curar o nosso corpo de doenças, mas muitos de nós paramos por aí. O próximo passo seria focarmos os nossos pensamentos para dizerem para o nosso corpo ficar persistentemente bem, forte e sem idade. Essas coisas podem trazer um corpo saudável. Para ser completamente saudável, é necessário outro conjunto de virtudes.

Virtudes necessárias: a Lei do Tempo governa a habilidade de ser sem idade, então todas as virtudes da Lei do Tempo são necessárias: bondade, amor, puro intento, reverência, sinceridade, confiança, visão e encantamento.

Bloqueios: medo e desesperança.

A Habilidade para ser Intuitivo

Virtudes necessárias: bondade, tolerância, verdade e entendimento (lembre-se de que tolerância é a maior virtude aqui, pois você pode não gostar do que encontra na mente de alguém).

Bloqueios: ressentimento.

A Habilidade de Curar

Virtudes necessárias: aceitação, coragem, compaixão, fé, perdão, gratidão, esperança, bondade, contenção, serviço e encantamento.
Bloqueios: descrença, dúvida e medo.

A Habilidade de Manifestar Instantaneamente

Manifestar as coisas instantaneamente significa que você tem um bom conhecimento da Lei da Ilusão.
Virtudes necessárias: as virtudes da Lei da Atração, a Lei da Ilusão e a Lei da Vibração: aceitação, criatividade, desapego, determinação, equidade, fé, foco, perdão, esperança, humor, imaginação, alegria, amor, lealdade, misericórdia, nobreza, puro intento, pureza de coração, tolerância, confiança, sabedoria e encantamento.
Bloqueios: raiva, arrogância, dúvida, medo, ódio, ressentimento e falta de entendimento.

A Habilidade de Dominar os Elementos

A habilidade de dominar os elementos estão sob a lei da Vida (terra, ar, fogo e água).
Virtudes necessárias: aceitação, beleza, convicção, curiosidade, dedicação, foco, honra, amor pelos outros, perseverança, puro intento, sinceridade, agradecimento, tolerância e encantamento.
Bloqueios: egoísmo.

A Habilidade de Produzir Arte e Música

A Lei da Luz e a Lei da Vibração governam as habilidades artística e musical. Arte e Música são subleis.
Virtudes necessárias: criatividade, entusiasmo, foco, imaginação, paciência e visão.
Bloqueios: medo.

A Habilidade de Ler Mentes

Eu acredito que nos tempos antigos éramos capazes de falar uns com os outros com o poder do pensamento puro. Quando nós viemos a este mundo como bebês, ainda podíamos entender os outros dessa forma. Mas, para sobrevivermos à negatividade com que fomos bombardeados, paramos de fazer isso. Conforme crescemos, nosso cérebro ainda tem a habilidade de fazer isso, mas não a usamos mais.

Virtudes necessárias: a habilidade de ler mentes é governada pela Lei da Verdade, então todas as virtudes dessa lei são requeridas: comprometimento, compaixão, fé, paciência, tolerância e entendimento.
Bloqueios: egoísmo, remorso, ressentimento e desejo de vingança.

A Habilidade de Ver o Futuro

A habilidade de ver o futuro é governada pela Lei da Atração, Lei do Tempo e pelos Registros Akáshicos.
Virtudes necessárias: compaixão, dedicação, devoção, bondade, lealdade, serviço, tolerância, confiança, visão e sabedoria.
Bloqueios: medo.

A Habilidade de Ver a Verdade em outra pessoa

A habilidade de ver a verdade em outra pessoa envolve ser capaz de ver e ler o seu coração. Tudo o que é preciso fazer é olhar o que está acontecendo no coração dela e eu posso ver o que está acontecendo com ela e ouvir o que ela está pensando.
Virtudes necessárias: compaixão, bondade, tolerância, verdade e entendimento.
Bloqueios: ciúmes e ressentimento.

A Habilidade de se Teletransportar

Virtudes necessárias: as virtudes requeridas para teletransporte são as virtudes da Lei do Tempo e da Vibração: aceitação, criatividade, desapego, determinação, equidade, fé, foco, perdão, esperança, humor, imaginação, alegria, bondade, amor, lealdade, misericórdia, nobreza, puro intento, pureza de coração, reverência, sinceridade, tolerância, confiança, visão, sabedoria e encantamento.
Bloqueios: crítica, egoísmo e medo.

AS LEIS E SUAS VIRTUDES

A Lei da Ação

Virtudes necessárias: coragem, esperança, amor e paciência.
Bloqueios: reclamação, medo, preguiça e lamento.

A Lei da Atração

Virtudes necessárias: aceitação, criatividade, desapego, determinação, equidade, fé, foco, perdão, esperança, humor, imaginação, diversão,

bondade, amor, lealdade, misericórdia, nobreza, puro intento, pureza de coração, tolerância, confiança, sabedoria e encantamento.
Bloqueios: raiva, arrogância, dúvida, medo, ódio, ressentimento e falta de entendimento.

A Lei do Equilíbrio

Virtudes necessárias: aceitação, coragem, flexibilidade, perdão, gratidão, amor, paixão, paciência, reverência, tolerância, entendimento e sabedoria.
Bloqueios: criticismo e egoísmo.

A Lei da Causa e Efeito (Lei do Carma)

Minha amiga resolveu chamar a Lei do Carma para seu filho que estava aprontando. Quando ela o fez, ele foi preso, porque a Lei do Carma ativou a Lei da Justiça. Então ele teve de pagar uma fiança – ou melhor, ela teve de pagar para ele, já que ele era menor de idade. Ele então foi solto para a custódia de sua mãe, e o sistema da justiça acabou tendo um grande controle sobre a vida dela. O carma está conectado à Lei da Justiça e à Lei do DNA, então o que afetasse seu filho iria também afetá-la. É por isso que você deve ter cuidado quando invocar essa Lei. Você deve estar impecavelmente limpo quando a chamar. Ela pode afetar você de maneiras para as quais você não está preparado.
O trabalho de crenças pode processar as virtudes para essa Lei muito rapidamente.
Virtudes necessárias: crença, compaixão, desapego, devoção, perdão, humildade, imaginação, alegria, bondade, amor, puro intento, serviço, verdade, sabedoria e encantamento.
Bloqueios: apego a conceitos e crenças falsas e falso sofrimento, medo do progresso, forçar e orgulho (no sentido negativo).

A Lei da Compaixão

A Lei da Compaixão é uma poderosa Lei etérea que, uma vez dominada, pode influenciar várias outras Leis.
Virtudes necessárias: amor, paciência, serviço, tolerância e entendimento.
Bloqueios: arrogância cega.

A Lei das Dimensões

A Lei das Dimensões está sob a Lei do Tempo. Ela pode mover você de um lugar para o outro através de minúsculos buracos negros.
Virtudes necessárias: bravura, confiança, coragem, dignidade, fé, perdão, imaginação, bondade, amor, lealdade e visão.
Bloqueios: raiva, ódio e o desejo de vingança.

A Lei do DNA

Virtudes necessárias: aceitação, autenticidade, comprometimento, cooperação, coragem, honra, amor, respeito e entendimento.
Bloqueios: arrependimento e ressentimento.

A Lei da Eletricidade

Virtudes requeridas: habilidade, confiança, dedicação, determinação, inteligência, amor, lealdade, modéstia e autodisciplina.
Bloqueios: ressentimento.

A Lei dos Elementos

Essa Lei engloba cada elemento da tabela periódica. Ela está abaixo da Lei da Natureza. É possível mudar a estrutura atômica da matéria com essa Lei.
Virtudes necessárias: ação, crença, fé, foco e puro intento.
Bloqueios: ruptura, falta de respeito e egoísmo.

A Lei da Emoção

Virtudes necessárias: compaixão, humildade, amor, puro intento e propósito.
Bloqueios: depressão, medo, ódio, ressentimento e tristeza.

A Lei do Foco

Virtudes necessárias: amor, perseverança e puro intento.
Bloqueios: medo e ressentimento.

A Lei do Livre-arbítrio

Essa Lei não pode ser curvada, quebrada ou influenciada.

A Lei da Ilusão

Virtudes necessárias: aceitação, criatividade, desapego, determinação, equidade, fé, foco, perdão, esperança, humor, imaginação, alegria, bondade, amor, lealdade, misericórdia, nobreza, puro intento, pureza de coração, tolerância, confiança, sabedoria e encantamento.

Bloqueios: raiva, arrogância, dúvida, medo, ódio, ressentimento e falta de entendimento.

A Lei da Justiça

Quando chamei a Lei da Justiça para cuidar de uma situação, eu não sabia que ela seria tão devagar. Se você acha que o sistema legislativo é lento, você precisa ver a Lei da Justiça! A Lei da Justiça trabalha tão próxima com a Lei do Carma que pode já ser outra vida quando a justiça for feita. Quando você chama a Lei da Justiça, ela traz justiça para todas as partes envolvidas, não somente a uma parte. A justiça é lenta para acontecer, e no momento em que terminar você pode nem precisar mais dela.

Virtudes necessárias: ação, perdão, esperança, imaginação, alegria, bondade, misericórdia e puro intento.

Bloqueios: ressentimento e desejo de vingança.

A Lei da Vida

Virtudes necessárias: aceitação, beleza, convicção, curiosidade, dedicação, foco, honra, amor, perseverança, puro intento, sinceridade, agradecimento, tolerância e encantamento.

Bloqueios: depressão.

A Lei da Luz

Virtudes necessárias: aceitação, beleza, crença, criatividade, esperança, alegria, amor, verdade, visão, testemunho e encantamento.

Bloqueios: depressão, desencorajamento, medo, pesar e maldade.

A Lei do Magnetismo

O magnetismo é uma das maiores fontes de energia. Para conseguir curvar essa Lei, você deve adquirir as virtudes listadas.

Virtudes necessárias: aceitação, assertividade, autenticidade, beleza, crença, bravura, cuidado, carisma, clareza, limpeza, habilidade, comprometimento, comunicação, compaixão, confiança, consideração, contentamento, convicção, cooperação, coragem, criatividade, curiosidade, dedicação, desapego, determinação, devoção, dignidade, disciplina, persistência, entusiasmo, excelência, equidade, fé, flexibilidade, foco, perdão, fortaleza, amizade, generosidade, gentileza, graça, graciosidade, gratidão, harmonia, ajuda, honestidade, honra, esperança,

humildade, humor, idealismo, imaginação, integridade, inteligência, alegria, justiça, bondade, amor, lealdade, misericórdia, moderação, modéstia, moralidade, nobreza, otimismo, ordem, paixão, paciência, paz, perseverança, brincadeira, prontidão, puro intento, propósito, confiabilidade, respeito, responsabilidade, reverência, autodisciplina, serviço, sinceridade, simpatia, tato, temperança, tenacidade, agradecimento, tolerância, verdade, confiar, entendimento, unidade, visão, sabedoria e encantamento.
Bloqueios: medo, fofoca e egoísmo.

A Lei do Movimento

Virtudes necessárias: autenticidade, bravura, sagacidade, coragem, curiosidade, flexibilidade, amizade, amor, serviço e visão.
Bloqueios: força e ciúmes.

A Lei da Natureza

Para curvar essa Lei, você deve adquirir todas as virtudes que estão listadas. Uma vez que se tornar capaz de entender a Lei da Natureza, você será apto a controlar o tempo e os elementos: terra, água, fogo e ar.
Virtudes necessárias: bondade, amor, modéstia, nobreza, paz, perseverança, puro intento e sinceridade.
Bloqueios: desencorajamento, falta de incentivo e fraqueza.

A Lei da Proteção

Virtudes necessárias: perdão (o perdão é a maior proteção).
Bloqueios: ódio.

A Lei do Puro Intento

Virtudes necessárias: clareza, comprometimento, compaixão, perdão, graciosidade, integridade, bondade, amor, moralidade e paciência.
Bloqueios: caos, criticismo e fofoca.

A Lei da Sagrada Geometria

Essa Lei pode ser usada para mudar estruturas atômicas.
Virtudes necessárias: habilidade, fé, foco, perdão, bondade, amor, puro intento, respeito, confiança, entendimento, sabedoria e encantamento.
Bloqueios: medo e egoísmo.

A Lei do Pensamento

Essa Lei é a chave para abrir dimensões junto com a Lei do Tempo. A Lei do Pensamento não está confinada a esse universo, mas possui uma energia multidimensional.

Virtudes necessárias: todas as virtudes são necessárias para se dominar essa Lei.

Bloqueios: criticismo e medo.

A Lei do Tempo

A Lei do Tempo permite que você estique ou curve o tempo.

Virtudes necessárias: bondade, amor, puro intento, reverência, sinceridade, confiança, visão e encantamento.

Bloqueios: medo e dúvida.

A Lei dos Tons

Virtudes requeridas: beleza, crença, criatividade, foco, amor, confiabilidade, reverência, serviço, visão e encantamento.

Bloqueios: depressão, medo e autodesdém.

A Lei da Verdade

A Lei da Verdade está acima de todas as Leis, exceto da Lei da Compaixão. Se você se conectar com a Lei da Verdade e esperar que ela responda às suas perguntas com gentileza, você ficará tristemente desapontado. A resposta será imediata e direta ao ponto. Você só receberá gentileza quando for ao Criador e sua resposta for filtrada através do Sétimo Plano.

A habilidade de ler os pensamentos das pessoas é governada pela Lei da Verdade.

A Lei da Verdade é uma Lei emocional. Para trabalhar com ela, você deve ter nascido ou desejar ser um buscador da verdade.

Virtudes necessárias: comprometimento, compaixão, fé, paciência, tolerância e entendimento.

Bloqueios: medo, remorso, ressentimento e o desejo por vingança.

A Lei da Velocidade

Virtudes necessárias: ação, esperança, imaginação, diversão, bondade, amor e puro intento.

Bloqueios: criticismo e preguiça.

A Lei da Vibração

Virtudes necessárias: aceitação, criatividade, desapego, determinação, equanimidade, fé, foco, perdão, esperança, humor, imaginação, alegria, bondade, amor, lealdade, misericórdia, nobreza, puro intento, pureza de coração, tolerância, confiança, sabedoria e encantamento.
Bloqueios: desencorajamento.

A Lei da Sabedoria

Virtudes necessárias: empatia, bondade, amor e entendimento.
Bloqueios: arrependimento e pesar.

A Lei do Testemunho

Virtudes necessárias: aceitação, esperança, misericórdia, autodisciplina, verdade e confiança.
Bloqueios: criticismo, dúvida e ciúmes.

LINGUAGENS SAGRADAS

O Sexto Plano da Existência: a Divina Música de Tudo o Que É

Tudo na criação, desde a menor partícula à maior expansão do Universo em si, tem uma linguagem sagrada que é uma música divina em si mesma. Todos os habitantes de todos os planos da existência têm a sua linguagem sagrada, que são tons musicais. Mesmo sendo essa divina música similar nos seus contextos, cada aspecto da criação emite uma versão, levemente diferente, dela.

Houve um tempo em que essas linguagens eram de conhecimento comum e que a própria Terra podia falar conosco. Na realidade do Terceiro Plano da Existência, existem algumas pessoas conectadas aos planos da existência de tal forma que ainda podem entender essas linguagens. As linguagens têm a vibração de formas-pensamento e são interdimensionais em sua composição. Há algumas palavras, em todas as linguagens, que são ligadas a pensamentos que têm um efeito especial no Universo. ("Falando em Línguas" é uma língua sagrada que se assemelha ao hebreu e ao sânscrito, mas não é a mesma coisa que as linguagens sagradas que estamos discutindo aqui.)

As linguagens do Quinto e do Sexto Planos são divinos tons e músicas. Se você for até o Sexto Plano e ouvir uma música, você pode pedir clareza para entender a divina linguagem dos tons e das músicas.

A linguagem universal é a música, os tons e os números. Quando você estiver apto a reconhecer a música em tudo e reconhecer que tudo tem um tom, você vai achar possível curar com os tons.

Se você fosse um ser do Quinto ou do Sexto Plano da Existência ouvindo falarmos no Terceiro Plano da Existência, você saberia que estamos usando um tom de música único para nós. Você já percebeu que algumas línguas humanas são mais musicais do que outras? Por exemplo, se você escutar o italiano, espanhol ou francês, elas soam muito musicais. Cada uma das nossas línguas tem uma vibração única. Acredito que, conforme essas línguas se desenvolveram nas diferentes culturas, o cérebro das pessoas dessas culturas se desenvolveu de formas diferentes também. Tenho observado que as pessoas de diferentes culturas processam a língua em partes diferentes do cérebro. O cérebro recebe os tons das línguas diferentemente. Por exemplo, acredito que o japonês é recebido na parte de trás do cérebro, enquanto o inglês é recebido na parte da frente do cérebro.

Assim como o DNA no corpo emite um divino tom de comunicação, os órgãos também cantam um para o outro em uma linguagem sagrada de comunicação. Essa divina música não está apenas dentro do corpo, desde que esse é uma minúscula representação do cosmos. O próprio cosmos usa uma divina música similar para se comunicar. Cada mundo tem sua própria música que ele canta para os outros planetas. Cada sistema solar usa os seus próprios tons da divina música. Cada galáxia tem a sua música específica para se comunicar com o Universo, que também tem seu próprio tom da divina música para se comunicar, e assim por diante. Até a essência da luz tem um tom e uma vibração própria. Cada plano da existência também tem sua própria música especial para comunicação, que é tocada para os outros planos para criar um casamento de energia entre eles.

O Sexto Plano da Existência guarda o conhecimento dos tons que criam o equilíbrio no corpo. Ele também guarda o conhecimento dos tons que podem mudar cada bactéria ou vírus. É pela Lei da

Vibração que nós aprendemos os tons e a divina música para nos comunicarmos com o Universo.

Talvez tenhamos o programa de que "só podemos entender a língua que aprendemos quando crianças", então precisamos fazer o download do conhecimento da verdadeira linguagem da divina música de Tudo o Que É. Essa divina linguagem musical é uma equação do Sexto e do Sétimo Planos da Existência.

Processo do Sétimo Plano – Linguagens sagradas

Virtudes requeridas: equanimidade, fé, foco, imaginação, diversão, pureza de coração, confiança e encantamento.

1. Vá ao Sétimo Plano da Existência (páginas 31, 32 e 33) e faça o comando: "Criador de Tudo o Que É, é comandado (ou requisitado) que eu entenda a linguagem sagrada dos planos da existência. Mostre-me a melhor e mais elevada forma".
2. Testemunhe o conhecimento das linguagens sagradas sendo trazido para a sua vida em todos os níveis do seu ser.
3. Quando você terminar, enxágue-se na energia do Sétimo Plano e se mantenha conectado a ela.

Download para Linguagens Sagradas

"Criador de Tudo o Que É,
é comandado (ou requisitado) que eu receba o
download do entendimento da Linguagem universal
da música, tons e números do Sexto Plano."

Nós não podemos acessar o poder dos primeiros seis planos, a menos que tenhamos um tom, ou um nome, ou formos antes ao Criador. O Criador tem acesso a tudo.

Se você limpar suficientes programas do seu ser e então perceber que pode dobrar uma colher, você irá entender a estrutura da matéria do Terceiro Plano e como usar mais do que um plano de cada vez.

Em encarnações anteriores, muitos de nós fomos alquimistas, xamãs e mulheres e homens sagrados. Há antigas regras e regulamentos que vêm dessas posições, que são conectados aos planos da existência. No entanto, se primeiro você for ao Sétimo Plano, pode acessar as energias sem precisar mais das regras e regulamentos dos planos mais baixos. Você também precisa entender que tudo é feito de alguma coisa. Cada plano segue essa pequena regra. No Sétimo Plano da Existência, essa "alguma coisa" é a energia de Tudo o Que É.

Nomes Sagrados

Em algum momento do passado distante, sabíamos as linguagens sagradas dos planos – as linguagens esquecidas dos minerais, animais e plantas. O primeiro passo na redescoberta dessas línguas esquecidas é saber o seu nome sagrado.

Cada ser dos planos da existência tem um nome sagrado para cada plano da existência. Cada um de nós tem, na verdade, quatro possíveis nomes de alma em cada plano. Pergunte ao Criador pelo seu nome em cada plano da existência e espere por eles. Se eles não vierem imediatamente, confie e espere que eles virão. Algumas pessoas se estressam se seus nomes sagrados não vêm quando pedem. Eles podem chegar mais tarde à noite, quando estiverem se aprontando para dormir.

Lembre-se de que alguns desses nomes serão percebidos como tons ou serão ouvidos de forma musical que muda a frequência de vibração pessoal.

Uma vez que você souber seus nomes sagrados, não sugiro que você os compartilhe com todos ao seu redor. Dar a todos o conhecimento dos seus nomes sagrados não é uma boa ideia, pois eles são sagrados para você. Colocar em um cartão de visitas seu nome sagrado e entregar também não é uma boa ideia.

Seu nome sagrado é uma grande parte da sua vibração natural. Se você tiver o entendimento sobre a vibração de alguém, você pode fazer coisas incríveis. Pode enviar o que chamo de "espírito caído para a luz" usando seu nome sagrado. Você descobrirá o que é isso perguntando ao Criador.

Funciona da mesma forma com bactérias e vírus. Na natureza, tudo tem sua própria vibração e, se você souber que vibração é essa, você pode usá-la. Quando você entender a "assinatura vibracional" de um vírus, seu nome sagrado, por exemplo, você pode mudar o vírus.

Houve um tempo em que eu pensava que a melhor forma de lidar com vírus era achar uma forma de destruí-lo. Eu perguntava ao Criador qual era o tom oposto à vibração de determinado vírus e o usaria para fazer o vírus sumir. Isso funcionava apenas em parte das vezes. O Criador me mostrou uma melhor forma: mudando as crenças que temos que estão atraindo os vírus e então mudá-las no próprio vírus. Isso para que o vírus evolua para uma inteligência mais elevada e então se torne menos perigoso. Eu aprendi que, como tudo na vida, os vírus e as bactérias servem a um propósito, e esse propósito pode ser elevado com um trabalho de crenças. Haverá um dia em que os médicos usarão os vírus como um sistema de entrega de alguns tipos de remédios.

Para mudar a vibração de uma doença em algo inofensivo por meio de um tom do Sexto Plano, use o seguinte exercício:

Envie um tom do Sexto Plano da Existência

Neste exercício, vá ao Sétimo Plano e de lá se conecte ao Sexto Plano para mandar um tom por intermédio da pessoa para parar uma bactéria ou um vírus danoso e curar a pessoa.

É melhor, no entanto, mudar as crenças da pessoa para que ela não atraia um vírus, em primeiro lugar. Conforme suas crenças mudarem, a vibração de seu próprio tom também mudará. Então, use este exercício somente em uma emergência.

Virtudes requeridas: aceitação, compaixão, coragem, equanimidade, fé, perdão, gratidão, esperança, imaginação, diversão, bondade, pureza de coração, contenção, serviço, confiança e encantamento.

1. Vá ao Sétimo Plano (veja as páginas 31, 32 e 33) e faça o comando: "Criador de Tudo o Que É, é comandado (ou requisitado) para eu me conectar com o Sexto Plano da Existência e com a Lei do Magnetismo para enviar um tom para (nomeie o propósito). Grato. Está feito, está feito, está feito".
2. Testemunhe o tom sendo mandado para aquele propósito e continue vendo até que o processo termine.
3. Enxágue-se com a energia do Sétimo Plano e permaneça conectado a ela.

Todas as Leis têm seu próprio nome sagrado que designa sua vibração. Uma vez que você tenha dominado as habilidades e virtudes necessárias para acessar uma Lei, é preciso saber o nome sagrado dela. O nome sagrado é a quintessência da Lei que é a vibração-entonação para acordar e direcionar o propósito. Uma vez que as virtudes para dominar uma Lei tiverem sido adquiridas, pedir para saber o sagrado nome de uma Lei é o último passo para realmente saber como ativá-la.

FAZENDO O DOWNLOAD DAS VIBRAÇÕES DAS LEIS

A essência da vida é vibração. É importante sermos capazes de reconhecer e baixar o conhecimento dessas vibrações para o enriquecimento de nossas vidas. Por exemplo, se eu fosse uma artista, ia querer baixar um download do conhecimento do Criador da vibração para dar às pessoas inspiração divina pelas minhas pinturas. Se eu fosse uma musicista, ia querer baixar em mim e em meu instrumento um download de ser capaz de inspirar alegria nas pessoas que me ouvissem. Se eu fosse uma inventora, ia querer baixar um download de tudo que fosse possível saber sobre a vibração das Leis que me permitiriam criar coisas incríveis. Você tem o conhecimento do Universo na ponta dos seus dedos por meio do Sétimo Plano da existência e das Leis.

A Vibração da Cor

Todas as coisas vivas que têm cor possuem uma essência, uma energia associada com elas. Por exemplo, estar rodeado de árvores gera um senso de bem-estar que não pode ser explicado. A maioria das árvores é verde, e a vibração dessa cor nos dá a energia de cura, já que são as árvores que nos dão o oxigênio, o qual nos dá a vida. A cor verde é a vibração de muitas plantas e árvores que têm componentes de cura, como as ervas, por exemplo.

Assim como as plantas e as árvores, temos um esquema de cores dentro de nós também. Uma das nossas missões nesta vida é focar nossa energia na criação de atributos e virtudes para tornar a nossa cor pura. Conforme adquirimos cada virtude, adquirimos diferentes arranjos das cores do arco-íris. Uma vez que tivermos todas essas cores trabalhando em proporções iguais, elas se converterão naquela energia branca brilhante da perfeição do pensamento. Essa é a energia da Criação, a essência do puro amor do Sétimo Plano.

Quando nascemos, viemos a este plano carregando um puro estado de amor de uma energia extradimensional com uma cor que é branca pura com um toque de rosa. Isso é porque, enquanto bebês nós temos um perfeito equilíbrio de cor, emoção e amor. Essa é a mesma energia branca brilhante que queremos alcançar para nos conectarmos com o Criador de Tudo o Que É. É a conversão de todas as outras cores em um perfeito equilíbrio. As únicas outras vezes em que teremos uma aura branca são quando estivermos próximos à morte ou em dor intensa.

Conforme envelhecemos e experimentamos pensamentos negativos deste plano, nossa aura começa a mudar para diferentes cores. Nós temos apenas três principais sequências de luz: vermelho, verde e azul, que se misturam para criar as outras variações. No entanto, se todas essas cores da aura de misturarem, a cor que se forma é a branca.

Nosso objetivo é mudar suficientemente as nossas crenças para que a nossa aura se torne uma energia branca brilhante. Em última análise, a cor perfeita é a branca, que é a luz iridescente de Tudo o Que É. É essa a luz que pode harmonizar o corpo todo.

A razão pela qual as cores são importantes é que elas nos ajudam a adquirir as virtudes. Isso porque cada cor tem atributos e cada cor ajuda a equilibrar a mente e o corpo de forma distinta. Quando o corpo está em equilíbrio, ele está saudável em espírito, mente e corpo.

Da mesma forma, todas as virtudes convergem umas com as outras para criarem o mesmo tipo de perfeição. É por isso que temos de nos focar em adquirir novas virtudes a cada vida. Muitos de nós adicionamos apenas três ou quatro virtudes a cada vida, mas agora temos a oportunidade de adicionarmos todas elas neste tempo e espaço.

Ver a aura

1. Para ver a aura de alguém, comece pegando um pedaço de papel branco e colocando um ponto no papel.
2. Posicione a sua mão de maneira que o ponto fique entre os seus dedos.
3. Concentre-se no ponto.
4. Conforme focar no ponto, você verá a energia branca fluindo ao redor dos dedos. Essa é a sua aura.

Quando você se acostuma com isso e pode ver a aura branca em volta de uma pessoa, se você se concentrar nisso e olhar ao redor dela, poderá ver a cor da aura da pessoa. É da largura de um lápis ao redor do branco. Essa cor da aura mudará dependendo do estado de ânimo da pessoa.

Quando você tira uma fotografia com uma máquina de fotografar auras Kirlian, as pessoas costumam ter a mesma cor de aura todas as vezes. Isso muda quando você se conecta ao Criador. Conforme você se torna mais consciente espiritualmente e se torna uma criança arco-íris, sua cor de aura muda de foto para foto. Com o passar do tempo, você começa a ter controle da cor que você está emitindo para o mundo. Sua aura também começará a expandir conforme você crescer espiritualmente.

Cada um de nós tem uma sequência de cores e elas estão representadas na aura que trazemos para este mundo. Mas, quando acessamos e usamos a Lei das Cores e da Vibração, as cores dos nossos chacras podem mudar com a cor da nossa aura.

Crianças arco-íris têm todas as cores na sua aura e isso significa que elas podem misturá-las e formar o branco brilhante. Crianças arco-íris são crianças especiais que vieram a esta existência para mudar o mundo. O mundo esteve instintivamente esperando por crianças especiais para levá-lo a uma nova era. Alguns as chamaram de cor violeta ou índigo, outros falaram sobre crianças cristal. Para mim, este mundo esteve esperando pelas crianças arco-íris – e elas estão aqui agora. Seja lá como chamamos essas pessoas iluminadas, elas podem mover energia para criar uma mudança no mundo. Uma pessoa cristal reflete a energia de qualquer um em uma sala. Uma pessoa arco-íris pode promover curas. Uma pessoa perfeitamente arco-íris pode alcançar e mudar a alma de qualquer pessoa. Todos nós estamos evoluindo para nos tornarmos pessoas arco-íris.

Lições de Vida

Não há enganos no Universo, por isso as experiências que você está tendo têm um propósito. Tudo na sua vida é como o fogo usado para moldar a sua alma no que ela deve ser. Você vai entender que você não está com raiva de Deus ou do Universo por essas lições de vida.

Quanto mais você estiver imerso na energia do Sétimo Plano de puro amor, mais virtudes você vai dominar apenas pela vibração de estar lá. O principal objetivo é viver a vida em conexão com o Sétimo Plano.

Mas, quando você volta à sua zona de conforto dessa realidade, você poderá permitir-se ter pensamentos pesados novamente. Isso porque a sua mente subconsciente é programada para mantê-lo neste plano. É por isso também que depois de você ter estado na bênção do Sétimo Plano e você volta à realidade do Terceiro Plano, pode criar uma briga com a sua mulher ou marido, ficar chateado com os seus filhos ou com você mesmo – tudo isso serve para mantê-lo na realidade do Terceiro Plano.

Trabalho de crenças para lições de vida

Sente-se com um parceiro e diga a ele o que está acontecendo na sua vida.

Siga o fluxo do trabalho de crenças para ver como qualquer situação difícil em sua vida pode estar servindo-o e o que ela está tentando lhe ensinar.

Seu parceiro poderá perguntar:

- "O que está acontecendo na sua vida e no que isso está te ajudando a crescer?".
- "O que você está ganhando com essa situação e o que você está aprendendo com isso?".
- "Qual é o maior desafio da sua vida?".
- "Você se sente amado o suficiente?".
- "O que quer que esteja acontecendo na sua vida está lhe ensinando alguma coisa. Como essas situações difíceis (ou situações positivas) estão ajudando-o a liberar vícios e adquirir virtudes?".

Trabalho de crenças para virtudes

Forme um par com outra pessoa e revezem contando o que está se passando nas suas vidas e o que vocês estão aprendendo com essas experiências. Diga quais as virtudes que você adquiriu em cada experiência.

Explore e descubra quais as virtudes que você já possui.

Trabalho de crenças: "Eu tenho muito"

Uma das palavras mais importantes para você usar na sua vida é "muito". Faça o download dos seguintes programas: "Há muito" e "Eu tenho muito". Em vez de perceber as coisas da vida como sendo vazias, perceba-as cheias.

Quando eu não tinha muito dinheiro, eu me preocupava com os meus filhos terem roupas suficientes para usar. No entanto, eles sempre tiveram muitas roupas porque eu dizia: "Nós temos muito". Eu uso isso desde então como um dos meus mantras.

Faça o teste de energia para:

"Eu tenho muito".

"Há muito".

"Há muitos clientes".

"Há muitos alunos".

"Há muito dinheiro".

VÓRTICES E PORTAIS

A Energia do Vórtice

Um vórtice está girando em atividade eletromagnética que pode causar a abertura de um portal. Quando existem combinações de metais em algum local da Terra, um campo eletromagnético pode criar a energia de um vórtice.

A energia do vórtice pode ser artificialmente criada com uma cerimônia ou ao se fazer um local sagrado, como um labirinto ou um círculo de pedras.

Quando habilidades psíquicas são equilibradas, algumas pessoas intuitivas se sentem inclinadas a criar atividade eletromagnética controlada que forma energia de vórtices e portais. Curadores que frequentemente vão ao Sétimo Plano se tornam portais falantes e caminhantes. A energia dos vórtices atraem espíritos errantes (ver página 138) e outras energias, como experiências com OVNIS. Essa pode ser a razão pela qual alguns espíritos são atraídos para intuitivos que naturalmente criam vórtices.

Se um vórtice tem uma energia negativa, alimentá-lo com energia positiva pode mudá-lo.

Os cristais podem formar energia de vórtice. Eu coloquei bastante energia de cristais na minha casa, pois eu gosto.

Portais

Um portal é diferente de um vórtice. Um vórtice é uma energia eletromagnética que gira. Um portal é um túnel de energia eletromagnética interdimensional que corre através do espaço e do tempo. Os portais estão por toda a parte. Se você encontrasse o portal certo, você seria capaz de ir para outro planeta ou dimensão.

Portais Espirituais

Quando um vórtice deixa essa terceira dimensão e vai embora à quarta ou à quinta dimensão, ele cria um portal espiritual. Quando você vai ao Sétimo Plano, está criando seu próprio pequeno portal espiritual. Para que um espírito multidimensional entre em um corpo humano, é preciso de um portal espiritual.

Cada um de nós tem um portal espiritual que nos leva ao Criador de Tudo o Que É. Quando uma pessoa morre e o seu espírito deixa o corpo físico, ela segue esse portal para a energia da luz de Deus. E, desse ponto, ela vai naturalmente ao local de onde pertence. Nós também usamos portais espirituais para enviar espíritos errantes para a luz de Deus.

Portais das Fadas

A energia emitida pelas árvores e plantas pode criar portais. Fadas usam essa energia para criarem portais para outras dimensões (*para saber mais a respeito das fadas, veja o capítulo 7*).

Curvar o Tempo

Um vórtice pode criar um portal chamado "curva no tempo". Isso é um evento gravado no passado que recorre neste tempo, de novo e de novo. Isso acontece quanto certas condições permitem essa manifestação. Eu gosto tanto da energia dos vórtices que criei uma vez uma "curva no tempo" em minha casa.

Quando muitas pessoas morrem no mesmo lugar ao mesmo tempo, uma curva no tempo pode ser formada. Isso acontece em razão da repentina liberação de energia de força de vida deixando o corpo. Uma curva no tempo não pode ser mandada para a luz como um espírito errante, mas pode ser movida.

Às vezes, um intuitivo precisa mover um vórtice de energia da casa para o jardim, pois ele está criando portais. Você não pode parar um vórtice, mas muitos tentam. Eles podem pedir para que a energia pare, mas, uma vez que isso é feito, o vórtice se torna como um vulcão que explode ao se abrir. É por isso que é melhor movê-lo alguns metros para fora de casa.

O Portal em Idaho

Em 2011 me foi falado que eu compraria uma cabana na Ilha Park, em Idaho, no ano seguinte, pouco antes do mês de junho. Island Park fica na Floresta Nacional Targhee, nas montanhas sobre o Vale do Rio Snake e compartilha a mesma cadeia de montanhas que levam ao Parque Nacional Yellowstone. Esse lugar era próximo a um local de poder para mim.

Fui espiritualmente guiada para comprar essa cabana para ter um local de tranquilidade no qual eu poderia canalizar as informações para este livro. Esse era um lugar em que, supostamente, eu poderia descansar e recarregar meu corpo e minha mente com a energia das montanhas. Foi-me dito onde que esse lugar ficaria e, após algumas buscas, eu o encontrei. Mas, na verdade, comprar o local no mesmo ano ficou difícil. Levou alguns meses para a pessoa que estava vendendo desapegar do lugar.

A cabana era exatamente onde eu vi que seria, mas quando me mudei foi difícil dormir à noite sem ter algum pesadelo. Dormir na cabana era a coisa mais estranha que já havia me acontecido.

Após algumas noites assim, percebi que havia um vórtice gigante de energia bem ao lado da minha cama. No meio da noite esse portal se abria e puxava todo o tipo de criaturas estranhas para ele. Um forte sentimento do mal permeava a cabana toda a vez que o portal se abria. Eu pensei comigo mesma: "O Criador deve conseguir mudar esse portal".

Eu sabia que os vórtices eram às vezes criados por minerais na Terra ou pelas energias das pessoas que estiveram no local anteriormente, e eu pensei que esse poderia ter sido criado pelas pessoas que moravam na cabana antes de mim. Eles haviam vivido tantos conflitos no relacionamento e decepcionaram (tantas vezes) um ao outro que o divórcio aconteceu.

Pensando que essa poderia ter sido a causa, limpei a cabana da energia deles e presumi que isso também limparia o vórtice. Mas, no meio da noite, energias raivosas ainda vinham à cabana, ao lado da minha cama, acordando-me do meu sono tranquilo.

Na terceira noite de esquisitices, eu estava dormindo profundamente quando tive um sonho estranho. Uma entidade negativa veio a mim através do portal e me falou que eu tinha de deixar a minha cabana. É claro que eu disse à entidade que ela é quem deveria partir, e então subi ao Criador e comandei para que ela fosse embora.

Quando fiz isso, a briga entre nós começou! Eu comecei a ser puxada para fora do meu corpo, e minha pequena cadela Jasmim começou a latir para a coisa que estava me atacando. Acordei e meu espírito caiu em meu corpo novamente. Essa entidade não estava colaborando para ser mandada para a luz! Eu a mandei para a luz enquanto estava acordada e ela foi embora (ou pelo menos assim pensei). Mas, na manhã seguinte, ela estava de volta, mais forte. Obviamente, havia mais coisas acontecendo do que eu pensara.

Naquela noite, tive uma conversa com o Criador sobre o meu dilema. Eu disse: "Criador, este lugar é muito inspirador para mim durante o dia. Eu me inspiro, tenho memórias de vidas passadas, recebo informações sobre os planos da existência. Como me livro desse portal?".

O Criador me disse: "Vianna, esse portal leva para além do espaço e do tempo. Ele está conectado a outra galáxia que está cheia de negatividade. Mova-o para outro lugar".

Eu então subi para acima do meu espaço e comandei que o portal fosse movido para fora da cabana, para outra montanha. Isso funcionou por um dia, e então voltou novamente para o mesmo local.

Eu perguntei a Deus: "O que estou fazendo de errado?".

Deus disse: "Vianna, você está me entendendo errado. Você precisa mover o ponto de origem do portal para um local com energia positiva".

Então eu deixei o portal ao lado da minha cama e subi através do tempo e do espaço para o ponto de origem do portal. Eu fui à galáxia de onde a energia negativa estava jorrando dentro da abertura do portal. Testemunhei a abertura sendo movida através do tempo e do espaço para outra energia planetária que era boa para mim. Mover a coisa toda foi um esforço de bondade e amor, com a total confiança de que poderia ser feito. Movi o portal para um local que era mais familiar para mim, a constelação das Plêiades. Sempre me senti confortável com a energia vinda de lá.

Depois disso, a energia do portal ainda entrava no meu quarto, mas era uma boa energia que consistia em iluminação e conhecimento sobre construção do Universo.

Após testemunhar o Criador mover o ponto de origem do portal, fui capaz de canalizar muitas das informações que estão aqui no livro. Fiquei bastante satisfeita com o resultado, apesar de ter ficado um pouco apreensiva sobre se a energia negativa voltaria, mas ela não voltou. Agora, energia positiva flui em minha cabana na maior parte do dia e da noite.

Com essa experiência aprendi que os vórtices podem ser bons ou ruins e que um portal pode estar conectado a diferentes lugares além da Terra. Mesmo conhecendo muitos locais em que há portais, mover um portal pelo seu ponto de origem foi novo para mim.

E sobre a entidade com que eu briguei, tenho certeza que ela encontrará outro local ou tempo no planeta para existir.

Movendo um portal

É útil saber que é possível mover um portal para um local que o torna inofensivo.

Virtudes necessárias: aventura, bravura, fé, esperança e bondade.

Bloqueios: cinismo e medo.

1. Suba ao Sétimo Plano (ver páginas 31, 32 e 33) e faça o comando: "Criador de Tudo o Que É, é comandado (ou requisitado) que esse portal seja movido a um local no Universo onde a energia que fluir dele seja saudável".
2. Testemunhe o portal sendo movido com a energia da bondade e do amor, em total confiança que isso possa ser feito. Testemunhe a abertura do portal sendo colocada em um local do Universo em que energia positiva seja atraída para dentro dele.
3. Quando o processo terminar, enxágue-se com a energia do Sétimo Plano e permaneça conectado a ela.

4

O Quinto Plano da Existência

Conforme expliquei nos meus primeiros livros, o Quinto Plano da Existência é o plano dos anjos, do Conselho dos Doze, das famílias de alma, dos mestres e de nossa mãe e pai. Os mestres, tais como Buda e Cristo, seres que transcenderam os corpos físico e espiritual, agora fazem seu trabalho dos altos níveis do Quinto Plano.

Pessoas que canalizam anjos e profetas e trazem espíritos para realizarem cirurgias espirituais e curas estão relacionadas a esse plano. Curadores que usam essa energia estão, no entanto, presos a Leis desse plano e vão curar com algum tipo de sacrifício ou troca de energia, a não ser que comecem do Sétimo Plano.

O Quinto Plano é dividido em níveis que são muito complexos, com muitas subdivisões, mas há quatro níveis principais, cada um deles composto de 11 graus, perfazendo um total de 44. O 11º grau de cada nível é o local onde fica o Conselho dos Doze, que comanda cada família de almas.

Nossa família de almas é o grupo ao qual pertencíamos antes de vir a esta encarnação. Mesmo encarnando em uma família física, de alguma forma nunca nos esquecemos da nossa família espiritual que deixamos para trás. Às vezes membros de uma mesma família de almas se encontram nesta encarnação, e essas memórias e sentimentos podem juntá-los em matrimônio. Mas isso é como se um irmão e uma irmã se casassem sem saber disso, e por isso a paixão entre os dois não será duradoura.

As famílias de almas estão se unindo para realizar o trabalho do Criador aqui na Terra, cada uma sendo guiada pelo Conselho dos Doze. Muitos mestres do Quinto Plano que estão em missão na Terra estão ativos nesses conselhos enquanto vivem o dia a dia dessa existência no Terceiro Plano. Eles se elevam para além do seu espaço quando estão dormindo para participarem dos conselhos.

Eu me referi a uma experiência com um desses conselhos no meu livro *ThetaHealing Avançado*. Quando eu estive com esse conselho de família de alma, muitos dos seres avançados que estão aqui para fazer a diferença estavam nesse encontro comigo quando eu implorei pela chance de à Terra ser permitido mudar pelo amor. Muitos membros do conselho estavam votando para que a Terra e todos nela fossem destruídos pelo caos, para começarem de novo. O caos é o grande destruidor.

Exceto pelos níveis superiores, o Quinto Plano é um plano de dualidade, como uma ferramenta de aprendizado, mas não é o mesmo do Terceiro Plano. A dualidade no Terceiro Plano tem extremos, como quente e frio, bom e mau, preto e branco... Nos níveis mais baixos do Quinto Plano, essa dualidade é mais amena, tem o morno e o fresco, o bom e o não tão bom, o cinza e o creme... No Terceiro Plano somos duais por natureza. Nós temos lados bons e ruins, traços bons e ruins. A chave é não separar esses traços, mas trabalhar no negativo e se tornar uma pessoa melhor. Esse é um aspecto do Terceiro e do Quarto Planos, mas não dos níveis mais elevados do Quinto Plano. Uma vez que atingimos esses níveis, eventualmente a dualidade desaparece.

O ego também reside em alguns níveis mais baixos do Quinto Plano, mesmo que esse plano seja preenchido de seres iluminados vibrando em diferentes frequências.

A energia é movida no Quinto Plano da mesma forma como acontece no Terceiro Plano – com o poder dos pensamentos. Lá, como aqui, as virtudes devem ser dominadas para se trabalhar com as Leis. Finalmente, o Quinto Plano é onde alcançamos a perfeição do amor.

Conexões com o Quinto Plano

Há muitos profetas que alcançaram o Quinto Plano, por exemplo, Moisés. Muitos alcançaram o sexto grau do segundo nível. Muitos desses profetas viveram boas vidas, mas, se você se encontrar com a energia de Moisés, ela será diferente da energia de um mestre como Jesus Cristo (ambos, só para acrescentar, eram pessoas reais). Algumas pessoas se conectam com profetas de diferentes épocas da história e muitas dessas essências espirituais podem ser, em algum nível, do Quinto Plano.

Eu sinto que você nunca deveria seguir cegamente ninguém nem nenhuma energia espiritual. A única coisa a seguir é a mais pura verdade do Criador. É bom admirar alguém e ouvir a sua sabedoria, mas não a ponto de se tornar obcecado. Quando você ler um livro espiritual, pergunte o que é verdade e o que não é no conteúdo. Seja particularmente cuidadoso com materiais canalizados. Qualquer pessoa que canalize informações do Quarto ou do Quinto Plano está fazendo isso filtrando com um cérebro de Terceiro Plano, que tem suas próprias crenças. E qualquer canalização que tenha uma mensagem de medo não é a mais elevada ou a melhor. Além disso, seres de Quinto Plano são incrivelmente desenvolvidos, mas eles (também) ainda estão aprendendo, então nem tudo o que eles dizem ou fazem será completamente puro, a não ser que eles estejam entre os graus 33 e 44. Se você quer canalizar alguém, você deve ir até o Criador e pedir por um ser com o melhor e mais elevado conhecimento. (Claro que o Criador de Tudo o Que É está acima de todos os conceitos de Deus, deusas, pais e mães e divinos, sem mencionar todos os outros espíritos com quem contatamos.)

Encontrando com um ser de Quinto Plano

Este exercício permitirá que você perceba a diferença entre os tipos de divindades com as quais pode se encontrar em uma leitura. Há muitos níveis de divindades no Quinto Plano e cada ser de Quinto Plano tem seu próprio jeito e sentimento.

1. Decida com quem você gostaria de se encontrar no Quinto Plano: um anjo, Deus ou um mestre espiritual, sua família de alma ou o seu Conselho dos Doze. Não se surpreenda se você estiver participando do seu próprio conselho.

2. Suba ao Sétimo Plano (veja páginas 31, 32 e 33) e faça o comando: "Criador de Tudo o Que É, é comandado (ou requisitado) que eu veja e fale com (nome do espirito, Deus, Deusa ou anjo) do Quinto Plano da Existência nesse (dia, mês, ano e hora). Grato. Está feito, está feito, está feito".
3. Visualize sua consciência sendo enviada ao Quinto Plano.
4. Espere o ser de luz vir e falar com você. Fale com ele.
5. Quando quiser terminar o contato, enxágue-se no Sétimo Plano da Existência e permaneça conectado a ele.

Dois dos mais elevados aspectos da divindade que já experimentei foi com Shiva e Parvati. Isso aconteceu quando fui à Índia pela primeira vez.

Uma Mensagem dos Deuses

Na primeira vez que fui ensinar na Índia foi como se já estivesse estado lá muitas vezes antes. Já viajei para muitos lugares na minha vida, mas em nenhum outro lugar eu havia sentido como se a espiritualidade estivesse flutuando no ar como lá.

Também acho que a Índia é a terra onde as noites são as mais longas do mundo. É como se uma noite lá durasse para sempre e você fica perdido no tempo quando dorme. Em uma dessas noites tive numerosos sonhos e o ápice foi quando tive o mesmo sonho, três vezes seguidas. Eu acordava e ao dormir voltava para o mesmo sonho.

No sonho eu estava em frente ao Deus Shiva e à Deusa Parvati e estava muito animada. Eles estavam emanando a mais incrível energia divina. Eles usaram meu nome sagrado e meu nome usual para falar comigo e disseram: "Querida Vianna, você está aqui! Nós a recepcionamos. Vianna, existem muitas pessoas que irão gostar do seu trabalho aqui, mas nem todo mundo na Índia vai estar aberto e aceitar o que você ensina".

Eu perguntei: "Por que não?".

Eles disseram: "Nem todo mundo aqui está pronto para se desenvolver. Eles não chegaram a esse ponto ainda".

Eu disse: "Mas todos nós temos de nos desenvolver".

Eles responderam: "Não, alguns não irão".

Perguntei: "Como vocês lidam com isso?". E continuei: "Deve ser muito frustrante".

Eles simplesmente disseram: "Eles são o que são".

Perguntei: "Por que vocês vieram para me dizer isso?".

Com a energia mais bondosa e compassiva, eles disseram: "É porque nós os amamos. Porque são nossos filhos e nós somos cuidadosos com os filhos dos deuses. Nós os amamos todos, mas alguns deles não estão prontos para mudarem tudo em seu carma. Nem todos eles estão prontos para progredir, mas eles são todos queridos por nós".

Ao saber que o amor parental era tão importante a essas deidades, eu os reverenciei e parti.

A parte estranha do sonho foi que os deuses e eu nos conhecíamos e, quando eles me deram a mensagem, não foi com um sentimento de "Você não pode ensinar na Índia". Na verdade, eles estavam me convidando para trabalhar com as pessoas que estavam *abertas* ao meu ensinamento. Eles estavam tão felizes que aquele que estivesse pronto poderia evoluir a sua consciência e se liberar dos laços do seu carma. Mas eles precisavam me dizer que eu tinha de respeitar aqueles que não queriam mudar.

O sonho também serviu para me lembrar do pai divino e da mãe divina que cuidam dos filhos da Índia.

No final, o Guy pulou da cama e disse: "Quem está aí? Tem alguém no quarto?".

Eu disse a ele que era só meu sonho e nós dois dormimos novamente.

SERES DO QUINTO PLANO DA EXISTÊNCIA

Anjos

Guerreiros da Luz

Os arcanjos residem no segundo nível do mais alto grau do Quinto Plano. Eles não são suaves, brandos ou fofos, mas são guerreiros da luz. Eles tomam a frente na proteção dos reinos dos céus e assumem a responsabilidade seriamente. Então eles podem ser bem ferozes.

Alguns curadores são também guerreiros do Quinto Plano. Alguns de nós sobem, em sonhos, ao plano astral apenas para lutar contra as forças do mal. No entanto, você não tem tempo de lutar contra o mal o tempo todo. Este planeta tem um tanto disso e se assim for você estará sempre em algum tipo de batalha. Foque em mudar as pessoas que estão prontas para isso e não perca tempo com aqueles que escolhem escuridão à luz.

Anjos da Guarda

Assim como os arcanjos, há anjos no Quinto Plano, que são doces e bondosos, que nos guiam, como guardiões. E há anjos que nunca entraram em contato com o Terceiro Plano.

Anjos guardiões englobam uma ampla gama de seres. Eles podem ser seres de luz do Terceiro Plano, entes queridos que transcenderam, ancestrais por DNA e animais totens. Eles também podem se manifestar como fadas ou espíritos da natureza. Nós podemos ter muitos anjos guardiões cuidando de nós, ou apenas um. Se passarmos por uma transição espiritual causada por uma experiência de quase morte ou qualquer evento que nos faça crescer espiritualmente, novos e mais sábios anjos da guarda nos serão enviados para nos ajudar ao longo da vida.

Alguns de nós também já fomos anjos. Caso pensemos que já fomos anjos antes, é provável que tenhamos sido. Caso você tenha sido um anjo em outro tempo e espaço, você herdou dons que ainda não foram investigados.

Um anjo da guarda do Quarto Plano é diferente de um do Quinto Plano, como um arcanjo. Um ser de luz do Quinto Plano é muito mais poderoso. Um anjo da guarda ou guia do Quarto Plano ainda tem muito a aprender, e parte do seu processo de crescimento é ajudar a sua família do Terceiro Plano.

Eu uma vez fiz uma leitura com uma mulher que queria falar com o marido recém-falecido. Eu subi para acima do meu espaço e o chamei, mas ele não veio. Isso continuou por algum tempo. Finalmente ele apareceu no espaço dela e foi muito seco comigo.

"O que você quer"? – ele perguntou. E então ele apontou para a mulher dele: "O que ela quer? Eu estou muito ocupado!".

Eu falei para a mulher que o havia contatado e ela perguntou: "Onde ele está?".

Ele me disse: "Eu sou o anjo da guarda de uma menininha em uma cidade da Califórnia e eu estou cuidando dela".

Ele me falou o nome da cidade e o da menina. Eu passei a informação à mulher, e ela confirmou que essa tinha sido a cidade onde ele tinha morrido. Depois, ela me disse que a leitura a motivou a se ocupar e a trabalhar em um hospício. Mais tarde, ela foi à cidade na Califórnia e encontrou a menina. Para mim essa é a confirmação de que nunca estamos sozinhos – alguém sempre está cuidando de nós.

Enviando um anjo protetor

Como um exercício para usar a energia do Quinto Plano, você pode enviar um anjo para proteger e guiar outra pessoa. Ao serem dirigidos desde o Sétimo Plano, os anjos simplesmente protegerão a pessoa e não se envolverão em dramas do bem e do mal.

Virtudes necessárias: bravura, fé, perdão e esperança.

1. Suba ao Sétimo Plano (veja as páginas 31, 32 e 33) e faça o comando: "Criador de Tudo o Que É, é comandado (ou requisitado) que um anjo da guarda do segundo nível do Quinto Plano proteja (nome da pessoa). Grato. Está feito, está feito, está feito".
2. Vá ao Quinto Plano e testemunhe um anjo sendo enviado à pessoa querida.
3. Uma vez que o anjo tiver sido enviado, enxágue-se com a energia do Sétimo Plano e permaneça conectado a ela.

Mestres do Quinto Plano

Como essências espirituais, estamos todos pulsando em diferentes frequências. É nossa habilidade curvar essas frequências que distinguem o Terceiro do Quinto Plano. Os mestres do Quinto Plano são seres iluminados que aprenderam a curvar o tempo, a matéria e as partículas subatômicas. Eles podem fazer coisas incríveis, pois aprenderam que a essência espiritual não está separada do Criador.

Eles aprenderam como rejuvenescer seu corpo físico, mental, emocional e espiritual.

Tornamo-nos mestres quando atingimos certa faixa vibracional. Nesse ponto, se tivermos aprendido tudo o que precisamos do Terceiro Plano da Existência, então nosso processo de aprendizado vai continuar no Quinto Plano e poderemos residir em um de seus níveis. Esse nível depende da vibração que tivermos atingido no Terceiro Plano.

Os mestres superiores do Quinto Plano são compostos de energia – pura energia. Eles aprenderam a controlar seus pensamentos de tal forma que os fariam parecer deuses para nós. Eles são muito mais evoluídos do que nós no nosso estado atual, mas temos similaridades.

Seres do Quinto Plano podem se tornar de matéria sólida e então voltar a ser energia espiritual. Eles podem se mover através das dimensões na forma espiritual. Quando anjos e seres de outros mundos aparecem em uma sala e então desaparecem, eles estão viajando entre as dimensões. Quando isso acontece há um flash de luz por causa da energia que é criada quando eles fazem a mudança interdimensional.

Seres multidimensionais de Quinto Plano, conhecidos como seres de luz, aprenderam a usar a sua energia de puro amor para criarem novos mundos. Quando falo sobre criar mundos, não me refiro à "terraformação", que é o que algumas raças de alienígenas fazem para colonizar um planeta, mas, sim, de criarem planetas inteiros, assim como formas de vida neles, espontaneamente.

Um mestre é capaz de criar mundos ao alcançar o grau 33 do Quinto Plano. Nesse nível, eles estão repletos de amor e de entendimento. Eles se tornaram como o Cristo ou Buda. O medo do mal *versus* o bem foi embora. Eles dominaram todas as virtudes e aprenderam a curvar as Leis em muitos universos com seus pensamentos. Eles são capazes de mover formas de vidas entre os mundos neste universo e em outras dimensões.

Por exemplo, meu pai celestial é um mestre superior que pode curvar energias e criar mundos. Trinta e três seres do grau 33 são o começo dos mestres superiores que estão fazendo mundos e criando vidas.

Os mestres mais superiores, no entanto, são aqueles do grau 44. Quando alguém diz (como às vezes falam) que há um oitavo ou um décimo plano, eles estão se referindo a um dos graus do Quinto Plano e o estão confundindo com a essência do Sétimo Plano. Mas o Sétimo Plano é o plano do Criador de Tudo o Que É.

Os Filhos dos Mestres

Cada nível do Quinto Plano tem uma variedade de seres iluminados. O primeiro grau do Quinto Plano é de onde os filhos dos mestres vêm. Eles são nutridos no Quarto Plano, que age como uma escola de enfermagem. Então eles são mandados ao Primeiro, Segundo e Terceiro Planos para crescerem. Alguns de seus pais vão com eles para lhes darem assistência.

Os filhos dos mestres aprendem a filtrar seus pensamentos e adquirir virtudes em cada vida nos planos inferiores. Eles aprendem que os pensamentos negativos os puxam para trás. E aqui no Terceiro Plano eles aprendem a amar. Há todo tipo de amor para aprender, incluindo o amor de pai, o amor de mãe e o amor de amigo, mas primeiro vem o amor de Deus, o amor por si mesmo e o amor por um parceiro. Amar um parceiro completamente é parte da virtude da confiança.

Os filhos dos mestres estão aprendendo todo o tempo, mas mesmo assim não é surpresa aprender que o planeta Terra não está avançando como deveria. Por causa disso, os mestres ascensionados do Quinto Plano vieram para cá para ensinar os seus filhos a amarem uns aos outros.

Mestres Ascensionados

Os mestres sempre estiveram observando seus filhos no Terceiro Plano. Até 1995, no entanto, eles somente podiam mostrar-lhes o que fazer e nunca podiam interferir diretamente. Nesse tempo, eles eram chamados de "os Observadores". Conforme eles observavam o que seus filhos faziam na Terra, eles percebiam duas possibilidades para o futuro. Uma era que a Terra estava pronta para passar para uma vibração mais refinada, mas estava atrasada. A outra era que ela estava em perigo, na iminência de um completo colapso, a não ser que fossem feitas mudanças na consciência de seus filhos.

Então, os pais do Quinto Plano ficaram um pouco preocupados e havia uma votação entre os mestres sobre destruir o planeta e começar de novo ou salvá-lo da autodestruição. Alguns dos mestres só queriam começar novamente e mover os espíritos de seus filhos para algum outro lugar. Mas outros mestres se posicionaram a favor do nosso mundo. Eles disseram: "Esses são nossos filhos, nossos irmãos e irmãs! Eles serão devastados se começarmos tudo de novo. Eles só precisam de uma ajudinha. Iremos ensiná-los se vocês nos derem um pouco mais de tempo. Se eles souberem quem são, farão muito melhor".

Foi combinado que uma missão de salvamento dos mestres ascensionados seria iniciada na Terra.

No entanto, quando a missão de salvamento chegou à Terra, eles se deram conta que a sua vibração era tão alta que eles não conseguiam ficar na Terra tempo o suficiente para fazer as mudanças necessárias.

Então um segundo grupo foi iniciado. Esses mestres vieram através de um portal espiritual para nascerem como bebês e crescerem como humanos. Dessa forma, eles poderiam ficar na Terra por tempo suficiente para fazer as mudanças necessárias. Eles estão aqui agora. Apesar de eles já terem vindo antes na história humana também, foi-me falado que nunca antes existiram tantos mestres aqui de uma vez só como agora. Eles vieram com a missão de salvar a humanidade.

O que esses mestres ganham com essa ação altruísta? Mesmo um mestre que veio como um tutor está aqui para aprender novas virtudes. Há tantos mestres encarnados como humanos na Terra agora que as energias do Quinto Plano estão ficando interligadas com as do Terceiro Plano.

Esse segundo grupo de mestres é composto dos pais e dos irmãos e irmãs mais velhos dos filhos na Terra. Para estarem aqui, eles precisam ter alcançado o segundo ou terceiro níveis do Quinto Plano.

Esses seres de Quinto Plano continuam sendo mestres mesmo quando estão habitando um corpo de Terceiro Plano. Esse mundo pode ser difícil, pois eles precisam se lembrar de quem são e por que vieram para cá, sem mencionar, fazer todos os outros ajustes necessários para ficarem aqui. Um corpo humano vibra em uma frequência muito diferente da que eles costumavam vibrar no Quinto Plano. Colocar um ser de Quinto Plano em um corpo humano é como pegar um monte de energia e colocar em uma minúscula garrafa. É muito apertado.

Esses seres de Quinto Plano carregam uma vibração tão elevada que há circunstâncias em que eles nascem adoentados. O corpo humano não pode lidar com a informação da mente de um mestre e com a vibração da energia de sua alma. Pode levar tempo para se adaptarem. Se um mestre for cuidadoso com o corpo em que habita, as doenças podem ser evitadas. Mas, conforme elas crescem, essas crianças podem estar lutando contra o seu próprio DNA. Eles sempre verão espíritos e terão uma forte conexão com o Criador, além de que sempre se sentirão como estranhos em uma terra estranha. Eles pensarão que o mundo é cruel e impiedoso e que algo está fora de ordem nele. Isso é porque dentro deles as memórias do lugar de onde vieram estão muito fortes.

Durante o sono eles terão experiências fora do corpo e realizarão objetivos no Quinto Plano. É por isso que muitos curadores têm sonhos em que eles estão curando pessoas e conversando com o Conselho dos Doze. Já que Theta é uma onda profunda, um *ThetaHealer* vai usar esse tempo para o que chamo de "trabalho noturno". As pessoas que experimentaram o trabalho noturno saberão exatamente o que estou falando. Elas se lembrarão dos seus sonhos de viagens astrais e terão memórias de vidas passadas. Essas memórias e experiências vêm de muitas fontes diferentes.

Você saberá que é um mestre ascensionado que está aqui para ensinar os outros se você nasceu com o desejo de ajudar os outros e tem a sensação de que deve repetir o que fez antes. Esse sentimento pode trazer autocrítica, então é importante não analisar demais. Você pode também pensar: "É claro que é um erro eu estar aqui neste mundo. As pessoas aqui são viciadas e más espiritualmente". Mesmo assim você os ama, e não tem ideia do porquê, pois os humanos são certamente criaturas peculiares. Ainda assim você se sente coagido a ajudá-los. Você pode até mesmo ouvir afirmações como "Nós temos de salvar a Terra antes que ela se destrua" ou "Na última vez que estivemos aqui, destruímos a nós mesmos e nós viemos mudar o passado".

Você se encontra em uma missão. Enquanto ser multidimensional, você faz o "trabalho noturno" enquanto dorme. Você quer curar o planeta e encorajar as pessoas a ajudarem umas às outras. Você tem a habilidade de amar, mesmo que você não tenha recebido amor quando criança. Você se sente obrigado a despertar as pessoas.

O DESPERTAR

Muitas pessoas neste planeta têm memórias obscuras de um tempo em que elas viviam no Quinto Plano da Existência como mestres e filhos de mestres. Os filhos dos mestres não se lembram de suas experiências tão bem quanto os mestres. Eles precisam ser acordados para seu potencial de alma.

Fui acusada de ver só o bem nas pessoas e de que meu otimismo sobre a raça humana era ingênuo. Mas, se você pudesse ver as pessoas da maneira que as vejo, ficaria impressionado. Eu as vejo da perspectiva do potencial de sua alma, o seu Deus pessoal. Uma vez que você perceber as pessoas dessa perspectiva, você entenderá que a maioria de nós ainda nem começou a perceber esse potencial. Não temos nem ideia do que a nossa alma tem a oferecer ao mundo.

Na maioria das vezes, mestres que vêm ao Terceiro Plano naturalmente acordam para os seus potenciais. Eles têm sonhos em que estão voando através do espaço e do tempo e memórias das coisas incríveis que podiam fazer um dia.

A primeira coisa que um mestre desperto faz é acordar seu DNA espiritual, como na ativação do DNA. Um mestre irá instintivamente ativar seu DNA, se lembrar de como fazer uma cura e, às vezes, poderá se desencorajar com as limitações desse plano. Eles veem o que está acontecendo neste mundo e apenas querem voltar para casa, pois em algum nível eles sabem que há algum lugar que é muito mais legal do que aqui. Nas aulas que eu leciono, um tema recorrente com os meus alunos é: "Eu só quero ir para casa". Isso porque no nível da alma eles estão com muitas saudades do Quinto Plano.

A missão dos mestres despertos é acordar seus filhos, é claro. Se mil pessoas de cada país fossem acordadas, o curso da história seria permanentemente mudado. Se apenas cem pessoas em cada país fossem acordadas, o mundo poderia ser salvo.

Cinco anos atrás, nossas chances de sobrevivermos à destruição eram somente 50%. Agora, percebo que há 65% de chance de sucesso. Isso não significa que as mudanças serão fáceis. Sei que todo tipo de coisas bizarras estão acontecendo no mundo. Mas há mudanças positivas também, porque a consciência coletiva está mudando para melhor. Apenas uma pequena porcentagem do planeta precisa ser despertada para aumentar a consciência coletiva. Esse despertar é o próximo passo na nossa evolução espiritual neste planeta.

No momento presente, aproximadamente 4% da população mundial é composta de mestres ascensionados. Mas o número desses mestres que estão conscientes de que são mestres é muito menor.

Mestres do Quinto Plano vêm pra cá em grupos, com um líder que os desperta. Uma vez acordados, eles treinam seus filhos. Quando eles tiverem treinado todos esses filhos, 11% da população mundial será composta de mestres ascensionados. Conforme o planeta progride, os mestres despertos também progridem.

É fácil ver a diferença entre mestres do Quinto Plano e um de seus filhos habitantes de um corpo humano. Isso fica muito claro na sala de aula e na vida. Um mestre de Quinto Plano será capaz de escutar o ponto de vista de outra pessoa, enquanto o filho de um mestre não será. Um mestre vai partilhar suas ideias e simplesmente saber a verdade quando a vir, enquanto um filho de mestre vai, às vezes, ser argumentativo e difícil de ensinar (essa é uma das razões por que há tanto plágio de informações espirituais). Um mestre, por outro lado, vai sempre mostrar amor e respeito por seus professores.

Neste plano os mestres não podem forçar seus filhos a escutá-los. Eles apenas podem ser pacientes e amá-los.

É por isso que ganhamos ferramentas como os trabalhos de crenças, sentimentos, virtudes, para despertar tanto mestres quanto filhos de mestres. Esse despertar nos permitirá mudar o destino do mundo. É parte do nosso tempo divino, nossa missão de vida – nosso caminho de vida.

É por isso que viemos para cá. Nós fomos colocados aqui em um mundo tridimensional por uma razão. É como se alguém tivesse criado um videogame para nós e, quando o jogamos, somos um personagem. Mas a maior parte de nós está sentada fora do videogame. Nossa mente está focando no jogo, mas nossas almas estão sentadas fora dele.

Eu me lembro de quando minha neta Jena era muito pequena e ela acreditava em um poder superior e acreditava que tudo podia ser mudado. Ela parecia estar assistindo aos adultos ao seu redor como um sábio assistindo aos seus alunos. Mas, conforme foi crescendo, ela começou a comer a comida do Terceiro Plano, tanto com o físico quanto com a consciência. Além disso, seus hormônios começaram a surgir e, quando isso acontece com os jovens, eles perdem por um tempo a visão das suas experiências passadas e dos seus poderes espirituais. Muitas pessoas acordam novamente mais tarde na vida e recuperam os seus poderes do espírito. As idades em que mais acontecem esses despertares são, aparentemente, aos 27, 31, 34, 37, 41 e 42 anos. Outras pessoas não precisam ser despertadas – elas sabem quem elas são ao longo de toda a sua vida.

Muitos jovens, nos dias de hoje, são atraídos para as drogas e para o álcool porque são muito intuitivos e querem se desligar disso. É por isso que é tão importante ensinar crianças assim a controlarem as suas habilidades intuitivas. Com o treinamento apropriado, esses jovens podem evitar esse momento perigoso e nunca mais terão tais problemas.

Nós todos fomos colocados aqui na Terra para aprender, e uma forma de aprendermos é pela dualidade. Aprendemos a superar o medo. Aprendemos todas as emoções básicas. Nós aprendemos a fazer as escolhas certas. Aprendemos que, com o livre-arbítrio como nosso guia, podemos focar os nossos pensamentos, adquirir virtudes e trabalhar com as Leis. Uma vez que começamos a fazer isso, graduamo-nos nessa escola.

Tecnicamente, temos de aprender a parar de matar uns aos outros. Isso seria uma boa mudança. A Terra deveria estar mais evoluída agora.

Alma de Quinto Plano, Corpo de Terceiro Plano

Uma vez que você perceber que é um ser de Quinto Plano, sua alma poderá descobrir que ela quer voltar para onde a energia é mais compatível com ela. Muitos de nós estamos em uma constante batalha entre ficar aqui e ir para casa. Mas a verdade é que, em vez disso, podemos atingir um nível de maestria sem precisar envelhecer ou morrer e podemos ir e vir entre o Terceiro e o Quinto Planos.

A forma de fazermos isso é passando por três aberturas da Kundalini, sem morrer com essa experiência. Assim, quando voltarmos para casa, no Quinto Plano, nós iremos subir de nível.

As Aberturas da Kundalini

- A primeira abertura da Kundalini é na base da coluna.

  Essa abertura é o *despertar*. Ela abre a pessoa para suas habilidades intuitivas. Muitas pessoas ficam assustadas se isso acontece muito rápido. É por essa razão que isso deve acontecer em um estado de Theta. Você pode fazer isso por meio da meditação para o Sétimo Plano, o que ajudará para que isso ocorra gradualmente. A ativação do DNA pode ajudar no processo.

- A segunda abertura da Kundalini começa no coração.

  Com essa abertura, a pessoa conhece o verdadeiro amor incondicional e tem a habilidade de superar o sentimento de pesar. Depois disso, terá a habilidade de mudar a vida das outras pessoas.

- A terceira e última abertura da Kundalini é na coroa, na glândula pineal.

  Isso dá à pessoa uma essência pura que muda a cor da sua aura para branca. Com essa abertura, ela percebe que está vivendo uma ilusão e pode criar conscientemente com o pensamento puro.

  No passado, essa abertura significava que a pessoa não queria mais estar em um corpo tridimensional e que havia feito a escolha de morrer para ascender ao Quinto Plano. Ela tinha adquirido todas as virtudes e não havia razão para continuar no jogo da vida. No entanto, agora é possível continuar no jogo, se ela quiser.

SEU NOME SAGRADO DO QUINTO PLANO

No Quinto Plano, você tem uma vibração específica. Então, seu nome sagrado engloba todo o seu ser e mantém o aspecto mais elevado da energia da sua alma.

Sabendo disso, possibilita-lhe realizar curas de forma mais eficiente. Por exemplo, eu digo ao Criador: "Criador, aqui é Vianna (mais o meu nome sagrado) e eu gostaria de uma cura para essa pessoa".

Lembre-se de que seu nome sagrado do Quinto Plano não é um nome de vidas passadas – posso garantir que não é algo como "Cleópatra" ou "Júlio Cesar". Esses são nomes muito populares de vidas passadas, assim como "Jesus". Quando as pessoas me dizem que foram Jesus Cristo em uma vida passada, pergunto-lhes se elas costumavam viver no México ou em outro país latino em que as pessoas gostam de dar o nome de Jesus aos seus filhos. Eu pergunto: "Que Jesus era você?".

Não me entenda mal; pode ser que alguém seja geneticamente relacionado com o próprio Jesus Cristo (ele teve irmãos e irmãs e, possivelmente, filhos). Isso poderia explicar as memórias e os sentimentos que essas pessoas têm. Pode haver muitas razões pelas quais elas estão tendo essas experiências.

Uma delas pode ser que, quando você ama as pessoas incondicionalmente, você as ama com o seu ser superior, e isso significa que alcançou a posição de Jesus, você está totalmente conectado a Deus. E quando você alcança certo nível no Quinto Plano é uma mãe que ama seu filho incondicionalmente, você alcança a posição de Maria. Mas esses nomes não serão os seus nomes sagrados. Para descobri-los, suba e pergunte ao Criador.

Seu nome sagrado do Quinto Plano

Qual seu nome sagrado do Quinto Plano da Existência?

1. Suba ao Sétimo Plano (veja as páginas 31, 32 e 33) e) e faça o comando: "Criador de Tudo o Que É, é comandado (ou requisitado) que eu saiba o meu nome sagrado do Quinto Plano da Existência. Grato. Está feito, está feito, está feito".
2. Visualize o seu ser consciente sendo mandado ao Quinto Plano.
3. Espere que a vibração do seu nome sagrado venha até você.
4. Uma vez que você terminar o contato, desconecte, e enxágue-se com a energia do Sétimo Plano e permaneça conectado.

TEMPO E ESPAÇO

Viagem no Espaço nas Asas do Pensamento

Há mundos de quarta e a quinta dimensões com civilizações que aprenderam como se mover através do tempo, espaço e dimensões. Há também raças da terceira dimensão que aprenderam como viajar longas distâncias dobrando o espaço. Em nosso próprio futuro, assim como nesses mundos, as viagens no espaço serão feitas curvando o tempo.

Mas um modo muito mais avançado de viajar pelo espaço é enviando um pensamento focado. A mente humana é incrivelmente expansiva e tem habilidades que ainda não compreendemos. Uma vez que entendermos a completa extensão das nossas capacidades, nossa mente vai se integrar completamente com a nossa alma e seremos capazes a nos mover através do Universo sem soluções mecânicas.

Para melhor explicar esse conceito, podemos dizer que o *espírito* está no corpo, mas a *alma* é multidimensional e é capaz de viajar longas distâncias e ter infinitas experiências. A energia da nossa alma é uma energia que existe após a morte, isso significa que ela se torna a energia do Quinto Plano. No entanto, quando um ser de Quinto Plano viaja através das dimensões, isso consome muita energia dele. É por isso que um ser de Quinto Plano aparece sempre circundado por uma energia luminescente.

Esse tipo de teoria vai além da zona de conforto de muitas pessoas. Quando expostos a isso, muitos alunos responderão com descrença, raiva ou medo. Acredito que esses sentimentos são parcialmente criados para nos manterem fechados em nossas atuais situações. E se você pudesse focar seus pensamentos e imediatamente acessar uma Lei do Universo para criar uma mudança instantânea? E se você pudesse se lembrar de como curvar o tempo como um mestre ascensionado?

O Tempo e o Mestre Ascendionado

No processo de cocriação do ThetaHealing, o tempo, na verdade, não existe. Isso porque o pensamento pode se mover mais rápido do que a velocidade da luz e, fazendo isso, é possível curvar o *continuum* do espaço-tempo. Toda vez que você envia sua consciência aos planos de existência, você está realizando o ato de viajar através das dimensões com a onda cerebral Theta.

Como você é um ser interdimensional tendo uma experiência tridimensional, o tempo não existe; então, o que o leva a pensar que essa vida é a única experiência que você está tendo? Talvez você esteja vivendo muitas vidas em uma só em diferentes tempos da história, ou mesmo em diferentes locais no Universo.

Por exemplo, eu sei que estou em um corpo humano, mas posso entrar em um estado mental em que posso experimentar uma de minhas vidas passadas com muitos detalhes. O próximo entendimento, há consciência de que a minha alma está, em outros tempos e lugares, experimentando muitas vidas. Eu cheguei a esse entendimento ao me conectar com essas múltiplas vidas, mantendo esse estado mental. Então, eu posso estar consciente delas.

Curvando a Lei do Tempo

Quando influenciamos a Lei do Tempo, devemos nos lembrar de que estamos apenas *curvando-a*. Nós não a mudamos para todo o planeta, mas apenas para nosso "mundinho". Vamos dizer que há duas pessoas indo trabalhar de manhã, em diferentes carros, usando a mesma rota. Se curvarmos o tempo para chegarmos ao trabalho, esse trajeto pode levar 38 minutos e para a outra pessoa pode levar 45 minutos. Curvo o tempo para eu mesma, e para mais ninguém. Estou no planeta com bilhões de outras almas que têm livre-arbítrio, e não sou autorizada a quebrar a imperatividade da mais alta verdade. Lembre-se de que uma das melhores maneiras de perder seus dons é negando que existe um Deus e interferindo no livre-arbítrio de outra pessoa.

Quando adquirimos a habilidade de curvar o tempo no nível espiritual, podemos mudar o passado para criar um novo presente e, com isso, mudar o futuro. Acredito que parte de mim está no futuro assistindo ao que estou fazendo agora. Sei disso porque posso me lembrar de coisas acontecendo antes que elas aconteçam.

Se pudermos validar que algo acontecerá antes que aconteça, isso também valida que o nosso espírito transita para a frente e para trás, no presente, passado e futuro para criarmos o futuro.

As pessoas me perguntam: "Como pode o passado e o futuro estarem acontecendo ao mesmo tempo enquanto eu vivo no agora? Como é que eu consigo ver o futuro e o passado? Como isso funciona?".

Minha resposta para essas duas perguntas: "Como você pode dizer a uma pessoa que ela vai melhorar sem estar vendo-a melhor no futuro? Como você pode fazer uma cura se você não acredita que pode afetar o futuro?".

Quando falamos para o corpo de alguém melhorar (e estiver claro que é esse o resultado que a pessoa quer), eu proponho criarmos essa realidade até que sejamos capazes de vê-la antes que aconteça.

Previsões do Futuro

Quando vemos o futuro, há medos criando o que estamos vendo ou estamos fazendo previsões livres de medo e das nossas próprias crenças? Há uma grande diferença nisso. Por exemplo, vi uma amiga criar uma situação e então, eventualmente, o marido a deixou. Acho que seus medos eram tão fortes que ela manifestou uma situação em sua realidade. Acho que isso também acontece com almas gêmeas. Muitos têm tanto medo de nunca encontrarem a sua alma gêmea que nunca a encontram mesmo.

No final, não importa se o que acontece é uma predição ou uma manifestação, desde que o resultado seja benéfico. No entanto, há situações em que saber a diferença entre os dois pode ajudar. O que é importante é acreditar que o futuro não está determinado e que pode ser mudado. É bom também estar consciente de que você pode estar bloqueando ver e criar seu próprio futuro por causa da aceitação do medo dos outros, como na história a seguir.

Conheci uma vez uma jovem mulher que queria ter filhos. Ela foi ver uma vidente e perguntou-lhe a respeito disso, então foi dito que ela nunca teria filhos. Quando ela veio a mim para uma leitura, eu disse a ela: "Bom, isso é engraçado, pois a vejo com três filhos no futuro".

Ela disse: "Ah, não, a vidente disse que não posso ter filhos".

O tempo passou e eu a vi de novo. Ela me disse que agora tem três filhos.

Aparentemente, a vidente viu seu pior medo e o projetou na leitura como informação verídica. Essa é a diferença entre uma leitura feita pelo terceiro olho e outra em que saímos pelo chacra da coroa e subimos ao Sétimo Plano da Existência.

Lendo o Futuro e se Lembrando do Futuro

No ThetaHealing ensinamos duas maneiras de ver o futuro: lendo o futuro e se lembrando do futuro.

Ler o futuro é simplesmente perceber o futuro mais provável. Na superfície, todos nós estamos criando o nosso próprio futuro com os nossos pensamentos e ações. Cada um de nós está tecendo padrões, um mosaico que representa nossa vida. Essas ações podem ser mudadas pelo livre-arbítrio. Para a maioria das pessoas, no entanto, o futuro é previsível, pois elas não sabem como mudar seu estilo de vida e padrões que as mantêm presas no que algumas pessoas chamam de "destino".

Mas, uma vez que uma pessoa tenha a percepção de que ela não está presa pelo destino, há normalmente muitas probabilidades em seu futuro. A vida tem infinitas possibilidades e o futuro sempre pode ser mudado por pequenas ações feitas no momento certo e da maneira certa. Isso coloca em nossas mãos a responsabilidade pelo nosso futuro.

Um bom leitor intuitivo pode prever o resultado mais provável relacionado ao futuro de alguém, mas o poder do livre-arbítrio individual pode curvar o destino e o tempo na beleza que é tempo divino, a missão da nossa alma nesta vida.

A seguinte história fala como cheguei a alguns desses entendimentos.

Na noite anterior à minha viagem de volta para casa de um curso na Nova Zelândia, tive, de repente, um sentimento de que eu deveria subir e pedir para ver como a viagem iria se desenrolar em um futuro próximo. Eu vi que iríamos nos atrasar por alguma razão e que eu teria de passar a noite em Salt Lake City e que não trocaria de roupas.

Nesse momento, perguntei a mim mesma: "Eu que criei esse atraso de alguma forma?". Pensei que talvez pelo ato de estar visualizando que eu me atrasaria poderia estar criando isso de alguma forma. De qualquer forma, separei uma muda de roupas, apenas por precaução.

Quando você já viaja há algum tempo, percebe que, uma vez que você embarca em um avião, você está nas mãos da companhia aérea. Não importa o que aconteça, você chegará ao seu destino. Pode não ser no dia em que gostaria, mas chegará. Ainda por cima, você receberá sua bagagem despachada... possivelmente.

Quando você está viajando em múltiplos voos, parece que a sua bagagem de mão vai ficando mais e mais pesada conforme o tempo passa. Por causa disso, não coloco muita coisa nela. Se você viaja tanto quanto eu, sabe com o que você pode viver sem e com o que não pode. Então, enquanto eu empacotava as roupas extras, Guy perguntou o que eu estava fazendo.

Eu disse a ele: "Nós teremos um atraso nos voos, então estou levando roupas, só por precaução".

Cansado da longa viagem, ele disse: "Okay, tanto faz. Você pode empacotá-las se quiser, mas nós estaremos partindo cedo amanhã de manhã e eu espero que o voo não atrase. Você tem certeza que não está criando isso?".

Eu disse: "Não, eu acho que não".

Desde o primeiro voo da Nova Zelândia, nós nos atrasamos. Nosso voo de Los Angeles para Salt Lake também se atrasou e acabamos dormindo no aeroporto por algumas horas. Quando finalmente chegamos a Salt Lake City, já não havia mais nenhum voo partindo de lá aquela noite e nos disseram que teríamos de passar a noite lá. A companhia aérea nos colocou em um hotel legal e adivinha quem tinha roupas para trocar? Acredite, nesse ponto da viagem, roupas limpas eram um luxo maravilhoso!

Obviamente, mudei o meu futuro ao empacotar roupas extras, mas não senti que podia ter mudado os atrasos dos voos.

Algumas semanas mais tarde, comecei a ter sensações estranhas sobre a minha próxima viagem de retorno, dessa vez da Itália. Então, subi para além do meu espaço e pedi para me lembrar do meu futuro nessa viagem. Eu me lembrei de que nós nos atrasamos em Washington, DC, e tivemos de passar a noite em Virginia. Isso não fez nenhum sentido para mim. Por que teríamos de passar a noite em Virginia se eu estava em Washington, DC? Também vi que precisaria trocar de roupas, então, novamente, empacotei roupas extras na minha bagagem de mão.

Dessa vez, quando Guy viu o que eu estava fazendo, ele disse: "Hmm, eu acho que eu vou empacotar roupas também".

Obviamente, o clima nos atrasou e ficamos presos em Washington, DC. Todos os aviões estavam pousados e o hotel mais próximo que poderíamos ficar era em Virginia, a uma hora de distância de táxi. Já que a ideia de dormir no chão do aeroporto era um pouco além do que eu poderia aguentar, nós dormimos no táxi até chegarmos ao hotel.

Então, eu lhe pergunto se eu poderia ter prevenido tudo isso? Não, sinto muito, mas eu não poderia ter evitado que todas aquelas milhares de pessoas se atrasassem naquela noite com a força da minha mente subconsciente. No entanto, vi quais as circunstâncias que poderiam ser mudadas no meu próprio paradigma, e eu as mudei.

É assim que funciona: você não pode ver o seu futuro, pois ele ainda não aconteceu, mas você pode se lembrar do seu futuro, pois tudo está acontecendo ao mesmo tempo. Então você sobe e pede ao Criador de Tudo o Que É que lhe mostre algo específico, dizendo: "A última vez em que eu fiz isso, o que aconteceu?".

Esse conceito pode fazer algumas pessoas entrarem em pânico, pois elas não querem ver o futuro. Se você entrar em pânico, é hora de fazer um trabalho de crenças sobre as suas preocupações acerca do futuro.

Trabalho de crenças sobre o futuro

Faça o teste energético para:

"Está errado eu ver o que estou criando agora".
"Cada decisão que eu faço pode causar uma mudança positiva no futuro".
"Eu crio a minha própria realidade".

Faça o Download:

"Eu sei qual é a sensação de saber como viver o meu dia a dia sem ficar nervoso ou receoso com relação ao futuro".
"Eu sei como realizar curas sem me sentir desencorajado".
"Eu tenho paciência comigo mesmo para adquirir maestria".

Algumas pessoas entram em pânico por causa do medo da morte. Mas, se uma possibilidade como essa aparecer para elas, isso significa que elas precisam escolher? Se eu estou fazendo uma leitura com alguém e vejo que a pessoa tem a possibilidade de morrer em algumas semanas, eu posso dizer: "Você precisa tomar algumas decisões se quiser ficar neste planeta".

Decisões são as chaves das mudanças. As decisões pessoais que você faz afetam o seu futuro. Quando você subir e se lembrar do seu futuro, você estará olhando para como mudar as coisas tomando decisões diferentes no nível pessoal.

Há tempos em que quando você olha para o seu futuro e não consegue ver muito longe, pois você não o criou ainda. Mas não é errado ver o que você está criando agora para que você possa então mudar isso. Lembrar-se do futuro é efetivo quando nós estamos querendo mudar eventos mundiais por meio de pequenos atos de coragem.

Existe uma crença antiga que diz que um intuitivo não pode ver o seu próprio futuro. Isso não é verdade. Não apenas eles podem ver o seu futuro como podem criá-lo também.

De um lado, a visão mecanicista da realidade diz que você não pode ver seu futuro, pois ele simplesmente não aconteceu ainda. Mas acredito que o passado, o presente e o futuro são a mesma coisa e que eles não existem independentemente uns dos outros. Eu acredito que vivemos nos três ao mesmo tempo e que, assim como podemos nos lembrar do passado, também podemos nos lembrar do futuro. Nossa linhagem de DNA é uma corrente que interliga o passado com o presente e o presente com o futuro. Acho que há uma parte da nossa consciência que está além do passado, do presente e do futuro, que é o nosso Deus pessoal, a centelha da criação que está em todos nós e que nos permite mudar a realidade.

Se você se conectar com o Criador e pedir para se *lembrar* do futuro, você pode ver claramente. Isso, é claro, requer prática. Em muitas situações, as pessoas tentam ver – ou criar – o futuro que querem, sem considerarem as outras pessoas envolvidas e seus próprios tempos divinos, o plano que elas traçaram para esta vida. Um bom exemplo disso é quando as pessoas acham que podem mandar feitiços (enviando pensamentos para outra pessoa com o objetivo de machucá-la ou controlar a sua vida). Essa é uma ação de Quinto Plano que vai contra a Lei do Livre-arbítrio.

Um bom intuitivo se mantém imune à negatividade dos pensamentos de outras pessoas e pode facilmente perceber que está criando tudo na sua realidade e, fazendo isso, conscientiza-se da sua vida e dos direitos dos outros.

Há muitas maneiras de se lembrar do seu futuro. Uma delas é subir ao Criador e pedir para ler os Registros Akáshicos. Mas eu prefiro subir ao Criador e ficar de pé na beira do universo, de onde você pode ver passado, presente e futuro, ao mesmo tempo. Isso tem uma vantagem: uma vez que você vê o futuro, você pode simplesmente mudá-lo – ou melhor, criar isso na magnitude do seu tempo divino.

Lembrando-se do seu futuro

1. Suba ao Sétimo Plano da Existência (veja as páginas 31, 32 e 33) e faça o comando: "Criador de Tudo o Que É, é comandado (ou requisitado) que eu veja e me lembre do meu futuro agora. Grato. Está feito, está feito, está feito".
2. Isso o levará para o Sexto Plano da Existência à beira do universo. É aí onde a Lei da Causa e Efeito reside e de onde você pode ver o que as suas ações criaram em sua vida até esse ponto, no futuro e no passado.
3. Fique lá de pé por um momento. Vai parecer como se fossem dois espelhos, nos dois lados do seu corpo, nos quais você pode ver passado e futuro.
4. Você também pode pedir para ir aos Registros Akáshicos pela Lei da Causa e Efeito, que se sobrepõe à Lei do Tempo, que se sobrepõe aos Registros Akáshicos. Fique presente lá e veja o que está criando na sua vida.
5. Conforme vir o seu futuro, diga: "A última vez que isso aconteceu o que eu fiz depois para as coisas melhorarem?".

A forma mais efetiva (e minha forma favorita) de me lembrar do futuro é a seguinte:

1. Suba ao Sétimo Plano e comande para ser levado para o dia seguinte do evento sobre o qual você está perguntando a respeito.
2. Testemunhe a sua consciência nesse momento.
3. Faça o comando: "Criador, a última vez que esse evento aconteceu o que houve?". Ou: "Criador, posso me lembrar do que aconteceu?".
4. Observe em silêncio.
5. Quando você terminar de ver o seu futuro, volte ao momento presente.
6. Quando o evento de que você se lembrou acontecer no presente, analise e veja quanto você foi capaz de perceber na

sua visão. Não fique chateado com o que estava errado na sua visão, foque no que estava certo. Dessa forma, você estará treinando para perceber o futuro corretamente.

Quando fizer esse exercício pela primeira vez, você pode focar muito nos seus medos e então receber respostas erradas ou criar energia negativa no seu futuro. Trabalhe isso com o trabalho de crenças.

É melhor, no começo, ver o futuro dos próximos dias.

Se você quiser ver daqui a um ano no futuro, você pode perceber que há mais do que um evento significativo guardado para você. Quando você olha nessa distância para o futuro, poderá querer quebrar essa visão em meses do ano para saber quais eventos significantes aconteceram em cada um deles. Você pode também querer focar em diferentes aspectos que a vida tem a oferecer, como, por exemplo, casa, relacionamento, etc.

Você poderá se sentir um pouco tonto quando voltar após ter viajado para tão longe no futuro, então é melhor se aterrar no tempo e local presentes. Você está treinando sua mente para fazer algo que você pode não estar acostumado. Então, não se desencoraje se você visualizar algo acontecendo em janeiro e isso não acontecer até fevereiro. Você acertou e apenas o tempo que estava um pouco errado. O mais importante é pegar a informação correta e não se torturar se captar alguma informação errada. Ver o futuro requer prática, prática e mais prática. Mas não pratique tanto a ponto de estar o tempo todo vendo o futuro sem aproveitar o presente.

No momento em que faço leituras do futuro, observo se é primavera, verão, outono ou inverno quando o evento está acontecendo. Isso pode ser difícil para pessoas que vivem em locais onde não há estações bem definidas. Também, se estiver vendo eventos no outro hemisfério contrário, lembre-se também de que as estações são opostas.

Lembrando-se do futuro para outra pessoa

Neste exercício você se lembrará do futuro para outra pessoa. É melhor se lembrar de eventos da semana seguinte e não de eventos daqui a meses. Antes de usar esse exercício em uma situação mais séria, você já deve ter acertado o futuro pelo menos cem vezes.

1. Pergunte para a pessoa o que ela quer saber sobre os eventos que estão por vir no futuro.
2. Peça permissão para se lembrar do futuro dela.
3. Suba ao Sétimo Plano (veja as páginas 31, 32 e 33) e faça o comando: "Criador de Tudo o Que É, é comando (ou requisitado) que eu veja e me lembre do futuro de (nome da pessoa) agora. Grato. Está feito, está feito, está feito".
4. O Criador vai levá-lo à Lei da Causa e do Efeito. Em silêncio, observe. Veja o que a pessoa está criando para a vida dela.
5. Pergunte: "Da última vez que isso aconteceu, o que (nome da pessoa) poderia ter feito para tornar as coisas melhores?".

TRANSFORMADORES DE DESTINO

Como seres que foram mandados aqui para ajudar a Terra na sua ascensão para o amor e para a paz, os mestres ascensionados têm a habilidade de fazer algo que eles chamam de "fazer novamente". Na verdade, muitos de nós voltamos para a Terra para mudar os eventos que não conseguimos mudar da primeira vez que estivemos aqui. Fazemos isso através do nosso futuro, que sabe que o passado precisa ser mudado para conseguirmos cumprir a nossa missão no futuro.

Até 1995, mestres ascensionados não tinham a permissão de interferir no futuro da Terra, mas agora eles agem para prevenir eventos futuros que aconteceram antes. Quando digo isso quero dizer que há uma grande possibilidade de que haja um futuro em que o mundo chega ao fim. Profetas previram eventos apocalípticos e acho que há energias espirituais que voltaram para mudar esses eventos desastrosos.

Os mestres ascensionados não apenas podem perceber o futuro mais lógico, eles também podem ver o que acontecerá se decisões diferentes forem tomadas. Isso significa que eles podem ver múltiplos futuros. Eles têm a habilidade de ver múltiplos futuros para apenas um evento e os seus resultados mais prováveis. Se eles usarem a técnica de "se lembrarem do futuro", eles podem ver o resultado global em grande escala, no que ele se relaciona com a Terra. Lembrar-se do futuro dessa forma possibilita que eventos, como, massacres, revoltas sociais, guerras e outros atos violentos, sejam alterados.

Eu chamo as pessoas que usam essa técnica, em algum nível, de "transformadores de destino", pois elas se lembram do que aconteceu da última vez e mudam o futuro ao reconhecerem o que necessita ser mudado agora. Eles também veem suas decisões no futuro e fazem mudanças lá também. Acredito que haja muitos "transformadores de destino" na Terra neste momento e que duas realidades estão se sobrepondo: "O fim do mundo" e "O novo início para o mundo".

Quanto mais fazemos escolhas que criam resultados positivos, maiores as chances de não experimentarmos o nosso "fim". As pessoas que estão envolvidas em curas em particular vão tomar alguns atos de bondade que resultarão em poderosas mudanças que podem salvar o mundo.

Como "transformadores de destino", temos uma lista de coisas que precisamos cumprir e uma lista de pessoas as quais viemos ajudar, e não vamos desistir até que isso seja feito. Mesmo que não completemos essas listas nesta vida, podemos voltar ao contexto desta vida para completar o que viemos fazer aqui. Acredito que voltamos muitas vezes para o mesmo espaço e tempo em diferentes tentativas de mudarmos uma situação.

Acredito que nossa alma tem uma energia expansiva. A inteligência da alma é incrível, é muito mais do que esse corpo de Terceiro Plano. Isso significa que ela pode estar em muitos lugares ao mesmo tempo.

Ser "Transformador de destino" é a diferença entre ir contra a corrente do Terceiro Plano e ser o peixe morto que corre rio abaixo. Meu papel e o papel de outros como eu é oferecer o despertar para que as pessoas mudem suas crenças e criem a vida que desejam para elas. Quando conheci Guy, falei a ele que estávamos aqui por uma razão especial. Nossos espíritos vieram para este tempo e espaço para uma missão específica.

Se algo não for feito agora, a natureza autodestrutiva da humanidade vencerá, como já aconteceu em muitos futuros possíveis. Mas estamos aprendendo que podemos fazer a diferença ao curarmos a consciência coletiva. Quanto mais chegarmos ao entendimento espiritual de que temos algo importante a fazer, mais perto chegaremos ao próximo entendimento: que nós somos mais do que este corpo, mais do que este tempo e espaço.

Déjà Vu

Você já desejou ter aceitado o conselho de um velho amigo e ter feito as coisas como ele sugeriu? Você já tomou uma decisão e desejou que pudesse tomá-la novamente? Essas mensagens sobre "fazer novamente", *déjà vu*, é o Criador sussurrando para a sua alma.

Eu acredito que essas experiências de *déjà vu* ocorrem quando estamos nos aproximando de eventos importantes que precisam ser mudados. Nosso eu futuro está se tornando consciente de que estamos neste tempo e espaço e que o momento de mudar esse evento está chegando.

E se você soubesse que há um eu futuro e que estamos aqui para mudar as coisas? E se você soubesse quando, como e onde mudar as coisas? O que nós fazemos e dizemos neste mundo faz diferença, pois estamos aqui para acertar. Uma vez que acertarmos neste tempo e espaço, nosso eu futuro não precisará mais voltar para mudar eventos no passado.

E se uma decisão tomada esta manhã afetasse o resto do mundo? E se você dissesse a uma pessoa que ela poderia mudar o planeta e então ela se tornasse presidente de um país, tudo porque você disse que ela conseguiria?

Houve um tempo, alguns anos atrás, em que eu estava passando por momentos de dificuldade na minha vida. Quando olhei para a minha vida da perspectiva da minha alma, vi que as coisas que havia feito desta vez eram bem melhores do que as coisas que eu tinha feito da última vez que havia vivido esta mesma vida. Da última vez, as coisas saíram bastante do controle, mas desta vez as coisas estavam melhores, pois não reagi exageradamente. No início eu quis reagir de forma negativa, mas fui capaz de ouvir o conselho que recebi do divino. É por isso que é tão importante saber quando você está em um momento de "fazer de novo".

Para mim, o sentimento de *déjà vu* é um aviso de que um evento está chegando à minha vida e precisa ser mudado e minha alma está me lembrando de encarar esse desafio. Quando uma experiência de *déjà vu* ocorre, eu digo a mim mesma: "O que eu fiz da última vez que isso aconteceu? Desta vez vou fazer diferente".

Acredito que toda vez que você tem uma experiência de *déjà vu* é porque você já viveu esta vida antes e agora tem a oportunidade de fazer mudanças. *Déjà vu* é um sistema de aviso prévio para eventos futuros que precisam ser mudados.

Salvando uma Vida

Essa história é um exemplo de como usar uma mensagem do futuro para mudar o que aconteceu da última vez que você viveu esta vida.

Deixe-me fazer uma introdução: Guy tem uma ex-mulher e, como em muitos divórcios, o único contato que eles têm hoje é por intermédio dos filhos que tiveram enquanto estavam juntos. Por meio de seu filho Tyrel, soubemos que sua ex-mulher estava em um relacionamento com uma mulher grande e volátil e que as duas estavam brigando de forma violenta.

Uma tarde eu estava em casa fazendo minhas coisas, sentada no sofá, assistindo à televisão com o Guy quando falei: "Hoje é a noite em que a sua ex-mulher é morta".

Guy me olhou por alguns segundos e perguntou; "O quê?".

Eu disse: "A namorada dela dá um tiro nela hoje".

Incrédulo, Guy perguntou: "Do que você está falando?".

"*Da última vez que isso aconteceu*", disse a ele, "ela foi baleada e morta".

"O que eu posso fazer a respeito?"

Sem me perguntar mais nada, Guy pegou o telefone e ligou para seu filho Tyrel, que estava morando com a mãe nessa época.

Ele perguntou: "O que você vai fazer essa noite?".

Tyrel disse: "Estou saindo de casa, aquelas duas estão brigando novamente".

Guy disse: "Tyrel, me faça um favor – não vá a nenhum lugar esta noite. Fique em casa de olho em tudo. Como um favor. Okay?".

"Okay, pai".

Meia hora mais tarde, Tyrel ligou novamente. Aparentemente a briga tinha piorado. A namorada havia puxado uma arma com a intenção de matar a sua mãe.

Por causa do meu aviso e da intervenção do Guy, Tyrel estava lá cuidando e pronto. Ele conseguiu jogar a grande mulher no chão e corajosamente a desarmou. Ele, felizmente, salvou a vida de sua mãe.

Depois disso, a polícia se envolveu e colocou um fim definitivo no relacionamento. A mulher perseguiu a mãe de Tyrel por algum tempo, até que finalmente a polícia a prendeu em uma outra acusação e ela foi para a cadeia.

Se não fosse pela minha mensagem do futuro, as coisas teriam tomado um curso completamente diferente e acho que a ex-mulher de Guy teria sido morta naquela noite. Tivemos a oportunidade de mudar o resultado e fazer a coisa certa. Eu mudei o futuro porque percebi o que já tinha acontecido da última vez naquele mesmo evento. Essa percepção veio com o sentimento de *déjà vu* – era como se essa fosse uma das coisas que eu havia voltado do futuro para alterar.

Essa experiência não apenas salvou a vida da mãe do Tyrel, mas também ajudou Guy e a mim a desenvolvermos virtudes, pois nós dois superamos o ressentimento por alguém que havia sido difícil no passado.

Momentos de *déjà vu* não são apenas indicadores de pequenos eventos, mas também podem nos dizer quando temos a oportunidade de mudar o resultado de grandes eventos, como furacões, guerras e terremotos. Se praticarmos subir para o Criador e pedirmos para "lembrar do que aconteceu da última vez", a situação pode ser corrigida com escolhas diferentes no momento certo.

Trabalho de futuro para transformadores de destino

Para mudar o futuro:

1. Conecte ao Sétimo Plano da Existência (veja as páginas 31, 32 e 33) e vá para o dia seguinte do evento de que você quer se lembrar.
2. Se o resultado não é o desejado, volte ao presente e mude as decisões que mudarão o futuro.
3. Então vá ao futuro para ver se essas decisões mudaram o resultado.
4. Faça o download do Criador: "Eu sei como criar o meu próprio futuro indo ao passado e influenciando o presente para influenciar o futuro

Como qualquer outra coisa, isso exige prática e pode ser que nem tudo seja mudado dessa vez.

Não tenho certeza de quantas vidas temos para "fazer de novo". Mas tenho certeza de que estamos aqui para fazer uma diferença ao planeta. Estamos aqui para ensinar a forma certa - a forma do amor. Tudo o que precisamos para fazer essa transformação da consciência do planeta é que cem instrutores de ThetaHealing mudem suas crenças e ofereçam a possibilidade do despertar para todos os países. Você consegue imaginar o que mil instrutores de ThetaHealing poderiam fazer? Se houvesse 10 mil curadores de *qualquer* modalidade que adotassem o amor, nós poderíamos mudar o que aconteceu da última vez que estivemos aqui.

O Entrante

Muitos anos atrás, experimentei hipnose. Em uma das sessões, fiz a afirmação de que havia estado em um corpo humano apenas algumas vezes, mas que eu havia sido um entrante 274 vezes. Naquele tempo eu não sabia o que o termo entrante significava, mas em hipnose sabia de alguma forma. Conforme o tempo passou, aprendi mais sobre o que isso significava para mim.

Os hindus acreditam que um entrante é um espírito avançado que ainda não terminou o que precisava fazer em sua vida e que volta em sua essência espiritual de outra dimensão para fazer algumas coisas acontecerem como deveriam. Ele usa o corpo de uma pessoa que vai morrer ou que quer morrer para completar sua missão. Isso não significa que o espírito que usa o corpo é um errante ou que a pessoa está possuída – um espírito caminhante é um ser iluminado que veio em uma missão para o bem e que fez um acordo no nível da alma com a pessoa que está deixando o seu corpo.

Eu acredito que muitos de nós estamos aqui para concluir nosso tempo divino, nossa missão nesta vida. E que, se não completarmos tudo o que viemos fazer aqui, podemos tanto voltar e usar o corpo de outra pessoa que não o está mais usando, ou, quando nosso espírito estiver deixando nosso corpo, um ser de luz pode terminar a nossa missão com nosso corpo. Isso também explica a mudança de personalidade em algumas pessoas quando elas vivenciam a experiência de quase morte.

Em outras situações, um entrante está em nós vivendo como essência espiritual, dividindo conosco nosso corpo físico por um *acordo*. O corpo é animado pela energia do espírito extra. Isso é diferente do que uma alma experimentando muitas vidas ao mesmo tempo.

No entanto, os entrantes são mais raros do que você imagina. Muitas pessoas que são intuitivamente conscientes tem a forte sensação de que eles "pularam" para dentro de suas próprias vidas, mas eu sinto que em muitos casos eles estão confundindo um entrante com seu próprio eu energético que voltou do futuro para mudar algo.

Também acredito que o que as pessoas chamam de entrante pode ser uma parte do seu eu superior que voltou de uma vida passada ou futura. E, quando alguém se integra mais com seu eu superior presente no seu corpo, pode achar que é um entrante também.

Algumas pessoas desligam suas habilidades intuitivas quando são crianças e, então, quando essas habilidades são despertadas mais tarde acham que algum espírito entrou em seus corpos. Isso, de alguma forma, explica a grande mudança que está acontecendo com elas.

Todas essas pessoas se categorizariam como entrantes, mas não foi um espírito que tomou seus corpos. Tudo o que aconteceu foi que elas perceberam suas qualidades espirituais e intuitivas. Isso as faz muito diferentes de sua família. Às vezes, elas preferem pensar que são entrantes em vez de tentarem explicar para os outros e para si mesmos o que são.

Quando alguém vem e me fala que é um entrante, ensino qual é a sensação de estar seguro em seu corpo. Isso ajuda a integrar a alma e o corpo para que não haja separação.

TEMPO DIVINO

Muitos anos atrás, quando comecei a fazer leituras, conheci um homem em Idaho Falls que estava envolvido em curas alternativas e ensinava PNL. Nós costumávamos ter conversas sobre o significado da vida e o porquê de estarmos aqui. Um dia ele me perguntou o que eu queria realizar nesta vida. Minha resposta o impressionou. Eu disse: "Eu gostaria de ver o braço de alguém crescer novamente".

Ele me disse que isso era impossível e que essa era uma meta irreal. Conforme a nossa conversa continuou, ele disse: "Vianna, há algo de errado com você. Você continua pensando que vai salvar o planeta. Na realidade, esse pensamento é uma ilusão. As pessoas devem salvar a si mesmas e você deveria prestar atenção a si mesma. Não preste atenção ao resto do mundo".

Internamente, senti que ele estava sendo egoísta com esse pensamento. Eu sabia que uma pessoa *poderia* fazer a diferença. Eu também sabia que deveriam existir mais pessoas como eu no mundo, pessoas que eram parte de minha família de alma, pessoas que gostariam de que outras pessoas no mundo parassem de agir com estupidez. Então comecei a ter visões de grupos de pessoas fazendo a diferença no mundo.

Essas primeiras visões de famílias de alma se juntando são parte da razão de o ThetaHealing ser do jeito que é. Não somos uma hierarquia. Não temos generais ou capitães. Estamos em um estado mental específico e temos a premissa de que "Podemos fazer a diferença". Somos uma família de almas neste plano porque é isso que nós éramos no Quinto Plano, o lugar de onde viemos. Trabalhamos juntos, pois nos amamos. Essa é a única forma pela qual podemos espalhar o ThetaHealing. Isso não significa que todos nós temos de ser parte do ThetaHealing. Tudo o que é necessário é que um ponto de mutação seja criado na consciência coletiva que vai criar uma mudança em milhares de pessoas. Pode ser que o necessário seja apenas mudar algumas crenças nas pessoas. Apenas isso já pode ser o necessário para pesar mais a balança do lado do bem.

Criar o ThetaHealing foi, na verdade, o segundo estágio do meu tempo divino. Tempo divino é o que concordamos e planejamos fazer nesta existência. Quando nossas almas despertam para o seu propósito divino, o momento da nossa plenitude chegou. Quando isso ocorre, a porta do tempo divino se abre e temos a oportunidade de cumprir a nossa missão.

Como faremos isso só depende de nós. Mas a nossa alma vai se certificar de que estamos onde devemos para realizar nosso tempo divino. Isso ocorre por causa da necessidade de a alma se sobrepor à mente consciente em importância.

O primeiro estágio do meu tempo divino foi ter meus filhos. Um astrólogo uma vez me disse que minha família veio à Terra comigo por um propósito divino. Isso poderia ser verdade, já que todos trabalhavam para mim. Eles foram os primeiros membros da minha família de alma neste plano. O ThetaHealing é a união do restante da minha família de alma.

Sei que tenho quatro tempos divinos mais importantes. O terceiro é para eu terminar certas pinturas que me vi pintando quando era adolescente. Quando finalmente vi meu quarto tempo divino, isso me estressou, pois eu estava trabalhando ainda no meu tempo divino número dois. O ThetaHealing é um tempo divino muito extenso!

Em uma de minhas aulas, uma aluna me perguntou uma vez: "Não é difícil ficar tanto tempo de pé ensinando ThetaHealing quando você sabe que a maior parte das pessoas não acredita nele, quando acham que você está ensinando algo estranho?".

Eu disse a ela: "O que você está dizendo? Eles são os estranhos, não eu! Eu sou a *normal*!".

É por isso que ensino ThetaHealing. Acredito nele e estou despertando minha família de alma. Ensino quem acredita e não me importo com o que as outras pessoas pensam. Não preciso de muita coragem para ensinar às pessoas o que acredito ser a verdade, mas nem sempre é fácil. Há momentos em que estou cansada até os ossos e mesmo assim acordo para fazer leituras para as pessoas que precisam de mim. Há algo dentro de mim me compelindo a ajudar as pessoas.

Nos primeiros anos ensinando, havia dias em que eu estava desgastada de alguma viagem e me resfriava no dia anterior a um curso. Guy me dizia: "Você deveria cancelar essa aula. Você não está bem e não pode ensinar assim".

Mas eu lhe dizia: "Não, eu vou ensinar".

Então, logo antes da aula eu me recuperava.

Guy achava isso estranho, e claro que para algumas pessoas isso deve parecer estranho. Mas posso fazer isso, pois há algo em mim que me impulsiona. Algo que diz: "Este planeta pode ser mudado".

O impulso que sinto para ensinar tem a ver com o meu tempo divino. E, conforme o tempo passava, Guy começou a entender que não importa quais desafios esta vida reserva para nós, nosso tempo divino tem de ser concluído.

Aprendi que é importante distinguir entre tempo divino e suas próprias crenças. Por muito tempo pensei que fosse morrer antes do Guy, mas, na verdade, era o medo dele de que eu fosse morrer antes e não tinha nada a ver com algum evento futuro. Esse era o medo dele, e não fluxo do rio divino, que estava falando comigo.

Mesmo que eu soubesse em algum nível estranho que, se entrasse em coma, eu iria voltar à vida. Acredito que aquele pequeno incidente de coma que me aconteceu em Roma em 2007 era de alguma forma meu plano divino. Em algum ponto, cheguei o mais perto da morte que eu poderia ter chegado e voltei à vida. Acho que retornei da beira da morte, pois eu quis que fosse dessa forma. Acho que essa foi uma das experiências mais importantes da minha vida. Um mês antes do coma eu falei para todo mundo que eu não ia ensinar o DNA 3 (um dos cursos do ThetaHealing) até que eu tivesse passado por um coma ou que eu tivesse trazido alguém da morte. É claro que eu estava atraindo essa experiência em algum nível para ver se isso poderia ser feito.

Nos tempos antigos, o teste era assim: "Você é bom o bastante para morrer e retornar?". Quando eu voltei, senti-me muito segura e pronta para dizer: "Eu vivi isso. Eu sei a respeito disso. Eu sei que você pode ir e voltar. Eu sei que você pode curar o seu corpo". Talvez isso não seja algo que temos de experimentar, mas eu sabia que era parte do meu tempo divino. Falei para o Guy quando eu me casei com ele: "Se eu entrar em coma, não se preocupe, eu vou voltar. Não desligue os aparelhos – eu vou voltar".

Quando criança, eu tinha medo de instituições. Eu tinha visões de ser amarrada e trancada em um quarto onde ninguém podia me ouvir. No hospital em Roma, eu estava amarrada, pois eles iam me dar tanta prednisona que, se eu me levantasse, meu coração explodiria. E os médicos italianos não conseguiam entender o que eu estava dizendo e eu, certamente, também não conseguia entendê-los. Eles apenas ficaram lá confusos quando eu tentei falar com eles. No final, eles conseguiram encontrar médicos que falavam inglês. E, então, flashes da minha infância voltaram. Eu havia visto tudo isso antes!

Desde então, tive várias visões de realidades alternativas e de futuros alternativos. Vi cenas agitadas de mudanças na Terra. Vi a destruição da Terra. "Cheguei ao entendimento de que a possibilidade daquele futuro específico pode mudar de um dia para o outro". Se você subir e perguntar: "Essa Terra será destruída?", você receberá uma resposta diferente todos os dias, porque mudamos nossas *crenças* todos os dias.

O que você pensaria se soubesse que seu tempo divino ajudaria 224 mil pessoas? Pode ser intenso saber disso. O que você pensaria se soubesse que iria mudar a vida de 1.400.042 pessoas por meio da sua própria existência? Você pode estar muito assustado para seguir adiante com a sua missão.

Porém, se o seu tempo divino é estar em Singapura em 18 de maio de 2018 para ajudar uma determinada pessoa, você vai estar lá para ajudar aquela pessoa. Seu tempo divino pode ser algo pequeno, como dizer uma simples palavra, no momento certo, na hora certa para inspirar alguém, e esse ato vai mudar a vibração do mundo.

Você pode não acreditar em mim, mas isso não importa. É por isso que eu não digo às pessoas o seu tempo divino. Eu deixo que elas descubram por elas mesmas.

O Tsunami Japonês

Apesar de eu não dizer às pessoas o seu tempo divino, há momentos em que eu tenho flashes dos tempos divinos dos meus alunos. Essas visões podem me deixar desconfortável, principalmente quando eu sei que não posso fazer nada para mudar o resultado. Aceitação pode ser algo muito difícil.

No ano anterior ao terremoto e do tsunami japonês de 2011, eu dei um seminário no Japão. Durante uma das aulas, comecei a ver partes dos tempos divinos dos meus alunos. Tive uma visão de uma moça da primeira fila ensinando milhares de pessoas em um auditório. Então eu olhei para a moça ao lado dela e fiquei chocada com o que vi: ela estava sendo coberta por água e sendo arrastada por ela. Quando ela estava sendo arrastada para longe ela empurrou um bebê até um lugar onde ele estaria seguro e então ela se foi. Essa visão realmente me chateou.

Da vez seguinte em que fui ao Japão, fazia duas semanas que tinha havido o Tsunami. A primeira pessoa que eu procurei na minha sala foi essa mulher. Eu sabia que ela não estaria lá, mas procurei de qualquer forma. Ela não estava lá. Isso me deixou muito triste. Desse momento em diante, eu não quis mais ver os tempos divinos das pessoas.

Então o Criador me disse: "Vianna, algumas pessoas vivem toda uma vida para realizarem um único ato divino. E se o último tempo divino daquela mulher fosse salvar um bebê muito importante, essa foi uma forma maravilhosa de ir para a sua próxima vida".

Eu não sei qual é a idade atual do bebê que foi salvo, mas eu posso dizer uma coisa a você: ele será uma alma incrível!

Nem todos os tempos divinos terão resultados felizes, mas eu acho que isso depende de como olhamos para isso.

O Tempo Divino é Imutável

O que posso dizer é que quando vivemos a vida em harmonia com nosso tempo divino a vida é mais fácil. O tempo divino é sempre maravilhoso. Há uma faísca de milagre nele. É sempre para o bem maior e mais elevado, mesmo quando não o entendemos completamente. Algumas pessoas pensam nele como uma regra e regras existem para ser quebradas. Mas isso está longe de ser a verdade. O tempo divino é simplesmente uma quintessência imutável, como o Sol nascer todos os dias.

Algumas vezes eu escuto as pessoas dizerem: "Eu vou mudar o meu tempo divino". Se você quiser tentar isso, ótimo. Você vai simplesmente recriá-lo e a mesma coisa vai acontecer de qualquer forma.

Outras pessoas dizem: "Eu não quero cumprir o meu tempo divino. Quero criar a minha própria vida". Tudo bem, que seja. Se faz você feliz pensar assim, ótimo. No final, provavelmente vai acabar tendo de cumprir seu tempo divino sem saber que o está fazendo.

Outras pessoas dizem: "Tudo bem, estou pronto. Sei para o que estou aqui e quero passar por isso".

É como se você quisesse acabar com isso!

Mas outros falam: "Eu não acredito em tempo divino".

Eu digo a eles, "Não importa. Vai acontecer de qualquer forma".

Não importa se você faz birra aqui na Terra, você continuará sendo levado ao seu tempo divino.

Uma vez, um amigo me disse que podia pegar e cancelar o tempo divino de uma pessoa se ela quisesse. Achei engraçado, pois no momento em que você vai dormir sua alma recria seu tempo divino porque sua alma sabe o que você precisa de verdade.

Lembre-se de que você veio aqui porque quis. Pode não parecer isso na superfície, mas, no nível da alma, você veio aqui para fazer a diferença. Agora, você está aprendendo como fazer isso.

Se o caminho do seu tempo divino se tornar difícil, pode ser a hora de conversar isso com o Criador. Mas, se você subir e disser: "Criador, esse caminho não é muito confortável para mim, posso escolher não fazer isso"?, que tipo de resposta você irá receber? Isso mesmo, risos de compaixão (Deus tem um ótimo senso de humor).

Então você pode escutar a resposta: "Meu filho, o caminho do seu tempo divino nem sempre será fácil. Pode ser difícil por um tempo, mas, então, de repente, tudo vai se organizar e as coisas vão melhorar para você. Quando isso acontecer, vai significar que seu tempo divino está funcionando para você e que você não está indo contra ele. No meio tempo, pode ser o momento de mudar algumas crenças".

Para se preparar para seu tempo divino, você deve também limpar os bloqueios na sua vida, coisas simples como dinheiro. Você está preparado para receber toda a abundância que o Criador tem para lhe dar? A energia do amor incondicional do Criador traz o amor, felicidade, família, amigos e muita abundância para aqueles que a usam, já que o Criador não é pobre, mas onipotente. Quando começamos a usar nosso direito de nascença, não apenas trazemos abundância à nossa vida, mas também àqueles a nossa volta.

Outra coisa a enfatizar sobre essa questão: "Como você quer alcançar seu tempo divino?". Por exemplo, você quer ser um milionário ou ficar ralando? Então, já que todos nós vamos chegar ao destino do nosso tempo divino, é importante pegar a estrada certa para chegar lá. Essa estrada pode ser qualquer coisa que escolhermos que seja.

Sinto que tentei escapar deste mundo diversas vezes, mas, por causa do meu tempo divino, fui trazida de volta da beira da morte de volta para terminar o que fui mandada aqui para fazer. Posso me lembrar de quando estava deitada na cama do hospital para deixar meu corpo e essas vozes me diziam: "Ah, não, ainda não, Vianna. Você não morre agora. Você vai viver". Isso aconteceu comigo tantas vezes que decidi que me divertiria enquanto estivesse aqui, porque ir embora não era uma opção, pelo menos ainda não.

Com o tempo divino você pode realizar mais do que se pode imaginar; nós podemos sempre melhorar nosso tempo divino. E, se pudermos, ver nosso futuro com precisão. Tem sido minha experiência que somente duas coisas não podem ser mudadas: os bebês que vão nascer e as almas gêmeas que se encontrarão uma com a outra.

Percebendo Seu Tempo Divino

Seu tempo divino é único para você. Outras pessoas podem perceber partes dele, mas somente você pode vê-lo completamente. O Criador vai mostrá-lo a você quando estiver pronto para vê-lo.

Peça para ver seu tempo divino

Você está procurando o seu propósito divino? Conecte-se ao Criador de Tudo o Que é e pergunte se está pronto para saber seu tempo divino.

Virtudes necessárias: bravura, convicção, coragem, determinação, fé, esperança e humildade.

1. Suba ao Sétimo Plano (veja as páginas 31, 32 e 33) e faça o comando (ou pedido): "Criador de Tudo o Que é, se eu estiver pronto, mostre-me meu tempo divino. Está feito, está feito, está feito. E assim é".

2. Observe o seu tempo divino.
3. Quando terminar, enxágue-se na energia do Sétimo Plano e permaneça conectado a ela.

Se você não estiver pronto para ver seu tempo divino, não vai vê-lo. Você vai subir acima do seu espaço para olhar e não verá nada. Pode ser porque você tem mais crenças para trabalhar ou porque o seu tempo divino pode ser um pouco preocupante para você agora.

Se você receber informação como: "Você é a única pessoa que pode trazer um grande segredo ao mundo", então seu ego pode interferir com a sua conexão divina. Mas, se você conseguir ver grandes coisas além de si mesmo, você está sem o ego negativo.

Você pode também ter programas que o estão bloqueando de saber o seu tempo divino. Faça o teste de energia para:

"Esta é a minha última vida".

"Fui criado para vir para cá".

"Eu odeio a Terra".

Downloads para o Tempo Divino

Se você tem medo de ver seu tempo divino, pode haver uma razão para isso. Talvez você deva fazer mais do que jamais imaginou. Seja qual for o caso, é importante que você veja e mude seu medo de *ver o futuro e então ver e saber seu tempo divino.*

Download:

"Eu sei como viver sem o medo de ver meu tempo divino".

"Eu sei como acolher meu tempo divino".

"Eu sei a diferença entre meu tempo divino e meu ego".

"Eu gostaria de ter memórias das minhas vidas passadas da maneira melhor e mais elevada".

"Eu posso lembrar e sentir a alegria que trouxe a este mundo".

"Eu posso me lembrar das oportunidades que me foram oferecidas antes de vir para a Terra".

"Eu sei o que é tempo divino em todos os níveis".

"Eu sei como me planejar para o futuro".

"Eu sei o que é uma oportunidade".
"Eu sei como aproveitar uma oportunidade".
"Eu sei a sensação de seguir adiante".
"Eu sei a sensação de planejar o futuro".
"Eu sei como ver o futuro".
"Eu sei o tempo divino da Terra".
"Eu sei que o meu tempo divino é o motivo pelo qual estou aqui".
"Eu sei como realizar o meu tempo divino".

Tempo Divino e Livre-arbítrio

Quando falo para meus alunos sobre o tempo divino, alguns deles acreditam que isso significa que suas vidas já estão planejadas e que eles devem seguir esse caminho, não importa o que aconteça. Eles dizem: "Se tudo está predestinado, por que eu estou aqui afinal?".

Primeiro de tudo, a predestinação que foi decidida antes de virmos para cá não é necessariamente algo ruim. Concordamos com isso, pois tínhamos uma razão para vir aqui e isso nos ajudaria a realizar o que nós nos programamos para fazer. É verdade que nesta vida temos a liberdade para fazer as nossas próprias escolhas. Como pequenas partículas de Deus, temos livre-arbítrio. E, no egoísmo e na teimosia, há momentos em que vamos contra o sagrado fluxo da vida e, fazendo isso, questionamo-nos sobre por que a vida não está "do jeito que queremos".

Mas nosso livre-arbítrio vai se aplicar a mais do que a esta vida apenas. Antes de estarmos vivendo esta vida, tomamos algumas decisões sobre o que faríamos quando voltássemos a este planeta. Esse é o nosso tempo divino. É algo que nós *queremos* fazer no nível da alma, e não algo que nós *temos* de fazer.

Se você viver sua vida sabendo que há um propósito divino para isso tudo e que você concordou em fazer a sua parte, fica mais fácil viver nesse plano da existência.

A Missão dos Filhos dos Mestres

Descobri que há dois tipos de tempos divinos, dependendo da essência de alma da pessoa.

O primeiro é o tempo divino dos filhos dos mestres que foram mandados aqui do Quinto Plano. Esse tipo de tempo divino envolve a aquisição de virtudes. Esses filhos estão aqui para aprender a perfeita bondade do perfeito amor.

Um filho de mestre normalmente adquire diversas virtudes em uma vida e as leva para a próxima vida em um constante espiral de aprendizado de vida para vida até que a alma ascenda para o Quinto Plano e escape da terceira dimensão. Adquirir essas virtudes pode ser o tempo divino de cada vida.

Muitos desses filhos falam que eles não podem morrer antes da realização da sua missão de vida. Esse desejo interno é tão forte que a alma não vai desistir até que a missão esteja completa. Até mesmo a morte não vai parar o tempo divino daquela alma. Caso não seja possível completar nesta vida, isso vai para a próxima vida ou para o mundo dos espíritos do Quarto Plano.

A Missão dos Mestres Ascensionados

O tempo divino dos mestres ascensionados que vieram ao Terceiro Plano em missão é um pouco mais complexo. Um mestre iluminado geralmente tem uma longa lista de coisas para realizar – talvez em torno de oito tempos divinos.

Um mestre ascensionado vai se sentir motivado a curar pessoas e a criarem mudanças positivas no planeta. Seu tempo divino poderá ser acordar 1 milhão de almas ou inspirar uma pessoa que vai mudar o planeta (essa motivação não é normal para um filho de mestre até que ele tenha despertado).

Muitas vezes, o tempo divino de um mestre é o conceito do Quinto Plano, "Curador, cura a si mesmo". Se for assim, um curador pode até ajudar as pessoas, mas no fim o seu tempo divino é curar a si mesmo. Alguns dos meus alunos, por exemplo, têm trabalhado na mesma doença há anos. Alguns deles têm problemas desde o nascimento. Eles estão melhores, mas ainda não estão completamente curados. Porém, isso não significa que a cura não vai acontecer.

Houve várias teorias sobre os motivos que levam uma alma a escolher habitar um corpo que tem desafios físicos, desde o nascimento. Alguns dizem que é por causa de um carma. Alguns dizem que a alma escolhe esse corpo como uma lição espiritual ou para ensinar aos seus pais o amor incondicional. Mas acredito que algumas pessoas criam suas próprias doenças para que as possam curar.

Energia Não Resolvida

Pelo fato de os mestres ascensionados terem estado aqui muitas vezes antes, eles têm a oportunidade de encontrar almas que eles conheceram em outros tempos e lugares. Isso pode ser desde a sua família de alma, que são também do Quinto Plano, ou pode ser de vidas passadas.

Se esses mestres têm qualquer energia não resolvida com alguma dessas almas, eles terão a oportunidade de resolver isso quando se conhecerem. Esses assuntos não resolvidos podem existir de um relacionamento de vidas passadas. Seja o que for, esses dois terão a oportunidade de se encontrar novamente para corrigirem o carma e, quando for resolvido, eles podem superar o relacionamento e seguir adiante.

Sempre conhecemos almas gêmeas compatíveis baseadas na energia que nos lembramos de outros tempos e lugares, e isso explica por que algumas pessoas têm mais do que uma alma gêmea ao longo da vida. Por exemplo, fui casada quatro vezes e me divorciei três (sim, tenho um marido para cada direção!). Parte da razão pela qual me casei com três dessas pessoas foi porque tínhamos energia não resolvida de outros tempos e lugares. Isso não necessariamente significa que houve assuntos não terminados da minha parte; isso também vem da parte das outras pessoas.

Há outro fator que também influi: alguns de nós fizemos acordos para fazermos algo especial nesta vida. É nossa missão de vida. Qualquer um que atravessar o caminho da sua missão vai ser retirado do caminho, incluindo os parceiros que não compartilham da mesma visão. Ajudar o planeta e fazer curas era tão importante para mim que me separei de dois dos meus maridos para poder seguir o caminho do meu tempo divino. Eu sabia que não conseguiria se não fizesse isso. No meu último divórcio, abri mão de tudo o que ganhei, exceto do meu negócio, uma pedra, uma mesa de café e uma sauna. Eu sabia que tudo poderia ser substituído, pois descobri algo que me fazia feliz. Ver as pessoas despertando e fazendo curas me fez muito feliz.

A razão pela qual me divorciei desses três homens foi porque os assuntos não resolvidos entre nós foram resolvidos. Cada um deles me ensinou coisas sobre mim e me ajudou a ter uma consciência mais elevada. Apesar de difíceis, esses relacionamentos me ajudaram a despertar como um ser espiritual, cada um da sua forma.

Meu relacionamento atual é com o meu parceiro divino de vida. Digo isso porque ele compartilha a mesma visão que a minha e tem o mesmo tempo divino que o meu. Um parceiro divino de vida é diferente de uma alma gêmea compatível. É alguém que já dominou esta existência antes e que tem o mesmo tempo divino do seu parceiro.

Quando duas almas estiveram juntas no Quinto Plano, elas vão procurar uma pela outra quando encarnarem como humanos para realizarem seus tempos divinos na Terra. Há uma energia específica que eles estão procurando. Eles parecem saber como essa pessoa se parece e, se eles compartilham do mesmo caminho, é inevitável que se encontrem.

Sei que estou com meu parceiro de tempo divino designado para mim. Acredito que, quando Guy e eu nos conhecemos, os céus se abriram e nos lembramos um do outro e nos apaixonamos novamente.

Dito isso, é importante saber que nem todo mundo precisa de um parceiro divino de vida ou de uma alma gêmea compatível para concluir seu tempo divino. Mas muitos de nós temos o sentimento de que não queremos ficar sozinhos. Você sabe por quê? Não temos de cumprir nossa missão sozinhos. Podemos cumpri-la com o apoio e a ajuda de uma pessoa especial. Isso significa também que parte da nossa missão é aprender como dar nosso amor para uma pessoa completamente.

Muitas pessoas de natureza espiritual não estão procurando por uma alma gêmea, mas por alguém com quem eles devem ficar para cumprirem a sua missão. Encontrar essa pessoa pode ser algo complicado.

Sei que, para o ThetaHealing se tornar o que ele é hoje, tive de ter o Guy ao meu lado. Por muitos anos antes de conhecê-lo eu o vi tão claramente que acreditava que ele seria parte do meu tempo divino.

Tempo Divino Coletivo

O tempo divino não envolve apenas o processo de aprendizado de uma só alma, mas também o processo de aprendizado coletivo de cada alma no planeta. Por isso é importante que cada tempo divino pessoal seja respeitado não só por eles, mas por todos nós.

Acredito que, conforme despertamos e nos desenvolvemos, aproximamo-nos da nossa família de alma como parte do nosso tempo divino coletivo. Parte da nossa divina verdade é nos aproximarmos como famílias de alma e trabalharmos nos nossos sistemas de crenças. Trabalhos de crenças nos ajudam a descobrir o nosso tempo divino.

Em uma escala macrocósmica, a Terra tem seu próprio tempo divino. É por isso que é uma boa ideia pedir para saber qual é o tempo divino da Terra em grande escala. Uma vez que você tiver o conhecimento dessa grande dimensão da divindade, um novo entendimento vai se abrir e você o poderá usar para curas, leituras e manifestações. Quando você está curando ou fazendo uma leitura, você pode pedir para ver o tempo divino de alguém. E, quando você entender o funcionamento das coisas, vai saber quando manifestar, o que manifestar e como manifestar.

5

O Quarto Plano da Existência

O Quarto Plano da Existência é o reino do espírito. Quando morremos e partimos, nosso corpo à base de carbono se deita para descansar, mas nosso espírito segue para o Quarto Plano. Se não tivermos adquirido virtudes suficientes para influenciar as Leis e viajar interdimensionalmente, permanecemos lá para aprender e evoluir, a menos que se decida por uma nova encarnação no Terceiro Plano. O número de vezes que vamos para o Quarto Plano é decisão unicamente nossa e da nossa habilidade de mudarmos e crescermos.

O Quarto Plano tem uma energia completamente diferente da do Terceiro Plano. Uma hora daqui, lá parecem segundos.

As energias do Quarto Plano têm uma faixa vibratória muito mais alta do que as do Terceiro Plano. Na verdade, elas se movem mais rapidamente do que o olho humano pode perceber. Uma vez que os espíritos se ajustam ao Quarto Plano, eles acham muito mais fácil curvar a essência da luz e da vibração.

Todos os sentidos são ampliados no Quarto Plano e os espíritos lá ainda se nutrem de alguma forma. As energias masculinas e femininas ainda existem no Quarto (e no Quinto) Plano e os espíritos continuam tendo relacionamentos lá.

Os espíritos no Quarto Plano alcançam novos níveis de aprendizado. O plano, propriamente dito, é dividido em sessões em que os espíritos aprendem sobre o Primeiro, Segundo e Terceiro Planos. Isso também possibilita que os espíritos influenciem as pessoas do

Terceiro Plano. Muitos guias altamente evoluídos vêm desse plano. Ao ajudarem as pessoas no Terceiro Plano, os espíritos do Quarto Plano crescem. À medida que eles se desenvolvem, podem obter a energia de que precisam para seguir adiante.

MORTE – SÓ O COMEÇO

Quando chegamos ao Quarto Plano de repente, conseguimos ver milhares de cores. A nossa percepção é aumentada e cada sentido é acentuado. Tudo se acelera. A morte não é o fim, meramente a mudança da vibração da alma.

Quando saímos dessa energia tridimensional, o tempo não existe. Aqui na Terra, o tempo é uma bênção, mas não nos damos conta disso porque temos medo de envelhecer e morrer.

Uma coisa estranha acontece para algumas pessoas quando envelhecem: elas começam a sentir sua mortalidade e a se voltar para a religião. Frequentemente, essa será a religião na qual ela cresceu e, devo acrescentar, rejeitou pela maior parte de sua vida.

A razão disso é que muitas pessoas temem o julgamento. Todos sabem que, quando morremos, nos responsabilizamos pela vida que tivemos. Mas não é um Deus paternal sentado no trono que julga você. A pessoa mais crítica que olha para a sua vida é *você* mesmo. E você será muito mais crítico consigo do que Deus jamais seria!

O perfeito amor que cria o Universo sabe tudo sobre você. Ele sabe como você foi tratado quando você era criança. Ele sabe como você se sentiu em cada momento da sua vida e tem absoluta compaixão e o ama sem julgamento.

ERRANTES

Algumas pessoas morrem sentindo que não viveram suficientemente bem as suas vidas. E alguns espíritos com esses sentimentos têm medo de ir para a luz da criação. Eles têm medo de serem julgados. Eles podem ter feito algo ruim ou morrido uma morte trágica e sentir como se a vida não terminou. Outros espíritos não vão à luz de Deus porque eles estão presos em seu sistema de crenças. Todos esses espíritos estão temporariamente presos entre o Terceiro e o Quarto Plano e são conhecidos como "espíritos errantes".

Normalmente um espírito errante tem um problema para resolver ou algum outro tipo de situação pendente. Se eles puderem resolver a situação, eles irão instantaneamente para a luz de Deus. Vamos dizer, por exemplo, que um homem comete suicídio e se torna um espírito errante. A razão é que ele quer dizer aos seus pais que ele os ama e que sente muito pelo que fez. Até que ele consiga enviar a mensagem, ele permanece entre os mundos. Uma vez que ele seja enviado para a luz, ele pode superar o medo e ir em frente, será capaz de mostrar seu amor pelos pais de uma forma muito melhor, como um anjo da guarda ou guia do Quarto Plano.

Os errantes estão em uma camada onde o tempo não existe. Um espírito pode ter morrido em 1814 e aparecer no presente sem saber quanto tempo se passou. Mas, uma hora ou outra, toda alma encontrará seu caminho para o Criador. Nenhum espírito é esquecido, nunca. E, uma vez que a luz do Criador curou sua alma partida, ele segue para o Quarto Plano da Existência.

Alguns curadores estão predispostos a enviar espíritos para a luz de Deus. Eles usam seu portal espiritual para fazer isso. Mandar um espírito para a luz de Deus o ajuda a ir ao Quarto Plano, onde ele pode aprender e crescer. Os errantes são quase sempre espíritos jovens que ainda estão aprendendo e evoluindo.

Normalmente, quando um espírito é enviado à luz de Deus por um curador, mais do que um espírito passa pelo portal de uma vez só. Às vezes, milhares deles são mandados para a luz.

Alguns curadores concluem assuntos pendentes dos desviados, mas outros os ignoram, porque sabem que os errantes podem resolver seus problemas de uma forma melhor quando forem para a luz de Deus.

Possessão

Pelo fato de suas almas estarem partidas, a luz interior dos errantes é menor do que deveria ser e então eles são atraídos pela luz das pessoas vivas. Quando se prendem às pessoas, eles podem drenar energia e tornar essas pessoas irritáveis. Às vezes eles agem de forma que acabam assustando as pessoas. Então, eles podem se alimentar da energia do medo.

Algumas pessoas puxam a energia de espíritos mais do que outras, e isso pode fazê-las agir de forma estranha. Essa situação pode envolver a possessão ou possessão parcial de um indivíduo. Essa é outra boa razão para mandarmos os espíritos errantes para a luz de Deus.

No entanto, acho que, em algumas situações, curadores confundem vírus, bactérias e parasitas com errantes e implantes alienígenas. Então pensam que uma pessoa está possuída quando na verdade há um agente patogênico no corpo. Eles dizem: "Eu estava trabalhando com um cliente e vi que ele estava possuído. Eu enviei para a luz, mas vi que ainda estava com ele".

Eles estão provavelmente lidando com um vírus que é inteligente o suficiente para mudar a sua energia. Um vírus ataca o DNA da célula e o que faz é possuir a célula. Tanto vírus quanto espíritos errantes invadem o corpo, mas eles agem diferentemente na forma como afetam a pessoa. E o curador ainda diz: "Todas as pessoas com quem eu trabalho estão possuídas. Os espíritos negativos estão por toda parte".

Isso pode significar na verdade que há infecções virais que estão sendo transmitidas de pessoa para pessoa. Descobri que muitas pessoas têm o vírus Epstein-Barr e os curadores podem confundi-lo com outras coisas. Eu acho também que muitas pessoas confundem parasitas e espíritos errantes. Uma pessoa que tem um parasita recebe a mensagem "Eu estou sendo comido", e o curador pensa que ela está sendo atacada por uma entidade espiritual.

Desde a Antiguidade, as pessoas suspeitam que as doenças têm suas origens nos organismos que não vemos e outras forças. Mesmo depois que os micróbios puderam ser enxergados por microscópio, levou centenas de anos para que as pessoas aceitassem que essas criaturas minúsculas pudessem causar doenças. A teoria do germe da doença foi controversa desde o seu surgimento, no entanto ela embasa muitos aspectos da medicina moderna.

Mesmo nos anos 1800, a ciência não acreditava que os vírus e as bactérias causassem doenças ou que fossem transmitidos por contato físico. Precisou que alguém intuitivamente afirmasse com fé que os micro-organismos eram transmitidos pelo contato com as mãos sujas do médico! Esse ato de bravura veio de Philipp Semmelweis, que foi o primeiro médico que sugeriu que os médicos deveriam fazer a assepsia das mãos com soluções de cloro antes de trabalharem com os pacientes. Ele não pôde oferecer nenhuma prova científica da sua teoria, que então foi rejeitada de primeira. Foi após a sua morte que a sua ideia foi amplamente aceita e que essa se tornou uma prática comum entre os médicos. De onde essa pessoa tirou a ideia de que os micro-organismos eram passados dessa forma? Como ele tinha a noção de que algo que não podia ver, provar, tocar ou cheirar estava sendo passado pelo contato físico? Exatamente, veio da sua intuição! Assim como hoje o intuitivo é ridicularizado, esse médico também foi ridicularizado pela sua intuição no passado.

Tudo isso ilustra o motivo pelo qual é importante fazer perguntas quando estiver no espaço de alguém em uma cura ou leitura.

Se houver muitos espíritos errantes invadindo uma casa ou uma área repetidamente, verifique se não há um portal lá e, se houver, mova-o para outro lugar que não seja perigoso (veja a página 91).

Se for um vórtice (veja a página 87) que estiver causando problema, carregue-o com energia positiva.

Espíritos Caídos

Há muito tempo, um grupo de espíritos decidiu que seus filhos do Terceiro Plano iriam para casa: eles os forçariam para transcenderem para o Quinto Plano. É claro que quando eles tentaram isso eles quebraram a Lei do Livre-arbítrio e sua habilidade de criação foi tirada, porém eles ainda ficaram com alguns poderes menores. Apesar disso, desde esse dia eles pensam que se juntarem muitos espíritos, eles podem quebrar a Lei do Livre-arbítrio. E eles estão neste momento no planeta recrutando espíritos para pensarem como eles. Eles são chamados "espíritos caídos".

Nossos ancestrais chamavam esses espíritos de "demônios". Eles podem vir ao Terceiro Plano para criar problemas, mas têm dificuldades tentando retornar, após chegarem aqui. Eles são seres poderosos, mas nada é mais poderoso do que o Criador. Um mestre desperto pode pedir para os espíritos caídos irem embora, e não haverá discussão se o nome sagrado deles for usado contra eles.

No entanto, quando algumas pessoas os mandam para a luz de Deus, eles fazem isso de uma forma submissa, o que não funciona muito bem. O comando deve ser: "Criador! Mande esse espírito para a luz!". E isso deve ser dito com autoridade, poder e convicção.

Uma aluna entrou em contato com um espírito caído em uma de minhas aulas. Percebi que ela estava tendo bastante dificuldade meditando e quando perguntei o que estava fazendo, ela disse que estava enviando amor para um espírito do mal por mais de uma hora para que ele fosse para a luz, mas que não estava funcionando! Ela estava muito frustrada. Eu lhe disse que ela tinha de mandá-lo para a luz com autoridade. Então, comandei para saber o nome sagrado do espírito. Usando esse nome, pedi que ele fosse mandado para a luz de Deus, visualizei-o sendo sugado pelo meu portal espiritual e me certifiquei que ele fizesse todo o caminho até a luz.

Os espíritos caídos e alguns espíritos errantes tentarão lutar com você quando os estiver mandando para a luz. Eles tentarão atraí-lo para o conflito, por isso é melhor evitar – na verdade, é melhor evitar falar com eles sempre. Eles também conseguem projetar formas estranhas e dizer coisas estúpidas para deixá-lo com medo. É por isso que você deve ser forte, claro e firme quando testemunhá-los sendo puxados pelo portal e enviados para a luz da criação.

Enviando os espíritos caídos para a luz de Deus

1. Suba ao Sétimo Plano (veja as páginas 31, 32 e 33) e faça o comando com convicção e autoridade: "Criador de Tudo o Que É, é comandado que eu saiba o nome sagrado desse ser".
2. Espere para que a vibração do nome sagrado do espírito caído venha até você e então use essa vibração para fazer o segundo comando: "Criador de Tudo o Que É, peço que (dê o seu nome sagrado) seja enviado para a luz de Deus. Grato. Está feito, está feito, está feito".
3. Não discuta com o espírito caído. Ele deverá ir para a luz de Deus como você comandou, pois você é uma centelha divina.
4. Testemunhe o espírito caído sendo sugado para seu portal espiritual e levado até chegar à luz de Deus. Continue testemunhando até que ele se torne essa luz.

5. Quando escolher finalizar o contato, enxágue-se na energia do Sétimo Plano e permaneça conectado a ela.

CRIANDO PONTES ENTRE OS PLANOS

A onda cerebral Theta forma uma ponte entre os planos da existência. Quando estamos no estado de Theta, estamos muito mais conscientes das energias espirituais. Isso é especialmente verdade quando estamos adormecidos e sonhando. Eu me comuniquei com todo o tipo de energia espiritual no meu caminho, mas nunca havia tocado fisicamente uma delas, até uma noite na Índia.

Depois de passar um longo dia ensinando, fui dormir e sonhei que uma linda mulher indiana estava flutuando sobre mim. Apenas a metade de cima de seu corpo era visível; o restante estava nebuloso. No meu sonho, alcancei-a e segurei na parte inferior do seu espírito enevoado e me mantive assim. Por que fiz isso não sei, mas, no momento em que fiz, despertei completamente. Houve momentos em que despertei e vi espíritos flutuando acima de mim, mas dessa vez percebi que minhas mãos estavam apertadas em torno do espírito e que eu estava me agarrando à menina. Ela estava voando ao meu redor como uma pipa ao vento, lutando para se soltar das minhas mãos, cada vez mais em pânico.

Acordei o Guy e disse: "Rápido, acenda a luz!".

Conforme a luz preencheu o quarto eu me vi segurando o torso inferior de uma linda menina indiana. O resto dela estava se arrastando como o fantasma Gasparzinho. Foi como se eu tivesse unido os planos e a puxado do meu sonho do Quarto para o Terceiro Plano. Ela ainda estava lutando, desesperada para ir embora. Eu soltei-a e ela desapareceu como um flash do quarto.

Peguei um fantasma com as minhas mãos. Que experiência incrível!

DNA ESPIRITUAL

O Quarto Plano dá acesso aos espíritos dos nossos ancestrais. Alguns curadores intuitivos aprendem a criar uma abertura para curar as pessoas por intermédio dos espíritos desses ancestrais. Curadores, que são chamados xamãs e homens de medicina, com frequência, usam espíritos e ancestrais para ajudá-los em suas curas. Assim como também usam a sabedoria dos ancestrais, dando ervas sugeridas pela tradição ancestral ao cliente. Dessa forma, eles formam uma equação entre o Segundo, Terceiro e Quarto Planos da Existência. Uma vez que os filhos dos mestres entendam o Quarto Plano da Existência, eles vão atingir o nível de xamã. No entanto, os curadores que entendem a energia específica de cura do Quarto Plano estão restringidos às obrigações das consciências inerentes a ele.

Quando filhos de mestres vão ao Quarto Plano entre vidas, eles aprendem não só de seus ancestrais, mas também dos descendentes do seu DNA no Terceiro Plano. Isso significa que um dos nossos ancestrais do Quarto Plano pode estar olhando para a nossa vida a qualquer momento para saber o que estamos aprendendo com a nossa experiência aqui. Saber que sua vida aqui pode ser observada torna sua existência um pouco diferente. Quando Deus me disse que minha vida seria um livro aberto e que as pessoas a usariam como referência, eu soube que teria de viver de acordo com isso.

O que não está funcionando na sua vida? Normalmente é o seu DNA que está contra você sem que você saiba disso. É por isso que é importante descobrir esse legado ancestral que vem pelo DNA.

Nossos Ancestrais e o seu Legado

O nosso DNA carrega as memórias de cada ancestral da nossa linhagem genética. Essas memórias têm um conhecimento incrível e podem deixar um legado enorme. Por exemplo, quando um ancestral deixa muitas crenças negativas no DNA, normalmente essas se centram em alguém da família. Essa pessoa normalmente tem uma casa bagunçada ou é a pessoa mais pesada da família, por causa de todas as crenças que está carregando. Os pensamentos tóxicos no corpo se acumulam como células de gordura.

Os cientistas afirmaram que 80% do nosso DNA é "lixo". Mas sinto que nesses 80% de DNA desconhecido habita um vasto conhecimento, que, uma vez entendido, nos dará a habilidade de fazermos coisas incríveis.

Nós todos viemos para cá com um código de DNA, e esse código não nos diz tanto o *que* nós somos, mas *quem* nós somos. Quem nós somos é o resultado de cada experiência que os nossos ancestrais tiveram antes de nós, e esse conhecimento é adquirível.

Quem são nossos ancestrais? Obviamente são sobreviventes e souberam como prosseguir, independentemente das circunstâncias. Eles tinham o programa de que eles poderiam sobreviver às dificuldades. É por isso que você tem uma grande necessidade de sobreviver em seu DNA. Alguns ancestrais foram líderes e alguns foram seguidores, então você tem essas opções para escolher. Alguns experimentaram que amar alguém dói muito, então aprenderam a não amar ninguém. Outros aprenderam que a única coisa que importa é o amor.

Acredito que muito da nossa personalidade hoje depende do que os nossos ancestrais fizeram antes de nós. Por exemplo, cresci longe do meu pai, mas mesmo assim herdei alguns padrões genéticos dele. No começo, não gostei da ideia, nem um pouco, pois meu pai tem alguns atributos que não quero para mim. Naturalmente, não quis pegar dele nenhum desses traços negativos, mas, conforme eu refleti sobre a minha linhagem, pude ver que havia muitas coisas boas ali também.

Sei que vim a este mundo com a bondade no nível genético. Meu pai é muito bom, mas minha mãe tem um material genético de um tipo diferente. Acredito que a crença genética mais forte vai ganhar, e nesse caso a bondade veio até mim.

Meu pai me ensinou a trabalhar duro e essa tendência foi passada a ele pelas gerações passadas. Ele veio de pessoas fortes e boas da fronteira. Minha bisavó era uma parteira que trazia bebês ao mundo em Utah.

Durante toda a minha vida tive o hábito de dormir com os pés de fora, como meu pai. Eu não sabia disso até pouco tempo.

Sempre que posso, ando descalça e descobri que minhas avós também faziam isso.

Eu não sabia quanto tinha de nativo-americana até que fiz um teste de sangue para encontrar traços de europeus, asiáticos, africanos (subsaarianos) e nativo-americanos. Eu descobri que era parcialmente nativo-americana e europeia, como minha mãe havia dito.

Eu me dei conta de que penso muito como nativo-americana. Mesmo que só seja parte nativo-americana, construí minha família como uma tribo. Até hoje, nós nos ajudamos em tudo. Quando minha neta Jenaleighia nasceu, toda a família cuidou dela. Nós todos queremos que os membros da família fiquem perto e permaneçam na tribo.

Antes de conhecer o Guy, mudei-me 39 vezes. E, desde então, mudei-me três vezes em 17 anos, mas viajei pelo mundo muitas vezes com uma frequência quase constante. Posso reclamar de viajar, mas, quando chego ao lugar de destino, coloco uma flor em um vaso, penduro meu chapéu e me sinto em casa. De onde vem essa energia de "mudança"? Está no meu DNA! Posso me adaptar a diferentes ambientes muito bem, exatamente como meus ancestrais europeus desbravadores fizeram.

Muitos sentimentos ficaram trancados na Terra das emoções fortes de gerações e gerações de humanos que vieram antes de nós. Por meio do trabalho de crenças, podemos liberar esses sentimentos, mesmo da nossa linhagem genética.

É por isso que fazemos trabalhos de crenças: para libertarmos nossos ancestrais das emoções negativas que eles experimentaram quando estavam vivos, para que então eles possam se libertar delas no mundo dos espíritos do Quarto Plano, por nossa conexão de DNA.

Trabalho de Crenças com os Ancestrais

Conforme interagimos com as energias do Quarto Plano, estamos interagindo com nosso DNA futuro, que está representado em nossos filhos, e com o nosso DNA passado, que está representado nos nossos ancestrais. Conforme mudamos nossos programas de DNA, isso ajudará tanto os ancestrais como os filhos a progredirem ao próximo nível do seu desenvolvimento.

Quando progredimos espiritualmente, essa influência energética vai para o enorme DNA da nossa linhagem familiar e é transmitido para trás, ao passado, e para a frente, ao futuro. Isso significa que, se aprendermos algo importante, nossos ancestrais do Quarto Plano vão aprender também.

Quando fazemos trabalho de crenças, estamos substituindo as crenças de muitas gerações de ancestrais, no mínimo. Se perguntarmos ao Criador a distância a que uma crença está no passado, ele poderá responder, "A 12 gerações atrás".

Sabemos que o campo morfogenético é a assinatura energética do conhecimento que flui através do DNA e diz para ele o que fazer. Ele diz para as células de um bebê quantas pernas, pés e mãos ele terá. O campo morfogenético também guarda memórias genéticas ancestrais de pelo menos sete gerações. Quando queremos criar uma mudança na nossa memória ancestral, devemos comandar essa mudança para as sete gerações anteriores e posteriores, desde o útero.

Criando uma mudança na nossa energia ancestral

Virtudes necessárias: compaixão e bondade.

1. Suba ao Sétimo Plano (veja as páginas 31, 32 e 33) e faça o comando: "Criador de Tudo o Que É, é comandado (ou requisitado) que amor seja enviado para essa pessoa enquanto bebê no útero, sete gerações antes e depois. Grato. Está feito, está feito, está feito".
2. Suba e testemunhe o amor incondicional do Criador envolvendo o bebê, seja ele você mesmo, seu filho ou seus pais.
3. Testemunhe o amor preenchendo o útero conforme ele envolve o feto e elimina todos os venenos, toxinas e emoções negativas de sete gerações no futuro e no passado.
4. Envolva a pessoa com amor por toda a sua vida e além.
5. Enxágue-se com a energia do Sétimo Plano e permaneça conectado a ela.

O Nível Genético e os Ancestrais

O nível genético do trabalho de crenças tem uma conexão direta com o Quarto Plano. Ele consiste em códigos genéticos dos nossos ancestrais e de programas genéticos do DNA. Eles existem no Quarto Plano como o casamento de uma inteligência unida com a Lei do DNA.

Dentro das memórias do DNA, existem:

- Crenças genéticas que estão ativas nas nossas vidas. Elas podem ter efeitos positivos ou negativos.
- Crenças genéticas adormecidas. Se elas fossem ativadas, poderiam trabalhar para o nosso benefício ou detrimento.

Quando estamos curando, afetamos a cura em 94% a 96% com o nosso sistema de crenças. A pessoa sendo curada somente tem de acreditar de 4% a 6% que é possível.

Quando você faz trabalhos de crenças suficientes com uma pessoa, você abre a possibilidade de que ela irá se curar. Uma sessão de trabalho de crenças pode abrir a possibilidade de uma cura por apenas dez minutos, mas pode ser que a pessoa se cure nesses dez minutos.

Quando você testemunha uma cura, é melhor subir e perguntar a Deus sobre como o corpo da pessoa respondeu a ela.

Pergunte ao Criador: "Ela aceitou a cura?".

Deus diz: "Sim".

Então você pergunta: "Quanto?".

Deus diz: "Apenas um pouco".

Então você faz mais trabalhos de crenças e realiza outra cura.

Então você pergunta a Deus: "Quanto ela recebeu de cura?".

Deus diz: "Ela recebeu 50% de cura".

Isso significa que é possível que ela seja completamente curada.

Se pudermos criar a possibilidade de que a cura possa acontecer, poderemos fazer mudanças. Com a orientação do Criador, podemos retornar e mudar o passado. Se fosse um trabalho com a diabetes, por exemplo, e ela tiver sido causada por uma predisposição genética, eu ainda assim faria o trabalho de crenças sobre a diabetes, mas a chave seria ir ao passado, o ancestral no qual a diabetes iniciou e mudá-la lá. Se alguém tivesse câncer, por exemplo, mudaríamos a predisposição genética para o câncer indo ao passado, onde o câncer surgiu, talvez a quatro gerações atrás, e mudando o começo da anomalia no DNA dos seus ancestrais.

Reparando defeitos no DNA

Com o conhecimento das memórias do DNA, você pode encontrar um defeito genético e segui-lo até o momento em que ele foi criado por algum de seus ancestrais. Então Deus pode mudá-lo usando o DNA de outra linhagem genética. Uma vez que o defeito tenha sido mudado, essa energia é trazida para o presente. Isso funcionou em vários bebês no Theta.

1. Suba ao Sétimo Plano (veja as páginas 31, 32 e 33) e faça o comando: "Criador de Tudo o Que É, leve-me ao passado, para onde esse defeito genético foi criado. Grato. Está feito, está feito, está feito".
2. Testemunhe-se indo ao passado para o momento em que o defeito foi criado.
3. Testemunhe o defeito sendo alterado usando outra linhagem genética e trazendo-a para o presente.
4. Testemunhe as mudanças sendo integradas no corpo presente por todas as células no corpo, tornando-o forte.
5. Uma vez que o processo for terminado, enxágüe-se na energia do Sétimo Plano e permaneça conectado a ela.

Recuperando Informações Ancestrais

Podemos limpar, trocar e mudar crenças genéticas que são óbvias para nós, mas e aquelas que são desconhecidas para nós? E os atributos genéticos que gostaríamos de despertar e adotar?

E se pudéssemos ir ao passado para a vida de um ancestral e trazer seus atributos positivos para a nossa vida presente? Afinal de contas, essa informação já está adormecida no nosso DNA. E se pudéssemos ir ao passado para entender nossos ancestrais de forma mais profunda e trazer para nós as habilidades que eles levaram anos para adquirir? Essas também estão adormecidas no nosso DNA – nós apenas precisamos despertá-las. Podemos trazer essas energias para o presente com os atributos dos nossos ancestrais sem precisar criá-los nós mesmos.

Você já herdou atributos que se tornaram evidentes em sua vida, mas e se você pudesse ir ao passado e entender seus ancestrais de forma mais aprofundada e então trazer ao presente coisas que eles levaram anos para aprender? Essa é uma habilidade instintiva que está dormente no nosso DNA, que nos permite alcançar no passado e trazer para o presente os atributos positivos dos nossos ancestrais.

O importante é que estejamos conscientes das crenças dos nossos ancestrais que são benéficas e as que nos prejudicam. Então, podemos acordar as positivas e mudar as negativas.

Ir ao passado e recuperar os atributos dos nossos ancestrais pode poupar muito tempo e problemas. Recuperei a valentia, pois senti que precisava. Algumas pessoas pensam que sou muito valente, mas o que tenho é coragem. Posso encarar o medo e seguir em frente, mas eu queria conseguir não sentir medo – eu queria me sentir valente. Então, Deus me levou ao passado e lá recuperei a valentia dos meus ancestrais. Agora estou integrando-a à minha vida. Estou fazendo as coisas sem precisar sentir e superar o medo. Moldei minha mente para isso e estou conseguindo.

Confio nas respostas que obtenho de Deus, e também confio na minha intuição. Mas ainda faço o teste energético em mim, pois o teste energético pode ultrapassar o ego e dizer o que realmente se passa na mente subconsciente. Seu ego pode ser seu amigo ou seu inimigo. Você precisa mantê-lo sob controle a todo o momento ou você não conseguirá trabalhar em você mesmo. Há curadores que dizem que eles são perfeitos e que não precisam mais trabalhar neles mesmos. Quanto a mim, quando eu me tornar perfeita, saberei. É como um oximoro, porque já somos perfeitos – nós temos as doenças perfeitas, as enfermidades perfeitas, de forma perfeita. Mas sempre acho que podemos continuar trabalhando em nós mesmos para nos tornarmos pessoas melhores.

Todo mundo tem um ego e isso inclui os nossos ancestrais. Eu acredito que é possível nos conectarmos aos nossos ancestrais por meio de meditações e criar resultados positivos nesse processo, mas temos de ter cuidado. Quando vamos para o passado, para a vida de um ancestral e trazemos atributos positivos para o presente, nós não queremos trazer junto um ego negativo.

Também podemos viajar pelo mundo e trazer as memórias de diferentes tempos e lugares. Se sentirmos que uma memória genética está voltando, precisamos subir e comandar que as boas informações fiquem e que possamos filtrar as emoções negativas.

Para trazer um atributo positivo dos nossos ancestrais, podemos usar a técnica da "Grade de Cristais" e recuperar os bons atributos que estão adormecidos no nosso DNA e ampliá-los na nossa vida.

Grade de Cristais

Grade de cristais é uma forma de meditação guiada que utiliza cristais, dispostos ao redor do corpo. Esse é um bom exemplo de união entre cristais do Primeiro Plano com energias do DNA ancestral do Quarto Plano. Essa meditação foi concebida inicialmente para regressões para vidas passadas, mas, logo que começamos a usá-la, algumas pessoas iam ao passado e, quando tentavam retornar, ficavam presas em outro tempo e espaço. Então, aprendemos a levá-las para o fim de uma vida passada para resolver todas as questões dela, começando e terminando a meditação a partir do Sétimo Plano. Isso teve tanto sucesso que começamos a usar a grade de cristais para diferentes propósitos.

Os alunos do ThetaHealing aprendem como encontrar as coisas negativas que os seus ancestrais passaram a eles quando fazem o curso "Relações Mundiais", usando o trabalho de crenças. Mas a grade de cristais é diferente, pois nela estamos procurando pelas coisas *boas* que os nossos ancestrais nos passaram.

Tire uns minutos para escrever em um pedaço de papel os traços positivos que você tem na sua vida hoje. O que você gostaria de ter mais? O que gostaria de ampliar? Você gostaria de ser mais bondoso ou ter mais consideração?

Quando as pessoas fazem regressão para vidas passadas ou grade de cristais para obter informações passadas, não necessariamente significa que a experiência será sobre suas próprias vidas passadas. Em muitos casos o que elas experimentam é de um ancestral genético. Somos parte de Atanaha, o "Tudo o Que É", então, se realmente quisermos saber e experimentar as memórias de todos que já viveram, eu acredito que é possível. Mas essas encarnações não são apenas experiências de Terceiro Plano, elas podem ser muito mais. Por exemplo, você pode ter sido um anjo em outra encarnação e assistido pessoas nessa forma, o que é uma experiência de Quinto Plano.

Que atributos você gostaria de recuperar de seus ancestrais? Se você quer empatia e amor incondicional, você deveria ir para um ancestral que experimentou isso em sua vida. Você pode voltar no tempo em 20 mil anos ou mais, mesmo ao tempo de Cristo. Você pode descobrir que você está carregando as coisas mais estranhas na memória do seu DNA. Algumas pessoas descobrem que os seus ancestrais eram pessoas incríveis e grandes profetas.

Grade de cristais para recuperar informações ancestrais

Nessa meditação da grade de cristais nós usamos um cristal quartzo que é cortado na forma específica da estrela de Davi. No entanto, um pedaço de quartzo claro ou opala trabalham bem também.

Deve haver sempre duas pessoas para esse exercício: uma delas é a praticante e a outra, a cliente. Evite fazer sozinho. Ter outra pessoa ali fará com que você se sinta seguro e você precisa de um guia para se certificar de que vai progredir com a meditação e recuperar as informações corretas.

Quando você usa cristais em uma grade para recuperar informações, você deve sempre limpar qualquer memória de vidas passadas que possa estar neles. Isso porque pode haver confusão entre as memórias do cristal e as memórias que você quer ver. Porque as moléculas nas pedras se movem de forma mais lenta, isso apenas funciona por uma hora de cada vez e então as memórias voltam para elas. Vá ao Sétimo Plano (veja as páginas 31, 32 e 33) e peça para limpar as pedras de quaisquer memórias que elas guardarem.

Use seu nome espiritual quando você fizer um trabalho ancestral. Isso ajudará você a acessar arquivos que guardam memórias de todos com quem você se relacionou.

Quando você recupera virtudes ancestrais, é possível sentir como se estivesse experimentando a sua própria vida.

1. O cliente se deita com a cabeça para o sul, porque isso o conecta com uma forte energia intuitiva.

2. O praticante se senta atrás da cabeça do cliente, acima de sua coroa, e, se o cliente estiver confortável em ser tocado, gentilmente coloque as suas mãos sobre sua cabeça. Através desse toque, o cliente está agora compartilhando informações genéticas com o praticante. Nunca toque o cliente sem que ele esteja confortável com isso, mas, se você entender o funcionamento desse exercício, seu toque vai treinar o DNA do cliente em como fazer essa meditação.
3. O cristal quartzo em formato de estrela de Davi (ou pedaço de quartzo, ou opala) é colocado no terceiro olho do cliente, e os dois cristais esféricos, chamados de "direcionadores", ficam um em cada mão. Se o cliente quiser ter um melhor entendimento do que está se passando na meditação, eles podem simplesmente rolar os "condutores" em suas mãos como forma de auxiliá-lo a focar.
4. O praticante baixa downloads para o quartzo e para os direcionadores com a habilidade de guiar o cliente pela meditação, mantê-lo em estado de Theta e reter tudo o que acontecer na experiência. Dessa forma, os cristais funcionam como gravadores e, toda vez que o cliente os segurar, ele se lembrará da experiência com detalhe.
5. O praticante guia o cliente na meditação.

Para te dar uma ideia do que poderá vir à tona em uma meditação como essa, aqui está um exemplo:

Atributos de um Ancestral

Vianna (guia o cliente pela meditação como segue): faça uma inspiração profunda e imagine a energia subindo pela sola de seus pés. Mova-a para o topo da sua cabeça e imagine-a se tornando uma linda bola de luz. Que cor ela é? [Eu pergunto a cor para a pessoa para eu poder associar com a energia.]

Mulher: É uma luz rosa.

Vianna: Imagine-se subindo, passando por camadas de luz, por uma luz dourada, por uma camada gelatinosa para uma luz branca brilhante.

Faça o comando: "Criador de Tudo o Que É, é comandado – ou requisitado – que eu veja e testemunhe a vida de um ancestral e testemunhe os atributos que são benéficos a mim sendo trazidos até minha vida. Está feito, está feito, está feito".

Agora, imagine-se descendo para o centro do tempo e do espaço e vendo uma porta. No momento seguinte, volte ao passado, para a vida do ancestral e você verá as coisas que pediu. Está pronta?

Um, dois, três, entre através da porta. Olhe para baixo, para seus pés. Você é um homem ou uma mulher?

Mulher: Sou um homem.

Vianna: Você pode ter uma ideia de que ano é esse?

Mulher: Estou vendo o ano 1790.

Vianna: Fale-me qual foi o primeiro evento significante na vida dessa pessoa?

Mulher: Eles cruzaram o oceano.

Vianna: Para onde eles estavam indo?

Mulher: Escócia.

Vianna: Okay, mova-se para o futuro nessa vida. Eles se viraram bem nesse lugar?

Mulher: Sim.

Vianna: Então esse homem tem uma família?

Mulher: Sim.

Vianna: E filhos?

Mulher: Sim.

Vianna: E ele os ama?

Mulher: Sim, mas ele cruzou o oceano antes.

Vianna: Então eles o alcançaram depois? Sua família foi depois?

Mulher: Sim.

Vianna: Então você está olhando para a energia que ele tem com relação a sua família – empatia, amor incondicional, senso de se relacionar bem com as pessoas. Ele possui esses traços?

Mulher: Sim.

Vianna: E essas pessoas gostam dele?

Mulher: Sim.

Vianna: Ele é forte?

Mulher: Sim, muito forte.

Vianna: E ele tem alguma religião?

Mulher: Sim. Ele é protestante.

Vianna: Okay, eu quero que você vá para o futuro na vida dele para o próximo evento significante.

Mulher: Ele está segurando um bebê.

Vianna: Há algo mais que você queira me dizer?

Mulher: Não, não parece importante.

Vianna: Okay, então quero que você vá para o próximo evento significativo.

Mulher: Ah, o bebê cresce. Eu me tornei ela.

Vianna: Ela tem os mesmos atributos do pai?

Mulher: Sim, ela tem. Sim.

Vianna: Okay, quero que você vá para o momento em que essa vida se completa para ela e para ele.

Mulher: Ela se muda para a Austrália.

Vianna: Então, quero que você se imagine assistindo à vida dela até o final, resolvendo todos os problemas, e me diga quando terminar. Como ela morre?

Mulher: Ela morre de velhice, porém ela ainda é jovem. É porque ela lutou muito.

Vianna: Então ela morre por causas naturais?

Mulher: Sim.

Vianna: Você consegue ver as lutas que ela teve?

Mulher: Sim, foi difícil – era uma terra difícil.

Vianna: Agora, quero que você imagine o momento em que ela morre e transita entre a vida e a morte enquanto resolve seus problemas. Ela vai para a luz de Deus?

Mulher: Bom, ela fica próxima por mais algum tempo, pois se preocupa com os filhos e netos.

Vianna: Então quanto tempo ela leva antes de ir para a luz de Deus?

Mulher: Ela fica por 30 anos e então parte.

Vianna: Okay. Agora tenho permissão de me certificar que você traga todas as lições genéticas dela de bondade, empatia e amor incondicional e também a energia de se relacionar bem com as outras pessoas? Tenho permissão para trazê-las através do seu DNA e aumentá-las em dez vezes?

Mulher: Sim.

Vianna: Respire profundamente. Boa garota. Eu quero que você peça para que "*esses atributos, habilidades e virtudes sejam trazidos para o meu DNA, por meio de cada ancestral até mim agora, multiplicados por 10, que o meu corpo os aceite inteiramente e que eles tenham a permissão de serem trazidos. Criador, ensine o meu corpo que ele merece isso. Testemunhe essas energias sendo trazidas através da minha linhagem até mim*". Diga-me quando for feito.

Mulher: Está feito.

Vianna: Okay, eu quero que você se imagine saindo pela porta. Vá ao universo e volte à luz branca brilhante. Sinta o amor incondicional entrando por cada uma de suas células. Bom. Quero que você volte para cá, neste tempo, nesta data. Você está em uma aula de ThetaHealing em Idaho. Respire profundamente e abra os seus olhos.

Certifique-se de permitir que o cliente veja alguns eventos significativo na vida do seu ancestral e siga-os através de toda a vida até a sua morte. Confira se o ancestral foi para a luz. Deixe que ele resolva qualquer assunto após a morte. Você também pode seguir a diante e ver a vida de algum de seus filhos por causa da conexão do DNA.

Então, tenha certeza de que o cliente trouxe os atributos de que ele precisa através do DNA para o tempo presente. Traga-o pelo portal e leve-o de volta ao Criador. Certifique-se de que ele volte completamente em segurança. Ele irá se lembrar da experiência e da energia de seu ancestral pelo dia todo. Essa energia será enviada aos seus filhos também.

Você pode trazer atributos de pessoas com as quais você não é relacionado? Não, mas você pode sentir esses atributos e fazer o download delas a partir do Criador. (Quando os atributos vêm a você pela genética, eles são sentidos de forma diferente.)

Cada vez que você faz a grade de cristais, você se aproxima mais de um ponto no qual você não precisará mais dos cristais e dos direcionadores como ferramentas, mas nós os usamos no começo, pois eles manterão na onda Theta e vão reter tudo o que acontecer na experiência.

Segue outro exemplo:

Vianna: Quais são os atributos que você está buscando?

Homem: Disciplina e entusiasmo.

Vianna: Okay, é a intenção do praticante e do cliente recuperar esses atributos. Imagine-se dentro de uma bola de luz. Que cor é a bola.

Homem: É azul.

Vianna: Suba para o Sétimo Plano e faça o comando: "Mostre-nos a vida do ancestral que tem esses atributos".

Vamos entrar por um portal que nos levará à vida do ancestral que tinha essas habilidades. Um, dois, três... Entre pelo portal e se veja na vida do ancestral. Olhe para baixo, para seus pés. Você é homem ou mulher?

Homem: Homem.

Vianna: Onde é isso e o que você está vestindo, se puder ver?

Homem: Sandálias e pele de ovelha.

Vianna: Quanto tempo faz isso?

Homem: Três mil anos.

Vianna: Olhe para a vida desse homem. Toque, prove e sinta a sua experiência de vida. Vá para o próximo evento significativo de sua vida.

Homem: Ele está participando de algum tipo de cerimônia.

Vianna: Como ele é? Engraçado? Legal?

Homem: Ele tem muito humor e é um homem muito forte, tipo machão.

Vianna: Ele é casado?

Homem: Sim, ele tem duas mulheres e muitos filhos.

Vianna: E ele é feliz?

Homem: Sim, ele é uma pessoa feliz.

Vianna: Quero que você sinta a fé dele. Como ela é?

Homem: Ele acredita em algo.

Vianna: Você pode sentir a energia da fé dele?

Homem: Sim, não é bem fé, é mais um saber.

Vianna: Quero que você percorra pela sua vida, até a sua morte. Como ele morre?

Homem: Tem algo a ver com água. Eu o vejo deitado sobre uma grande rocha. Ele teve uma morte silenciosa.

Vianna: Quero que você vá para depois de sua morte e veja se ele resolve algum assunto pendente em sua vida. Quero que você o imagine indo até a luz. Eu quero que você veja seus filhos.

Agora, eu tenho a sua permissão para me certificar de que você traga para o presente a sua fé, disciplina e entusiasmo? Tenho a permissão para trazer isso pelo seu DNA e multiplicar por 10?

Homem: Sim.

Vianna: Okay, eu quero que você peça, "*que esses atributos, habilidades e virtudes sejam trazidos ao presente para o meu DNA, para o meu agora, aumentados em dez vezes, que meu corpo os aceite completamente e que eles tenham a permissão para serem trazidos. Criador, ensine o meu corpo que ele os merece. Testemunhe essas energias sendo trazidas por todas as linhagens de pessoas até mim*". Diga-me quando estiver pronto.

Homem: Está feito.

Vianna: Volte pela porta, vá ao Criador de Tudo o Que É e abra seus olhos.

Virtudes de um Ancestral

Segue um exemplo de como trazer virtudes para o presente:

Vianna: Que virtude você gostaria de trazer de um de seus ancestrais?

Homem: Eu protejo os inocentes, então gostaria de ter coragem.

Vianna: Você já tem coragem. Vir para uma aula metafísica exige coragem. Seguir os costumes americanos exige coragem! Então você gostaria de ter coragem ou valentia?

Homem: Tudo bem. Eu gostaria de ter valentia.

Vianna: Valentia significa que você pode agir sem medo. Vamos encontrar um ancestral que tenha essa virtude.

Respire profundamente e imagine a energia subindo através dos seus pés. Traga-a para o topo da sua cabeça e se torne uma linda bola de luz. Qual é a cor dela?

Homem: Ela é azul.

Vianna: Imagine-se subindo, passando por camadas de luz, por uma camada dourada, através de uma substância gelatinosa, para dentro de uma luz branca e brilhante. Faça o comando, "Criador de Tudo o Que É, é comandado – ou requisitado – que eu veja e testemunhe a vida de um ancestral que tinha muita valentia em seu DNA e que os atributos que forem benéficos para mim sejam trazidos para a minha vida. Grato. Está feito, está feito, está feito".

Agora se imagine descendo para o centro do espaço e do tempo e vendo uma porta. Em apenas um momento vamos ao passado, entrar na vida de um ancestral que possui bravura. Está pronto?

Um, dois, três... Dê um passo através da porta. Olhe para baixo, para seus pés. Você é homem ou mulher? Em que ponto você está na história? Você está muitas gerações atrás ou só algumas?

Homem: Eu sou um homem. Estou a várias gerações atrás e estou usando botas.

Vianna: Escute o nome das pessoas que o estão chamando. Onde você mora?

Homem: O homem é um lutador incrível.

Vianna: Ele usa uma espada?

Homem: Uma espada leve, bonita e gravada em ouro.

Vianna: Ele está lutando pelo quê?

Homem: Liberdade. Ele luta para libertar o seu povo.

Vianna: Sinta a energia dessa pessoa. Ele não é apenas valente, mas possui um amor pela liberdade e tem muitas outras qualidades também. Vá para o futuro da vida dele. Você consegue ver como ele morre?

Homem: Ele morre em uma batalha.

Vianna: E ele tem filhos? Ele passou a sua valentia para algum de seus filhos?

Homem: Ele morreu pelos seus filhos.

Vianna: Eu quero que você veja a valentia em seus filhos.

Homem: Sim, eu vejo.

Vianna: Faça o comando para que a valentia venha a você através de todas as gerações, para ser fortalecida e ampliada neste tempo e lugar. Está pronto?

Homem: Sim.

Vianna: Agora eu quero que você deixe esse lugar. Veja tudo na vida desse homem se resolvendo e volte pelo portal. Vá para a energia do Criador de luz e amor.

Você disse que protegia os inocentes, certo? Agora quero que você vá para a luz branca e brilhante e vá para dentro de suas células e então para uma vida em que você aprendeu a proteger os inocentes. Diga-me onde você está.

Homem: Eu não entendo – só há luz nesse lugar.

Vianna: Isso significa que você aprendeu a proteger os inocentes antes mesmo de vir à Terra, quando você era um ser de luz. Agora imagine que a energia de proteger os inocentes é trazida desse lugar de luz até você e então aumentada. Essa luz tem outras qualidades também. Que outras qualidades você sente que estão aqui?

Homem: Não tenho certeza.

Vianna: Esse ser de luz parece muito amável. Ele é amável? Você está seguro?

Homem: Eu não consigo conter a sua energia.

Vianna: Você gostaria de um download de que você consegue conter essa energia?

Homem: Sim, por favor.

Vianna: Agora traga as qualidades de quando você era esse ser de luz para seu DNA. Suas células estão seguras e o seu corpo, cheio de alegria. Volte para a luz branca e brilhante, respire profundamente e se veja de volta, forte e seguro.

Como você pode ver, eu disse a ele que voltasse à história do seu DNA para a vida em que ele foi um ser de luz no Quinto Plano. Eu também pedi a ele para encontrar onde ele havia adquirido as qualidades que ele já possuía, e ele voltou para um tempo em que ele era uma energia espiritual. Ele fez isso ao seguir seu DNA até o passado. Então, ele foi até um ancestral, que era um lutador, e depois voltou ao mundo espiritual, onde era um anjo. Nem todas as pessoas vivem todas as suas vidas no Terceiro Plano. Alguns de nós vivemos muitas vidas no Quinto Plano da Existência, como seres de luz.

XAMANISMO

Como mencionei anteriormente, alguns curadores intuitivos usam espíritos e ancestrais do Quarto Plano para ajudá-los nas curas. Eles são conhecidos como xamãs.

O xamanismo é uma das profissões mais antigas da história da humanidade. As tradições xamanistas existem desde os tempos pré-históricos da humanidade. Em certo ponto cada cultura tinha um tipo de prática xamânica. Os xamãs foram os primeiros a experimentar as influências da energia espiritual e os precursores de muitas modalidades usadas hoje. O xamanismo é também o precursor das religiões, sem mencionar o pensamento religioso. Com o passar do tempo, religiões modernas, ciências e práticas sociais substituíram essas tradições antigas.

Os xamãs eram conhecidos por atravessarem o Axis Mundi, o eixo cósmico que conecta o céu e a terra. Eles curam ou dão às pessoas ervas sugeridas pela sabedoria ancestral. Dessa forma, eles fazem uma equação entre o Segundo, Terceiro e Quarto Planos.

Um xamã tem a habilidade de se conectar a espíritos de animais, manipular o tempo, interpretar sonhos, fazer projeções e viagens astrais e viajar para os mundos superiores e inferiores para comungar com as energias espirituais. Na sua forma tradicional, o xamanismo inclui a recuperação de fragmentos de alma, a metamorfose para se comunicar com espíritos e também "puxar" doenças para o próprio xamã ou outra forma de vida, como uma árvore ou mesmo a terra. O xamanismo é uma prática dual – o praticante tem a escolha de usá-la para o bem ou para o mal.

Alguns curadores são instintivamente xamãs na sua tentativa de puxar as dificuldades dos outros para si mesmos. Isso pode vir de uma memória genética, mas também pode ser que, ao desenvolverem a intuição, sintam uma conexão natural com a energia do xamanismo.

Já que todas as experiências importam para a alma, ela não liberará essa tendência com trabalhos de crenças. Por exemplo, se uma criança está com dor, a sua alma vai ajudá-la de todas as formas que puder. Então é melhor fazer o download do conhecimento de como enviar a dor para a luz de Deus. Faça isso com:

> "Se eu pegar a doença, crenças ou dor de alguém, que elas sejam automaticamente convertidas e enviadas para a luz de Deus".

Espíritos Guias e Animais Totens

Nos tempos ancestrais, nós vivemos próximos a animais selvagens e veneramos todas as espécies. Povos ancestrais ao redor do mundo tinham sistemas de crenças baseados em um panteão de animais. A mitologia egípcia começou dessa forma, assim como o sistema de crenças de algumas tribos da Índia. Com o tempo, deuses e deusas começaram a assumir a forma de homens e mulheres; no entanto, algumas culturas viam em seus deuses atributos tanto humanos quanto animais. O deus celta Cernunnos e o deus indiano Ganesha são bons exemplos. Na mitologia grega, havia de forma consistente o tema da fusão entre homem e animal, como expressado pelo centauro (meio homem, meio cavalo), e pela Medusa, com suas tranças de cabelos de cobras. Os animais se misturavam também entre si, como é o caso de Quimera.

Um dos exemplos mais antigos de fusão com animais vem de uma caverna em Lascaux, França. Uma pintura que tem lá retrata uma figura vestindo a pele de um animal e um adorno de cabeça com chifres. Isso, estranhamente, se parece com o retrato de Cernunnos em um antigo caldeirão, encontrado na Dinamarca. O que é interessante é que as ilustrações foram feitas com 20 mil anos de diferença de uma para a outra!

No mundo antigo, realizaram-se rituais em que homens e mulheres buscavam um "totem" ou um espírito guia animal. Esse guia era visto como fonte de força e iluminação. Cada indivíduo buscaria trazer para si os atributos do seu animal guia para se beneficiar de sua sabedoria e força. Os xamãs usavam a energia espiritual de animais totens para intensificar diversos tipos de habilidades – em profetizar, curar, atrair um amante ou ganhar uma batalha.

Os animais totens também incluem criaturas mitológicas, como o dragão, o unicórnio e o "Thunderbird" dos nativo-americanos, que eram conhecidos por terem poderes mágicos.

A sabedoria e o poder de um animal totem podem ser invocados quando necessário. O "poder animal" é encontrado com auxílio da meditação, reza e cerimônias com tambores. Então a pessoa traz para si a essência do animal.

Alguns nativo-americanos acreditam que todos têm pelo menos um animal de poder. Algumas tribos acreditam que nós temos em torno de sete a nove.

Muitas tribos americanas também acreditam que todos os animais têm o propósito de nos ensinar por sua presença física e espiritual. Na minha experiência, animais selvagens podem enviar mensagens espirituais de forma física. Eles farão algo fora do normal para entregar a mensagem a você.

Metamorfose

As práticas de xamanismo ao redor do mundo envolvem a mudança de forma – os xamãs podem tanto mudar a forma do seu corpo para a de um animal, como também podem enviar a sua consciência para o corpo de um animal.

A prática de mudar a forma física para a de um animal é conhecida pela nação Navaho, assim como por culturas nativas mexicanas e sul-americanas.

Na outra maneira de metamorfosear, mandando a consciência para o corpo de um animal, o xamã ou pessoa medicina se conecta ao animal através da energia da consciência coletiva daquela espécie. Muitos animais têm uma alma individual, mas é possível se conectar com a energia espiritual coletiva e ver o que ela tem a ensinar. Também é possível enviar sua consciência para um animal selvagem para coexistir com ele por um tempo. Nesse caso, o espírito do animal não é colocado para fora do corpo. A experiência é compartilhada pela pessoa e pelo animal.

Mudar de forma é real? Claro que sim! Por que digo isso? Porque acredito que é possível enviar a consciência a animais e enxergar por seus olhos. Já enviei a minha consciência para lobos para poder enxergar com os seus olhos quando caçavam. Eu também acredito que há pessoas que têm a habilidade de mudar as suas feições. Há pessoas que podem viver na energia de outras pessoas, e pode ser daí que vêm as lendas dos vampiros.

Você pode mudar de forma espiritualmente em um animal usando a grade de cristais. Quando fizer isso, sempre diga: "Eu concordo em fazer isso da forma do Criador, de uma forma boa".

Metamorfose

Neste exercício, duas pessoas trabalham juntas. Uma é o praticante e a outra é o cliente. É necessário que sejam duas pessoas! Evite fazer esse exercício sozinho. Com outra pessoa ali, você se sentirá seguro e guiado para seguir em frente.

Essa é uma grade de cristais que utiliza um quartzo, que é colocado no terceiro olho, e dois cristais esféricos, chamados "direcionadores", segurados nas mãos.

1. Use a meditação para o Sétimo Plano (veja as páginas 31, 32 e 33) para limpar as pedras de quaisquer memórias que estão nelas.
2. O praticante faz downloads no cristal e nos condutores da habilidade de guiar o cliente na meditação, mantê-lo em

onda cerebral Theta e reter tudo o que acontecer na experiência com o animal.

3. O cliente se deita com a cabeça orientada para o sul, porque isso o conecta com uma forte energia intuitiva.
4. O praticante senta atrás da cabeça do cliente, acima da coroa, e, gentilmente, posiciona as mãos na sua cabeça.
5. O praticante guia o cliente na meditação a seguir:

"Nós vamos fazer uma metamorfose espiritual para a de uma águia (ou o animal de sua preferência). Centre-se no seu coração, respire profundamente e imagine a energia subindo da sola de seus pés, pelo seu corpo, através de todos os chacras. Saia através do seu chacra da coroa e projete a sua consciência para fora, para além das estrelas pelo Universo.

Imagine-se indo para além do Universo, passando pelas camadas de luz, através de uma luz dourada, passando por uma substância espessa como uma gelatina e então para uma luz branca e brilhante.

Faça o comando para o Criador de Tudo o Que É: É comandado (ou requisitado) que eu mude a minha forma para a de uma águia. Está feito, está feito, está feito.

Agora, imagine-se descendo para o centro do espaço e do tempo, vendo um portal.

Um, dois, três... Entre pela porta. Olhe ao seu redor e encontre o animal.

Respire profundamente, mais uma vez. Agora você está no espaço do animal. Qual é essa sensação? Como você se sente sendo uma águia, planando e enxergando com os olhos de uma águia? Sinta o bater do seu coração, sua força e vigor. Experimente isso por um tempo. O que você vê?

Está pronto para retornar?

Agora, visualize-se retornando pelo portal.

Vá ao Universo e volte à luz branca e brilhante do Sétimo Plano. Sinta o amor incondicional entrando em todas as células do seu corpo.

Volte para este tempo e espaço. Respire profundamente e abra seus olhos."

Essa conexão com um animal proporciona uma imensa sensação de saúde, força e essência espiritual.

O Universo sempre está se comunicando com você. Seu animal de poder vai sempre mostrar-se na sua vida ou nos seus sonhos para guiá-lo.

6

O Terceiro Plano da Existência

O Terceiro Plano da existência é onde os animais e os humanos vivem em uma sinfonia de vida. Os elementos dos sete planos – minerais, fotossíntese, energia espiritual e energia física –, todos estão juntos neste plano para nos tornar o que somos. Este plano é o plano das moléculas de proteínas, estruturas de carbono e cadeias de aminoácidos. Esses compostos orgânicos são a base da vida aqui.

O Terceiro Plano é onde aprendemos a controlar nossos corpos, pensamentos e sentimentos. É o plano dos sonhos, ideias e decisões. Seres complexos do Terceiro Plano, como os humanos e os animais, têm imaginação e habilidade para resolver problemas. Nós humanos, com frequência, achamos que somos mais evoluídos do que seres do Primeiro e do Segundo Planos e do que os animais com que coexistimos neste plano. Talvez isso seja porque temos um ego bem desenvolvido, um instinto que nos foi dado para nos ajudar a sobreviver e atingir objetivos. Uma vez que o egoísmo impera no Terceiro Plano, nós temos de controlar esse aspecto em nós mesmos.

Faz parte do plano que nós tenhamos esses desafios de sermos governados pelas emoções, desejos instintivos e paixões. Como equilibramos as nossas emoções é o que vai definir se vamos acessar bem ou não os outros planos e nos mover livremente através deles para criar saúde.

Na criação da nossa realidade, criamos a ilusão dos programas, formas-pensamento e consciência coletiva que mantêm os nossos pensamentos presos a este plano. Isso pode significar que algumas das nossas habilidades físicas, mentais e espirituais estão bloqueadas. Sistemas de crenças negativas podem nos privar de conhecermos as nossas verdadeiras habilidades. Para nos libertarmos das correntes que nos aprisionam, devemos nos concentrar na alegria de viver e não no medo, ressentimento e ódio.

Nós também temos o desafio de estarmos em um corpo humano em um mundo físico. Nosso corpo físico reflete tudo aquilo em que acreditamos. No mesmo contexto, tudo o que está acontecendo na nossa vida também está acontecendo no nosso corpo. Como aparentamos e como nos sentimos é a nossa identidade percebida que é criada na ilusão do Terceiro Plano. Se tivermos muitas crenças negativas, ou crenças positivas criando uma negativa, isso ocasiona uma fratura na energia de Tudo o Que É dentro de nós. Com o objetivo de nos tornar conscientes dessas fraturas, o Criador nos dá uma doença. E, para conseguirmos transcender doenças de todos os tipos, nós precisamos mudar as nossas crenças.

Se quisermos manifestar mudanças, precisamos nos libertar da nossa consciência limitada de Terceiro Plano. É importante criarmos uma consciência cósmica e o entendimento de que somos mais do que um corpo físico em um mundo físico. Essa é uma das razões pela qual nós subimos tão rapidamente através dos planos da existência na meditação do Sétimo Plano – para que não sejamos influenciados por crenças negativas que estão no nosso corpo físico, na Terra, ou no universo físico no qual viajamos quando estamos na onda Theta pura. Dessa forma, evitamos os pensamentos pesados deste plano, de fora dos confins da Terra e do corpo físico.

Nós criamos a nossa vida baseados nos nossos medos, dúvidas, descrenças, ressentimentos e raiva, assim como em sentimentos e emoções positivas que se tornam virtudes. Enquanto estamos neste planeta, o desafio é contrabalançar os sentimentos negativos com positivos, não apenas ter saúde, felicidade e diversão, mas também alcançar os domínios da iluminação.

Porque o Terceiro Plano da Existência é a escola das energias do Quinto Plano da Existência, somos divinos por natureza e podemos ser facilmente ensinados e lembrados de como usar a essência do Sétimo Plano. Para se graduar no Terceiro Plano da Existência, o aluno humano tem de aprender isso. Os mestres do Quinto Plano vieram para cá para ajudar os humanos do Terceiro Plano da Existência, mas eles têm de recobrar o conhecimento sobre as virtudes.

FILHOS DO QUINTO PLANO

Nós podemos achar que estamos fisicamente no Terceiro Plano, mas existimos, na verdade, em todos os planos da existência. Na realidade, como explicado anteriormente, nós somos filhos do Quinto Plano.

Nós parecemos ter alguma lembrança disso. Isso explica porque muitas pessoas acreditam que são "filhas de Deus", porque temos um pai e uma mãe espirituais no Quinto Plano. Esses pais espirituais nos dão coragem, compaixão e conselhos. Eles são os mestres superiores do Quinto Plano da Existência.

Para conhecer seus pais espirituais, é melhor ir ao Criador de Tudo o Que É, porque, uma vez que você tiver se purificado na essência do Sétimo Plano, você vai se sair melhor em se comunicar com eles. Eles irão guiá-lo para se tornar um mestre.

Se você, com frequência, se sente como se não pertencesse à Terra, que isso é muito difícil, que as pessoas são cruéis e você sente muitas saudades de casa e da sua família espiritual, então você pode ser um mestre ascensionado. Lembre-se de que mestres do Quinto Plano vieram para ajudar as crianças do Terceiro Plano a retornarem ao Quinto Plano. Se você sabe que tem habilidades incríveis e uma forte conexão com o Criador, você pode ser um mestre acordando para ajudar a Terra.

Seja você um mestre ascensionado ou o filho de um mestre, você está aprendendo, adquirindo virtudes positivas.

O CORPO HUMANO

Tudo na existência é divino por natureza, e isso inclui o corpo humano. Ele é a forma pela qual o espírito experimenta este plano. As células no nosso corpo estão trabalhando incansavelmente para nos dar essa experiência de vida. Nossos pulmões sorriem e celebram toda vez que respiramos. Nosso fígado e outros órgãos estão cantando um para o outro. E nós paramos para ouvir essa celebração? Nós nos esquecemos de que estamos aqui para respirar, rir e viver esse lindo corpo. Devíamos nos lembrar de que este é um plano maravilhoso para se viver, mas de que estamos aqui para aprender, como seres espirituais, e que alguns humanos aprendem pelo sofrimento e pela dor. Esse é um dos nossos desafios espirituais deste plano: aprender sem criar sofrimento, experimentando a alegria.

Mesmo que estejamos conectados ao Tudo o Que É, nós, frequentemente, não nos vemos dessa forma. Tudo o que comemos e experimentamos aqui na Terra serve para nos manter ligados ao nosso corpo físico. Conforme nosso espírito amadurece neste corpo humano, a Terra se torna nosso berço. Nossos espíritos gostam de estar neste berço e se um dia nós passarmos muitos dias sem ter pensamentos negativos e então começarmos a fazer conexões espirituais, poderemos pensar: *E o que acontecerá comigo se eu me iluminar? Eu me desenvolverei? Mudarei? Morrerei?* Ou pior: *Serei deixado sozinho? Os meus parentes e amigos mudarão comigo?* No momento em que essas preocupações surgem, fugimos da iluminação espiritual.

Como seres espirituais neste, às vezes restrito, espaço que é o corpo físico, somos expostos ao desafio de transpor essas restrições ilusórias e tomar a responsabilidade pelo nosso corpo humano e todos os seus sistemas, incluindo aqueles que são espirituais por natureza. Esse é nosso desafio: transpor essas ilusórias restrições percebidas e florescer com nosso corpo humano, e assim mudar a percepção da nossa existência nele.

Se víssemos os processos do corpo humano como sagrados, sentiríamo-nos caminhando no milagre da bioengenharia de Deus. Isso significa que não há erros no Universo e que todas as funções do corpo têm um propósito divino. Isso também significa que não há separação entre o que é físico e o que é espiritual. Nosso desafio é começar a pensar dessa forma.

Integração Física e Espiritual

Como dissemos anteriormente, para vir para um corpo humano, um espírito multidimensional atravessa um portal espiritual. Quando o esperma entra no óvulo, dentro do útero, cria-se um flash de luz que é a concepção. Nesse momento, um portal espiritual é formado e une o Terceiro Plano à outra dimensão, do Quarto ou do Quinto Plano. Esse portal é composto de inteligência pura (pensamento), que traz a alma até o feto em formação.

Se a vibração do espírito de Quinto Plano que vem até o bebê for muito alta, o feto pode não aguentar ou o bebê pode se enfraquecer. Pode acontecer também de a vibração ser muito alta para o corpo da mãe.

Se o bebê sobreviver à união da energia do Terceiro com a do Quinto Plano, ele também pode ficar doente por causa da mistura de duas vibrações. Isso, às vezes, acontece quando um mestre ascensionado vem para um corpo humano e é por isso que, às vezes, pessoas intuitivas se sentem um pouco mal no começo. Para um mestre ascensionado, pode ser um desafio estar em um corpo humano sem destruí-lo.

Leva um tempo para as crianças que têm uma energia espiritual nova se acostumarem com o corpo humano, mas, ainda assim, essa é uma experiência mágica para elas. Mesmo quando criança pequena, eu sabia que a nossa forma física era apenas uma pequena parte de nós. Eu sabia que estava usando a minha pele e que havia mais para mim do que apenas um corpo. Quando eu tinha em torno de 7 anos, o bebê de um vizinho escapou pela janela do porão e correu nu no jardim. Quando minha mãe o viu, ela começou a julgar os pais da criança, dizendo que o bebê não deveria ter permissão para correr nu como um passarinho. Eu não consegui ver nenhum problema naquilo. Afinal de contas, a criança ainda estava usando a sua pele e o seu espírito ainda estava no corpo. Mesmo naquela idade, eu sabia que estava habitando em meu corpo humano nesse momento, mas que havia muito mais na minha existência.

A integração espiritual com o corpo é muito importante. Ela pode falar a respeito de acordos entre a frequência da alma do Quinto Plano e a frequência do corpo do Terceiro Plano, sem sacrificar habilidades. Uma forma de ajudar esse processo é limpando a negatividade no corpo, por meio do trabalho de crenças.

Eu acredito que os bebês estão conscientes de todas as emoções ao seu redor. No passado, cientistas acreditavam que os bebês não podiam ver até que completassem um ano, mas as mães sempre souberam que os seus bebês podiam vê-las, desde o início. Agora a ciência está voltando atrás, ao que acreditava primeiro. É por essa razão que isso se chama ciência. Um cientista é um buscador da verdade física com direito a voltar atrás! Buscadores da verdade percebida, mas que podem se enganar. Mas, considerando tudo isso, a ciência tem sido uma coisa boa, pois encoraja o desenvolvimento intelectual.

Todos nós viemos para este plano por um portal espiritual. Muitos filhos de mestres se esqueceram de quem eles são antes de virem para cá e devem despertar para isso. Mas os mestres que vieram para cá podem, naturalmente, despertar para as suas habilidades. É sua missão divina trazer a consciência do Quinto Plano para este plano de existência. É por isso que é importante integrar a essência do corpo físico com a da alma por intermédio do eu superior.

DIVINA CONSCIÊNCIA: O EU SUPERIOR

O eu superior é a essência espiritual suprema que está em todos os seres vivos. É a conexão divina com a nossa mente subconsciente. Ele nos ajuda a nos tornarmos conscientes dos nossos atributos divinos e nos guia na mudança de características indesejadas. Em algumas pessoas, é por eles que podemos falar com animais, crianças pequenas e pessoas que estão inconscientes ou em coma.

O eu superior possui uma sabedoria inata sobre os funcionamentos da alma. E está relacionado à dimensão microcósmica do nosso espaço, onde a maior parte da nossa alma reside. Ele tem a sabedoria do tempo divino da nossa alma. É nossa conexão com o Deus interno que está em todos nós. Ele tem em si a maior parte do nosso ser de Quinto Plano. Essa energia da alma é muito poderosa e é importante enviar a nossa consciência para além dos confins dela para nos libertarmos de sistemas de crenças que possam estar interferindo em nossa comunicação com o Criador.

No entanto, mesmo que o nosso eu superior seja mais sábio do que o nosso eu mental e físico, ele tem seu próprio ego, e opiniões que nem sempre são para o bem maior. Por essa razão, você deve sempre subir ao Criador de Tudo o Que É, que tem o entendimento completo de tudo. É lá que a mais alta verdade habita.

Fale com o seu Eu Superior

Olhando intuitivamente, o eu superior aparenta ser uma essência majestosa conectada à pulsante energia da alma, logo afora do corpo entre o chacra da coroa e o topo da cabeça. Ele tem uma conexão direta com a alma por uma ligação etérica que conecta a alma ao Sétimo Plano da Existência.

Então o eu superior está fora do corpo humano, mas ele também está dentro da aura, a bolha de energia que, na maioria das pessoas, se estende por três metros, em média, ao redor do corpo. É importante ir através da aura quando estiver fazendo uma leitura, pois é fácil confundi-la com o eu superior e com a energia de Tudo o Que É.

Quando faço as minhas leituras em mim mesma, certifico-me de projetar a minha consciência para fora do meu paradigma, ao Sétimo Plano, por um segundo, e então retorno e olho para dentro do meu corpo. Dessa forma tenho a visão da perspectiva do Criador em vez da do meu eu superior. Então, pergunto ao Criador o que precisa ser feito no meu corpo.

É a mesma coisa quando trabalho com outras pessoas: Saio do meu paradigma para que possa curar por meio do Criador. Se eu apenas saísse do meu corpo para ir até onde meu eu superior pode ir, minha percepção seria somente tão divina quanto o meu eu superior pode ser.

Pergunte-se: você sabe a diferença entre falar com seu eu superior e falar com o Criador? Ainda que seu eu superior seja um aspecto elevado seu, ele não é tão universal quanto é o Criador. Este não tem ego e é a perfeita verdade.

Falando com o eu superior

Este exercício é para ensinar a diferença entre falar com o seu eu superior (ou com o eu superior de um cliente) e com o Criador de Tudo o Que É.

1. Suba ao Sétimo Plano (veja as páginas 31, 32 e 33) e faça o comando: "Criador de Tudo o Que É, é comandado que eu possa falar com o eu superior de (nome da pessoa). Grato. Está feito, está feito, está feito".
2. Vá para o chacra cardíaco da pessoa. Suba através dela até sair pelo chacra da coroa e encontre seu eu superior.

3. Fale com o eu superior dela e depois lhe diga o que ouviu.
4. Enxague-se na energia do Sétimo Plano e permaneça conectado a ela.

Já tive milhares de alunos e posso geralmente dizer se alguém está fazendo uma leitura pelo eu superior ou pelo Criador. Eu posso dizer pela energia e pelo tom de voz. Quando eles começam a ficar nervosos, a informação pode estar vindo do seu eu superior e não do Criador. A razão para isso é eles não estarem se mantendo em uma onda Theta pura e então precisam de mais discernimento.

Quando questionado, o eu superior vai provavelmente se conectar com a consciência de grupo ou trazer sua própria opinião antes de perguntar ao Criador, a não ser que seja treinado a fazer de outra forma. Por exemplo, se eu perguntasse ao meu eu superior quem seria o próximo presidente dos Estados Unidos, eu ouviria o meu eu superior dizendo: "Este mundo é corrupto, o governo é corrupto e você não tem voz sobre quem ganhará as eleições, então por que você está perguntando?" Mas, se você for ao Tudo o Que É, você saberá a verdade absoluta.

Quando subi e perguntei ao Criador quem ia ganhar as eleições de 2000, George Bush ou Al Gore, o Criador me disse: "Vianna, fique focada na sua vida. Isso não importa realmente. Não ficará claro o ganhador das eleições e ninguém saberá quem ganhou até semanas após as eleições. Não será aquele que vencer no voto popular".

Deus estava certo, houve uma recontagem que acabou levando semanas.

A maneira pela qual treinamos o nosso eu superior a se conectar ao Criador é indo conscientemente ao Sétimo Plano todo dia. Dessa forma, a mente subconsciente aprende a viver com a energia divina do Criador.

Trabalho de Crenças e o Eu Superior

Quando você começa a mudar suas crenças, você começa a trazer mais aspectos elevados do seu ser para o seu corpo. Quanto mais virtudes você adquire, mais o seu eu superior entra em seu espaço. Alguém como o Dalai Lama, por exemplo, tem muitos aspectos do eu superior no seu espaço.

A única forma para o eu superior pode ficar no corpo humano é se as crenças negativas forem limpas. Limpar crenças ajudará você a ficar mais saudável, forte e mais parecido com seu eu divino. À medida que você começa a se expandir intuitivamente, é natural que mude as suas crenças negativas ao mesmo tempo, para manter seu corpo no mesmo nível vibracional do seu espírito.

É difícil manter a vibração do eu superior no corpo, porque ela pode drenar o corpo fisicamente. Para ter mais do seu eu superior no seu corpo sem drenar seu corpo físico, vá para o Tudo o Que É mais frequentemente. Isso vai equilibrar o corpo.

Integrar o eu superior no corpo

Virtudes necessárias: solicitude, honestidade, bondade, lealdade, nobreza e confiabilidade.

Integrar o eu superior ao corpo pode ajudar a essência da alma a entender a sua essência física, para que as duas se unam por objetivos comuns.

Quanto mais crenças você limpa, maior a integração entre seu eu superior e seu corpo, e mais saudável você ficará.

1. Suba pra o Sétimo Plano (veja as páginas 31, 32 e 33) e faça o comando: "Criador de Tudo o Que É, é comandado (ou requisitado) para integrar o meu eu superior com o meu corpo, o máximo possível, trazendo-o para o meu espaço agora e fortalecendo meu corpo. Grato. Está feito, está feito, está feito".
2. Testemunhe o eu superior vindo para o corpo através do chacra da coroa e integrando-se com ele em nível celular em uma impressionante energia de amor, gentileza e força. Apenas permita que o suficiente do seu superior se integre ao corpo, para fortalecê-lo.
3. Uma vez que você queira encerrar o contato, enxágue-se na energia do Sétimo Plano e permaneça conectado a ela.

Seu eu superior é sensível às suas experiências, mas, se elas são boas ou ruins, é indiferente para ele, já que ele não é matéria. Da perspectiva da alma, você pode crescer tanto com as más quanto com as boas experiências. De um nível espiritual superior, se nós tivermos aprendido algo com a experiência, então ela foi benéfica para nós. O truque é fazer dela uma experiência positiva. Desde o Sétimo Plano é possível criar qualquer experiência que você queira ter na Terra.

A Missão Divina do Eu Superior

Uma das funções do eu superior é adquirir virtudes para que a alma possa aprender, expandir e crescer. É útil falar com o eu superior para descobrir de que virtudes ele precisa.

> **Vianna:** Tenho a permissão de falar com seu eu superior para saber quais virtudes ele precisa adquirir?
>
> **Rose:** Sim, eu dou permissão.
>
> **Vianna:** Quando me conectei com seu eu superior, ele me deu uma lista escrita em letra cursiva, em tinta vermelha e preta. O primeiro item era "*Serviço*". O segundo era "*Aprender a deixar alguém amá-la completamente e aprender a amar completamente*".
>
> Isso estava escrito em tinta preta: "*Você já aprendeu como ser humilde. Você também já aprendeu a ser valente. Há duas semanas, você aprendeu a como apreciar as coisas que você já fez na sua vida*".
>
> Rose, seu eu superior disse que você se incomoda com pessoas burras. Mas você está, cada vez mais, aprendendo a ter paciência com este planeta e com você mesma. Essas são as coisas mais importantes nas quais você está trabalhando agora.

Quais virtudes que o seu eu superior necessita adquirir?

Descubra a missão do seu eu superior

Nosso eu superior tem sua própria missão e sabe quais virtudes já adquiriu e quais ele ainda precisa aprender.

1. Faça dupla com outra pessoa e fale com o eu superior dela para descobrir as virtudes que ela está aprendendo e quais que ainda precisa aprender.
2. Então, suba para ter a perspectiva do Criador e ver quais downloads são necessários.

Esse processo deve levar em torno de cinco minutos.

INSTINTOS DO TERCEIRO PLANO

Instinto Animal

Cada animal deste planeta possui a inteligência que nós chamamos de instinto. Por alguma razão, nós humanos pensamos que instinto é uma forma inferior de inteligência, inferior com relação às mensagens que nosso corpo envia, conscientemente, para o cérebro. O que a maioria de nós não sabe é que o instinto controla nossa vida mais do que nós percebemos.

O segredo é nos mantermos conscientes dos nossos instintos e usá-los. Ao nosso próprio benefício. Essa é a razão pela qual aprendemos a fazer leituras no nosso próprio corpo, conforme explico no meu primeiro livro, *ThetaHealing*. A leitura do corpo nos dá a informação direta sobre o que está acontecendo dentro do nosso corpo. Quem sabe, você pode salvar sua vida apenas entrando em contato com seu corpo físico, através das suas percepções intuitivas.

Temos o mesmo tipo de instinto dos animais, mesmo que ele esteja latente ou esquecido. Por exemplo, a polícia diz coisas como: "Eu senti um frio no estômago" ou "Eu simplesmente sabia que ele tinha uma arma – eu pude sentir". Falar assim é normal, mas você ultrapassa os limites se disser: "Eu vi, intuitivamente, que ele tinha uma arma". É a mesma coisa, mas, para muitas pessoas, a palavra "intuitivo" tem uma conotação negativa. Essa atitude nos faz ignorar o lado intuitivo do nosso instinto humano e pode ser a razão pela qual você não reconhece quanto os outros animais também são intuitivos.

Cada espécie animal desenvolveu sentidos intuitivos para conseguir sobreviver, e nós fizemos a mesma coisa. Quando uma mulher cuida pela primeira vez do seu bebê, há uma comunicação sem palavras entre eles. Então, seu corpo produz anticorpos no leite materno para suprir as necessidades do seu filho. Para mim, isso é a inteligência espontânea do corpo humano que supera os pensamentos racionais. Na verdade, pensamento racional é inútil em algumas situações de sobrevivência.

Mas há outras formas pelas quais o corpo humano se comunica com outros humanos sem a mente consciente, sabendo que isso está acontecendo, e isso se dá pelo processo reflexivo dos feromônios.

Atração Animal

Os feromônios são mensageiros químicos que secretamos no nosso suor e em outros fluidos corporais como mensageiros. Muitos de nós, automaticamente, mudamos nosso cheiro toda a vez que nos sentimos atraídos sexualmente por alguém, na esperança de que atrairemos a pessoa com a nossa fragrância. Mas o mais impressionante é que em muitas situações essas respostas acontecem sem o pensamento racional. Isso significa que podemos estar sendo atraídos para outra pessoa pelo seu cheiro e desse cheiro recebermos uma mensagem instintiva que está no DNA dela!

Alguns cientistas pensam que somos atraídos uns pelos outros mais pelo cheiro do que pela aparência física. Então somos atraídos por uma interpretação subconsciente da energia de alguém. Mas, se estivéssemos conscientes sobre o que estamos cheirando no outro, seríamos aptos a entender essa pessoa de uma forma profunda. Poderíamos cheirar uma doença, um defeito genético ou se a pessoa é mentalmente instável. Se pudéssemos farejar como cachorros, poderíamos psiquicamente identificar essas secreções.

Qual é a sensação desse cheiro? Quando você sente o cheiro de alguém, você está sentindo partículas e átomos. O DNA da pessoa está fluindo pelo seu nariz para estimular você de forma a criar respostas instintivas. Isso é, de alguma forma, um tipo de linguagem em que informações são trocadas. Quando seu corpo acessa as informações, ele tem uma boa ideia sobre a outra pessoa, se ela é, por exemplo, sexualmente compatível ou se tem o suficiente em comum com você. Isso pode explicar por que você se sente atraído por um tipo de pessoa, já que seu DNA está lendo o dela, buscando através da mensagem química do cheiro por compatibilidades em todos os níveis – mental, espiritual, emocional e fisicamente. Acredito que o processo de procriação usa da melhor forma o material do DNA disponível. Isso significa que certos atributos físicos e emocionais são selecionados na fusão do material genético, para o benefício da humanidade.

Algumas pessoas com quem falei me disseram que elas não se sentem atraídas sexualmente apenas pelo corpo de uma pessoa, mas por uma essência inexplicável que elas não sabem descrever. Acho que algumas pessoas são atraídas por uma vibração que é um pouco mais elevada que sua própria. Isso é mais do que sentir atração pelo cheiro, mas uma atração espiritual.

Se você conhece alguém e se sente atraído por ele, há uma mudança em todos os níveis do seu ser, desde seu cheiro até sua atitude. Você já se perguntou por que casais sempre sabem quando seu parceiro sente atração por outra pessoa? É porque seu cheiro muda, assim como a sua energia e linguagem corporal. Isso acontece no nível genético. Mulheres, de repente, tornam-se mais legais, porque homens gostam de mulheres legais. Os homens, imediatamente, começam a fabricar mais sêmen para combaterem o sêmen de outros homens. Todas essas coisas acontecem instintivamente.

O Sistema Nervoso Autônomo

Outro bom exemplo de resposta instintiva que está trabalhando em nosso corpo é o nosso sistema nervoso autônomo, uma rede de fibras nervosas que regula a íris dos olhos, a ação do músculo do coração, vasos sanguíneos, glândulas, pulmões, estômago, cólon, bexiga e outros órgãos importantes, que trabalham sem a intervenção do córtex cerebral. No entanto, como está ligado a outros sistemas do corpo, o sistema nervoso autônomo é influenciado por emoções. Por exemplo, a raiva pode aumentar a frequência cardíaca, medo pode causar uma vibração no estômago, e contentamento pode baixar a pressão sanguínea. Como ele sabe fazer isso?

Os pesquisadores acreditam que a mente humana, juntamente com o corpo físico, gera o campo eletromagnético de energia. Nós sabemos que o sistema nervoso humano usa o que pode ser considerado uma corrente eletromagnética para enviar informações através do corpo para uma variedade de funções, desde a avaliação de informações sensoriais para a organização da química celular até o envio de combustível aos elétrons para as suas sinapses. O corpo, propriamente dito, é eletromagnético, consistindo em partículas carregadas, como átomos, elétrons, prótons e íons.

Todas as formas de vida no planeta consistem em partículas subatômicas que se movem em diferentes frequências. Todas as formas de vida vibram em diferentes ritmos, mas somos todos feitos de arranjos de partículas. No final, somos apenas partículas que se movem em um ritmo mais rápido ou mais lento. Esse movimento resulta nas assinaturas energéticas, expressas em forma de luz, som e campos eletromagnéticos, e esses são meios de comunicação. Acredito que todos os animais, incluindo os humanos, têm a sua própria forma especial de comunicação, que vai além dos sentidos normais e funções, sem o pensamento consciente.

A Intuição do DNA

Outro sistema que trabalha no corpo sem o pensamento consciente é o DNA. Ele é o programa que está, secretamente, coordenando tudo em nosso corpo, apesar de não estarmos conscientes disso.

Cada animal do planeta já foi capaz de modificar a sua intuição para ajudar na sua sobrevivência, e o mesmo acontece conosco. Sempre queremos nos excluir do mundo animal, mas somos animais mesmo assim. Somos mamíferos e temos filhos que protegemos ferozmente. Por que nos preocupamos em protegê-los? Sabemos, instintivamente, que eles são o futuro. Esse instinto nos foi passado pelos nossos ancestrais. Podemos fisicamente definir esse atributo? De onde ele vem? Onde está isso no corpo? Está no nosso DNA.

Nosso DNA está constantemente criando mecanismos intuitivos de sobrevivência e trabalhando para nós mais do que contra nós.

Por exemplo, mesmo que você nunca tenha visto uma cobra antes, é instintivo que você talvez sinta medo ao ver uma. Esses instintos reflexivos vêm do conhecimento do nosso DNA.

Nosso DNA pode abastecer de dados nossa rede, assim como fazemos na Internet. Se ele também consegue acessar dados dessa rede e estabelecer contato com outros participantes dessa rede, então podemos estabelecer conexões com pessoas que compartilham diretamente conosco nosso DNA, como os nossos parentes.

Essa corrente de pensamento pode explicar parcialmente as curas remotas, telepatia e pressentimentos a distância. Pode ser por isso que algumas pessoas podem sentir seus parentes quando esses sentem dor, mesmo que estejam a quilômetros de distância.

Se levarmos esse conceito adiante, podemos dizer que compartilhamos nosso DNA com cada ser humano deste planeta e, em algum âmbito, com outros animais. Isso significa que podemos possivelmente nos conectar com o DNA dos outros. Explicaria a consciência coletiva e a hipercomunicação. Isso também explicaria como nós podemos nos lembrar das memórias dos nossos ancestrais e de vidas passadas de outras pessoas.

Lembrando-se das vidas passadas de outras pessoas

Neste exercício, você fará a leitura em uma pessoa e se lembrará de suas vidas passadas ou de memórias ancestrais. Não há divisões entre passado, presente e futuro, já que os três estão acontecendo simultaneamente. Pensamento e consciência se movem mais rápido do que a velocidade da luz e, portanto, não se submetem à Lei do Tempo. Ao usarmos uma forma-pensamento *light*, é possível curvar as Leis do Sexto Plano e ir ao futuro e ao passado para acessar as vidas passadas de alguém, lembrando-se delas como você se lembra do futuro. Isso nos ensina que não existe tempo linear nesse universo tridimensional.

Quando você testemunha as vidas passadas de uma pessoa, foque nos aspectos positivos e não negativos.

1. Suba para o Sétimo Plano da Existência (veja as páginas 31, 32 e 33) e faça o comando: "Criador de Tudo o Que É, é comandado (ou requisitado) que eu veja e me lembre da vida passada de (nome da pessoa) agora. Grato. Está feito, está feito, está feito".
2. Testemunhe-se viajando através do tempo para a vida passada da pessoa. Observe silenciosamente e lembre-se. Pergunte: "A última vez que isso aconteceu, o que ela poderia ter feito diferente para que as coisas saíssem melhor?".
3. Diga para a pessoa todas as coisas positivas dessa vida passada e foque nas coisas boas que ela aprendeu.
4. Enxágue-se na energia do Sétimo Plano e permaneça conectado a ela.

ANIMAIS DO TERCEIRO PLANO

Se podemos nos conectar com outras pessoas através do nosso DNA, por que não poderíamos nos conectar também com os animais com que vivemos no Terceiro Plano?

Nos tempos ancestrais, nossa conexão com os animais era de caça e caçador. Isso acabou se tornando uma domesticação indiscriminada de espécies selecionadas para o benefício da sobrevivência humana. Os caçadores se tornaram pastores e pecuaristas e então a agricultura surgiu. Esse foi o início da domesticação e de um novo tipo de relação simbiótica que existe até hoje. Os humanos começaram a escravizar outros humanos e animais também. Nos últimos 10 mil anos, alteramos geneticamente os animais domesticáveis para se adaptarem às nossas necessidades e, infelizmente, levamos outros à extinção.

Mais recentemente, no entanto, houve o reaparecimento do conceito da interconectividade entre todas as coisas, incluindo os animais. A relativamente nova ciência do DNA mostrou que compartilhamos muito da nossa biologia com outros animais desse mundo precioso. A maneira que o nosso DNA está estruturado pode ser diferente para cada espécie, mas o fundamento permanece o mesmo em todos, incluindo os humanos. Isso sugere que nós temos origens em comum, não importa de onde e como isso aconteceu. Mesmo que nós humanos tenhamos evoluído neste mundo com os nossos irmãos e irmãs animais ou que tenhamos vindo para cá como sementes das estrelas de outros lugares, isso é irrelevante já que, mesmo sendo diferentes na aparência podemos ser muito semelhantes no nosso interior.

É errado as pessoas pensarem que um animal é menos inteligente ou menos intuitivo porque o cérebro dele é menor do que o nosso. Nós temos um cérebro enorme e só usamos uma pequena parte dele. Os animais têm cérebros menores, mas podem usá-lo de maneira que o tamanho não importa.

Os animais têm alma? Claro que têm. Eles progridem através dos planos pela transmigração da energia de sua alma? Claro que sim, exatamente como nós fazemos.

Essa nova filosofia da interconexão entre todas as criaturas vivas não é, na verdade, nova. Na Índia, ela foi ensinada por milhares de anos e floresceu no vegetarianismo. Do outro lado do mundo, os nativo-americanos consideravam que todas as formas de vida eram parte do todo e que os animais eram iguais aos humanos. Alguns nativo-americanos eram caçadores que matavam e comiam animais, mas eles eram ensinados a respeitar e agradecer ao espírito do animal que sacrificavam. Na verdade, os primeiros "deuses" de muitas das tribos foram animais.

Antigos sistemas de crenças em muitas áreas do globo afirmavam que a humanidade era parte de um esquema de coisas e não superior a outras espécies. Para os povos nativos, tudo no planeta está interconectado, desde o menor cristal à maior baleia do oceano. Mas, para entender essa interconexão, devemos explorar a forma pela qual interagimos com os outros animais.

Curando Animais (A Variedade Não Humana)

Alguns dos melhores amigos que muitos de nós temos são nossos animais. Eles são a essência do amor incondicional.

A forma pela qual escolhemos nossos animais é a mesma pela qual escolhemos nossos parceiros. Se temos medo de ser amados, vamos escolher um animal mais reservado e distante. Caso sejamos nervosos, é provável que nossos animais sejam nervosos. Eles refletem para nós a nossa energia.

Em algum lugar, entre milhares de leituras com clientes que têm animais, comecei a perceber que, se o animal estava doente, o dono também ficava, e assim por diante. Se eu fizesse uma cura no dono, então a cura atingia o animal. Quando era o animal que estava doente, era necessário que nós fizéssemos uma cura no dono. Eu sabia que precisava investigar esse fenômeno.

A pessoa mais doente que eu já vi sofria da doença de Lyme, histoplasmose (fungos nos pulmões), câncer, encefalite, entre outras. O que achei estranho era que seu gato que estava tão doente quanto ela.

No começo achei que era o gato que estava lhe transferindo a doença que desenvolveu no período em que trabalhávamos juntas. Mas, olhando a situação da perspectiva do Sétimo Plano, descobri que era o contrário.

Muitos dos gatos pensam que são humanos e que seus donos têm o privilégio de os terem como animais de estimação. Mas essa gata era diferente. Ela era compassiva e realmente amava minha cliente. Ela estava tentando curá-la e, como consequência, ficou doente.

Isso era muito estranho, porque muitas vezes, quando essa minha cliente chegava perto da morte, a gata puxava para si a doença dela. Cada vez que fazia isso minha cliente ficava um pouco melhor, mas a gata acabou morrendo nesse jogo de cura.

Foi aí que comecei a notar esse comportamento recorrente entre os animais. Sempre quando as pessoas me pediam para curar seu cachorro, eu checava para ver o que o cachorro estava pegando delas na forma de estresse físico ou emocional. Era certo que, se o dono desenvolvesse diabetes, o cachorro morreria de diabetes.

Percebi que cachorros e gatos têm sido criados para alguns tipos de tarefas e que, através dos séculos, alguns desenvolveram o talento de curar seus donos. Isso tem sido passado através do seu DNA.

Conforme investiguei esse fenômeno, percebi que os animais não tinham a habilidade de se livrar da doença que haviam adquirido. Eles a manteriam até que seu dono não a tivesse mais. Os melhores resultados surgiram quando trabalhei primeiro nos donos e então nos seus animais.

Conectando-se com Animais

Descobri que a cura funcionava melhor quando eu pedia antes permissão ao eu superior do animal, já que ele não consegue se comunicar em palavras.

Se o eu superior diz "não" para uma cura, podemos não concordar, mas devemos respeitar a decisão dele.

Em muitos casos, o dono quer fazer seu animal viver quando ele quer morrer. O dono vai enganchar psiquicamente o animal e fazê-lo viver. O animal ama tanto seu dono que vai tentar viver. Mas devemos subir e perguntar ao eu superior o que ele quer fazer, como faríamos com humanos. Nós deveríamos perguntar ao espírito se ele gostaria de ficar ou partir.

Eu também observei que o animal tem, às vezes, crenças centrais que precisam ser removidas, substituídas, além de poder precisar que sejam trazidos sentimentos, tais como "Eu sei a sensação de receber e aceitar amor".

Todos esses elementos juntos formam o protocolo de cura que eu uso com animais.

Primeiramente, você deve se apresentar ao animal. Quando estiver fazendo isso, deve expandir tanto psíquica quanto fisicamente na direção do animal e dizer a ele seu nome sagrado. O animal agora tem a assinatura do seu DNA e isso permite que ele saiba se você é perigoso ou não. Mesmo quando trabalho remotamente em um animal, primeiro me apresento a ele.

Então, pergunte ao animal seu nome sagrado. Todos os animais têm um. Pode ser um tom, uma energia, uma assinatura ou um nome. O animal o dirá a você na forma de uma marca, uma vibração que pode ser ouvida como um leve som.

Fale com o eu superior de um animal e peça a ele o seu nome sagrado

1. Suba ao Sétimo Plano (veja as páginas 31, 32 e 33) e faça o comando: "É comandado (ou requisitado) que eu conheça o eu superior desse animal agora. Grato. Está feito, está feito, está feito".
2. O eu superior de um animal pode ser encontrado sempre flutuando acima dele. Vá ao eu superior do animal e pergunte seu nome sagrado.

3. Aguarde a vibração do seu nome sagrado.
4. Assim que o processo terminar, enxágue-se na energia do Sétimo Plano e mantenha-se conectado a ela.

Quando você falar com um animal, você precisa saber que a maioria deles não entende palavras faladas. Uma forma muito mais realista de se comunicar com ele é em forma de imagens, telepaticamente, transferindo a ele as imagens pela mente. Muitos animais se comunicam enviando imagens e vibrações. Eles não mandam intuitivamente palavras, mas sentimentos, emoções e imagens.

É muito importante também entender que enviar um sentimento é muito diferente do que enviar palavras. Você está mandando uma emoção ao animal. Então, se você se encontrar em uma situação em que você se sente ameaçado por um animal, não projete o pensamento, *Não me morda*. Projetar qualquer tipo de imagem sobre mordida pode ser mal interpretado e causar um incidente com mordida. Em vez disso, projete puro amor ao animal e se distancie quando puder. Em algumas situações, pode ser melhor se manter no local, mas nem sempre. Além disso, tenha em mente que projetar amor telepaticamente pode não funcionar com todos os animais. Discrição é definitivamente a melhor ferramenta para lidar com animais.

Projetando uma imagem ou emoção ao animal

1. Suba para o Sétimo Plano (vejas as páginas 31, 32 e 33) e faça o comando: "Criador de Tudo o Que É, é comandado (ou requisitado) para que seja enviada uma projeção ou emoção para este animal. Grato. Está feito, está feito, está feito".
2. Assim que esse processo terminar, enxágue-se na energia do Sétimo Plano e permaneça conectado a ela.

Animais podem se tornar cronicamente deprimidos, assim como os humanos. Se você tem um animal que está deprimido e letárgico, você deveria projetar uma imagem mental de que ele está feliz com os seus donos e seus amigos lhe dando amor.

Outra forma de se conectar com animais é colocar as mãos sobre eles e captar informações. Pode ser que essas informações cheguem por meio de imagens das experiências do animal. Sugiro que pratique essa forma de escaneamento corporal algumas vezes até que você se sinta confortável em trabalhar com animais.

Escaneamento corporal em animais

Execute os movimentos com total confiança e força e projete esses mesmos sentimentos.

1. Suba ao Sétimo Plano da Existência (veja as páginas 31, 32 e 33) e faça o comando "Criador de Tudo o Que É, é comandado (ou requisitado) encontrar o eu superior desse animal agora. Grato. Está feito, está feito, está feito".
2. Peça ao eu superior permissão para fazer uma leitura.
3. Então pergunte ao animal o nome sagrado dele e espere pela vibração do seu nome.
4. Faça uma leitura no animal e, se necessário, testemunhe uma cura ou mande qualquer energia negativa para a luz de Deus (veja na página 188).
5. Para mandar uma imagem de amor e felicidade para um animal, peça que seja enviada uma projeção de amor e felicidade a ele.
6. Traga a sua consciência para cima e para fora do espaço do animal.
7. Enxágue-se na energia do Sétimo Plano e permaneça conectado a ela.

Os animais sentem dor com uma intensidade incrível, o que faz com que possa ser difícil trabalhar com eles. Pode ser necessário aliviar a sua dor antes de testemunhar uma cura. Outra ferramenta é projetar a ele o sentimento de estar forte e saudável.

Trabalho de Crenças e de Sentimentos em Animais

Os animais geralmente respondem a curas rapidamente, porém, se não responderem, eles podem precisar de um trabalho de crenças ou de sentimentos. Suba e peça ao eu superior autorização para fazer curas e trabalho de crenças nele.

Alguns dos sentimentos de que o animal pode precisar são:
"Eu entendo qual é a sensação de receber amor e aceitação".
"Eu sei qual é a sensação de ser amado".
"Eu sei qual é a sensação de ser importante".
"Eu sei como viver sem me sentir abandonado".

Trabalho de crenças e de sentimentos com um animal

Virtudes necessárias: aceitação, compaixão, coragem, fé, perdão, gratidão, esperança, bondade, contenção, serviço e encantamento.

1. Suba para o Sétimo Plano (veja as páginas 31, 32 e 33) e faça o comando: "Criador de Tudo o Que É, é comandado para conhecer o eu superior desse animal agora. Grato. Está feito, está feito, está feito".
2. Peça ao eu superior do animal permissão para fazer um trabalho de crenças nele.
3. Se for dada, fale com o eu superior do animal e pergunte seu nome sagrado. Espere pela vibração, que é seu nome.
4. Receba permissão para cada crença que for removida e substituída e para cada sentimento que for baixado.
5. Testemunhe as crenças e os sentimentos sendo substituídos e baixados.
6. Traga sua consciência para cima e para fora do espaço do animal. Assim que o processo terminar, enxágue-se na energia do Sétimo Plano e permaneça conectado a ela.

Limpando a Negatividade

Os animais respondem rápido às curas, mas você pode querer trabalhar nos seus donos também, dado que um animal frequentemente absorve as doenças dos seus donos. É por isso que é tão importante limpar seu animal de energias negativas de forma regular.

Limpando um animal de influências negativas

Para limpar um animal de energias negativas, simplesmente peça a sua permissão, suba ao Sétimo Plano e comande que essa energia vá embora. É como trabalhar com humanos, você pode querer trazer o DNA de um ancestral muito forte quando trabalhar com um animal. Testemunhe as doenças ou emoções sendo liberadas do animal e sendo enviadas para a luz de Deus.

1. Suba ao Sétimo Plano (veja as páginas 31, 32 e 33) e faça o comando, "Criador de Tudo o Que É, é comandado (ou requisitado) para falar com o eu superior do (nome do animal). Grato. Está feito, está feito, está feito".
2. Pergunte o nome sagrado do animal e espere pela vibração, que é o nome.
3. Então pergunte se o animal gostaria que fosse feita uma limpeza da energia negativa que ele acumulou do(s) seu(s) dono(s).
4. Uma vez que você obtiver a permissão, testemunhe o Criador limpando o animal de negatividade.
5. Assim que o processo terminar, enxágue-se na energia do Sétimo Plano e permaneça conectado a ela.

Os animais são tão sensíveis, que você jamais deve colocar um animal no mesmo espaço em que está uma pessoa doente. A não ser que você o limpe depois, ele pegará toda a negatividade. Esse deve ser um exemplo para nós também. Há momentos em que captamos influências negativas sem perceber.

Traumas Emocionais em Animais

É óbvio que, quando os animais têm um dono que é calmo, eles se sentem bem e relaxados. Isso se aplica principalmente aos cachorros. É importante que os donos de animais percebam que o animal está sentindo os seus sentimentos. Se o dono está estressado, o animal pega esse sentimento para si como uma forma de limpar seu dono.

Se um animal foi abusado no passado, essa energia de abuso vai ficar evidente no seu comportamento, como uma marca emocional. Se você encontrar um animal que foi abandonado, você pode perceber que ele precisa limpar esse trauma. Nesse caso, use o trabalho de crenças, assim como faria com um humano. Você também pode trabalhar por meio do eu superior do animal, como você faria com uma criança, ou você pode se conectar ao animal e testar em você, como representante dele. Assim que você descobrir quais memórias e crenças precisam ser trabalhadas, remova-as e substitua com outras boas.

O Mundo dos Cachorros

Com que rapidez o ThetaHealing atua nos animais? Muito rápido! Isso acontece porque alguns deles em particular são muito sintonizados a vibrações intuitivas e ainda têm uma gama de outros sentidos. Os cães são bons exemplos disso.

Eu tenho um cão Maltês. Essa é uma das raças mais antigas e tem a sua existência estimada em 2.800 anos, mas supõe-se que é mais, em torno de 8 mil anos. Há evidências de que ele veio da Ásia para a Ilha de Malta e então foi disseminado para o restante do mundo. Originalmente, ele era usado para caçar e, através dos tempos, foi usado para provar a comida da aristocracia e então prevenir qualquer envenenamento, enquanto era criado confortavelmente. Na Europa, ele ficou conhecido como "cão de braço", pois era carregado dentro dos casacos das pessoas. Intuitivamente, você pode, ao tocar um desses cães, ver gerações de reis e rainhas, que eram seus donos, e esses cães atuando como uma espécie de remédio para pressão alta.

Vista intuitivamente, minha cadela, Jasmim, tem uma energia branca que, a princípio, se parecia com neve. Ela também possuía uma leve fragrância ao seu redor, então a chamamos de Jasmim, como a flor branca do jasmim. Quando eu e ela nos tocamos, há uma troca de conhecimentos entre o DNA dela e o meu, que nos conecta instintivamente.

Quão fundo a sua consciência entra no espaço de alguém quando você toca em suas mãos? O que percebe? Você consegue igualar a sua capacidade intuitiva à de um cachorro?

Quando a maioria dos cachorros entra em contato com você e lambe a sua mão, eles podem ler o que acontece na sua vida e no seu corpo. Eles conseguem ver se você está nervoso ou calmo, se está estressado ou se precisa de amor. Então eles vão começar a liberar feromônios para curar e confortar você.

Se seu cachorro pode ler seu DNA pelo gosto, imagine as informações que ele consegue captar pelo seu cheiro! O sentido do olfato de um cachorro pode ser cem vezes melhor do que o de um humano. Você já viu como os cachorros se cheiram? Eles estão captando o DNA um do outro, o que lhes dá um completo histórico do outro cão. As impressões mais fortes do DNA vêm dos lábios, da boca, e de outros orifícios menos cheirosos!

Sei que todas as vezes que Jasmim me lambe ou me cheira, ela está tentando me confortar. Ela muda seu ritmo cardíaco, seus feromônios e sua energia de cura para elevar meu humor.

Os cães têm um senso de percepção tão aguçado que eles são usados com pessoas com necessidades especiais – eles são treinados para ajudar pessoas cegas, pessoas com diabetes e pessoas que sofrem de convulsões. Eles são sensíveis a todos os movimentos mentais e físicos dos seus donos. Eles podem ouvir as mudanças nas batidas do seu coração. Somos abençoados em compartilhar nossas vidas com esses animais especiais.

Cavalos

O cavalo domesticado de hoje em dia já tem se relacionado com humanos por um tempo estimado de 6 mil anos. No mundo moderno há todos os tipos de cavalos com diversos tipos de temperamentos – alguns bons, alguns não tão bons. Alguns cavalos se apegam tanto aos seus donos quanto os cachorros. Assim como os cachorros, os cavalos também podem sentir quando seus donos estão inseguros.

Quando trabalhar com cavalos, tenha em mente que eles são sensíveis ao redor das orelhas e que não gostam que sejam tocadas, mas, uma vez que eles confiem em você, eles podem gostar de ter suas orelhas coçadas. Quando você andar ao redor de um cavalo, deve manter uma mão nas costas dele para que ele saiba que é você ali. Essa é uma medida de segurança para não levar um coice, como ele daria em um predador.

Tudo que os cavalos fazem se deve ao fato de que predadores os caçaram por milhares de anos. Por causa disso, eles estão sempre em alerta e podem até mesmo sentir, pela vibração da terra, quando você está indo em sua direção. Um cavalo pode senti-lo muito antes de que chegue lá, então, quando você caminha em sua direção, deve se mover de forma que ele entenda que você está presente, mas que não é uma ameaça. Um cavalo pode sentir a vibração dos seus movimentos, se você é furtivo, medroso ou predador. Ele sairá correndo a menos que tenha sido treinado a não correr do cheiro de medo que você pode exalar.

Os cavalos usam as suas pernas para se comunicar com o mundo, então isso é o que você usa para conhecê-los. Muitos cavalos se mantêm calmos se você trabalhar com as suas pernas. Quanto mais você puder tocar as suas pernas, mais ele vai confiar em você; então, se você tiver um cavalo, é melhor limpar suas patas você mesmo.

Agora vamos experimentar se conectar intuitivamente com um cavalo.

Conectando-se com um cavalo

1. Ande até o cavalo projetando confiança e força, não submissão. Há um equilíbrio entre ser muito assertivo e pouco assertivo.
2. Se você montar em um cavalo sem se apresentar, ele não vai conhecê-lo da forma correta. Se você for até ele e falar com ele da forma que ele costuma ser cumprimentado, ele vai se lembrar para sempre de você e respeitá-lo. Mesmo quando trabalho com um cavalo remotamente, sempre me apresento antes.
3. Apresente-se tanto física quanto psiquicamente ao cavalo, assoprando nas suas duas narinas (pois é isso que acontece quando dois cavalos se encontram). Isso dirá ao cavalo

que você merece que ele o respeite, projetando força e segurança através dos feromônios que você envia pela respiração. É importante que você testemunhe esses sentimentos e emoções sendo enviados ao cavalo pelos feromônios e intuitivamente.

4. Em apenas um ou dois segundos, essa troca de DNA terá dito ao cavalo se você é forte e seguro ou fraco e medroso. Um cavalo saberá rapidamente se vocês serão amigos ou não.
5. Diga ao cavalo seu nome sagrado e pergunte o nome dele. O que ele fará em resposta? Ele vai assoprar de volta no seu rosto e falar seu nome.
6. Comece a andar ao redor do cavalo com confiança, enquanto projeta o mesmo intuitivamente. Cada vibração que seus pés fazem no chão será sentida pelo cavalo. Se você estiver tenso, o cavalo vai sentir. Então fique calmo e relaxado.
7. Se estiver um pouco nervoso e incerto quando se aproximar de um cavalo, talvez esses sejam sentimentos dele e não seus. Uma vez que você estiver consciente disso, você pode acalmá-lo.
8. Quando você estiver caminhando ao redor do cavalo, coloque uma mão sobre as costas dele para que ele saiba onde você está em todos os momentos e se sinta seguro.

O segredo é se identificar com o cavalo. Com a permissão dele, você vai expandir a ele sua energia para sentir como é ser um cavalo.

Expandir-se para um animal

Com a permissão do eu superior do animal, você vai expandir a sua energia na direção dele para sentir como é ser esse animal. Você sentirá suas pernas, seu corpo e seus movimentos. Dessa forma, você terá uma impressão do DNA dele de como é ser o animal.

1. Suba ao Sétimo Plano (veja as páginas 31, 32 e 33), fique confortável e inspire profundamente.

2. Imagine que você e o animal se tornaram um só em nível molecular. Sinta como é ser esse animal. Mova-se como o animal, pense como ele, tenha uma impressão de seu DNA. Suas moléculas e as do animal estão sendo trocadas. Vocês estão conectados como um ser apenas.
3. Quando terminar, enxágue-se na energia do Sétimo Plano e permaneça conectado a ela.

A Aura de um Cavalo

A cor da aura de um cavalo diz muito sobre ele.

Descobrindo a cor da aura de um animal

1. Suba ao Sétimo Plano (veja as páginas 31, 32 e 33) e faça o comando: "Criador de Tudo o Que É, é comandado (ou requisitado) que eu veja a cor da aura desse animal. Grato. Está feito, está feito, está feito".
2. Testemunhe a cor da aura do animal.
3. Quanto terminar, enxágue-se na energia do Sétimo Plano e permaneça conectado a ela.

O que significam as cores?

- Branco significa um perfeito comportamento e ótimas habilidades de cura.
- Brilhos brancos ou verdes significam a energia de cura.
- Azul significa que o cavalo é extremamente sensível e não responde à força. Também significa que ele está tentando ler você. Uma voz suave vai acalmá-lo.
- Vermelho significa que o cavalo está com medo e vê o perigo em tudo. Ele é tímido e desafiador ao mesmo tempo e vai responder se você testemunhar uma luz branca se expandindo sobre ele.

- Cinza significa que ele pode estar doente ou com vermes.
- Roxo significa que ele é arredio e que confia apenas em algumas poucas pessoas. Ele vai responder à energia do Sétimo Plano.

Vendo a aura de um cavalo

1. Conforme você anda com um cavalo, perceba a cor da sua aura. Ela vai mudar em diferentes partes do seu corpo. Se ele se assustar, a cor vai intensificar por um momento e então retornar ao normal.
2. Quando você tocar o cavalo pela primeira vez, suba ao Sétimo Plano da Existência e imagine que ele está se tornando pura luz... Que cor é essa? Imagine-se se misturando com ela.

Quando eu assisti ao filme *O Feitiço de Áquila*, fiquei fascinada pelo cavalo negro que eles cavalgavam. Descobri que era um *Friesian* e se tornou um sonho ter um. A linhagem Friesian vem da Holanda e era originalmente usada para carregar cavaleiros em batalha. Mais tarde, Friesians se tornaram cavalos para adestramento, para levar carruagens e para tração leve.

Recentemente, tive a oportunidade de adquirir um desses cavalos majestosos, a Feja. Ela é uma égua cuja linhagem vem da Holanda. A primeira vez em que a toquei, entrei em seu espaço e sua aura surgiu como uma luz branca e brilhante. Acho que foi porque nesse momento subi ao Sétimo Plano e ela instintivamente igualou sua energia àquela.

Aprendi algo novo com Feja quando a levei para o Instituto de Conhecimento do ThetaHealing para que então meus alunos pudessem experimentar como é entrar no espaço de um grande animal.

Percebi que toda vez que um aluno a tocava, sua aura mudava de cor para a cor que o aluno estivesse emanando naquele momento. Seu estado emocional também mudava. Se a pessoa estivesse nervosa, Feja ficava nervosa. Se a pessoa estivesse calma, Feja ficava calma.

Sinto que essa é uma forma de comunicação que apenas animais especiais têm: eles nos dão de volta a energia que emanamos e a ampliam.

O Gato Místico

Há dois tipos de gatos: gatos que se apegam ao ambiente e gatos que acham que são humanos e que se apegam ao seu dono. Os que acham que são humanos são os que têm características místicas. Eles ressaltam a energia intuitiva do seu dono.

Nossos animais de estimação são reflexos de nós mesmos, espelhos da nossa alma, e isso é especialmente verdade com gatos. Eles aumentam quaisquer energias que seu dono projete, ruins ou boas. Um gato pode doar energia, aumentar energia e tirar energia.

Místicos sempre usaram gatos nos seus trabalhos com o divino. Os gatos ampliam muitas diferentes habilidades intuitivas, como a telepatia e os sentidos da clariaudiência, clarividência e sentidos empáticos e proféticos, que todos nós usamos em algum nível.

Os gatos curam seus donos quando eles estão doentes e também trabalham como ampliadores de energia quando seus donos estão curando outras pessoas.

Animais semelhantes aos gatos nisso, por agirem como ampliadores de energia, são corvos, muitos répteis e alguns cachorros pequenos, no entanto a maioria dos cães tem um relacionamento de dar e receber com seus donos. Muitos relacionamentos entre gatos e humanos funcionam de forma que o gato permita que o humano o tenha como um animal de estimação.

Muitos gatos escolhem seus donos. Eles escolhem alguém com quem podem se comunicar telepaticamente quando quiserem. Muitos donos não percebem que estão se comunicando com seus gatos.

Contudo, há gatos que nem mesmo são gatos, mas algo diferente. Alguns são energias espirituais (que habitam no gato) que funcionam como guias para ajudar as pessoas a encontrarem seu caminho de vida.

Quando você fala intuitivamente com um gato, uma boa ideia é fazê-lo por meio do eu superior do animal. Ele ficará agitado caso você entre no seu espaço sem falar primeiro com seu eu superior.

Animais na Natureza

O "Problema com os Animais"

Eu sempre tive algo que eu chamo de "Problema com os Animais", desde animais grandes a animais pequenos: os animais me percebem, mesmo quando estão próximos a mim, eles não me veem. Isso acontece mais com animais selvagens, pois cachorros, gatos e cavalos sempre me viram muito bem, e a maioria sempre me amou. Mas com animais selvagens, como já expliquei em outros livros, é como se eu fosse invisível para eles.

Após refletir sobre o que estava acontecendo, percebi que a energia do meu DNA não oferece nenhum tipo de ameaça e que esses animais me percebem como uma planta ou outro tipo de animal pequeno. Isso tem sido uma vantagem que me permite chegar perto de animais selvagens.

Isso foi demonstrado quando fui para a Austrália pela primeira vez.

Animais na Austrália

Antes de ir para a Austrália, eu queria ver um coala na natureza, pois eu sabia que havia algo de especial nesses animais. Fiz esse pedido a Deus uma semana antes de eu ir para lá, então havia tempo o suficiente para ele ser processado. Mas quando cheguei à Austrália, os australianos me disseram que os coalas raramente eram vistos na natureza e que nunca desciam das árvores para o solo.

Nosso seminário aconteceu em uma casa grande nas montanhas acima de Coolangatta na Gold Coast. A sala de conferências não tinha ar-condicionado e, durante o intervalo de almoço, eu e Guy resolvemos dar uma caminhada pela floresta para escaparmos do calor. Lá, vimos que um urso coala havia descido de uma árvore bem em frente ao nosso carro. Ele estava se movendo muito lenta e precisamente e, enquanto o observávamos, ele escalou outra árvore. Fiquei muito feliz de tê-lo visto na natureza!

Quando voltei para a sala de aula, os alunos comentaram que era muito raro ver coalas naquela área. Mas, quando pedi ao Criador, acreditei que poderia ver um, e acreditar é tudo.

Em Idaho eu vivia em um lugar onde havia casas ao meu redor e eu atraía constantemente famílias de alces para meu jardim. Eu sabia que eles estavam por ali quando percebia a sua energia leve como a de bailarinas.

Atraí até mesmo um lobo cinza à minha porta dos fundos. Uma noite senti como se tivesse de ir olhar para fora da minha porta de vidro e, quando fiz isso, bati os olhos com os de um lobo que estava olhando na minha direção.

A questão é: se os animais se sentem seguros, eles aparecerão para você. Claro que eu sei que você provavelmente não quer atrair certos tipos de animais. Então você deve enviar a manifestação ao Universo para trazer os animais que você quer ver e não trazer os animais que não quer ver.

Conectando-se com Animais Selvagens

Antes de entrar em contato com animais selvagens, você deveria fazer alguns trabalhos de crenças sobre como você se sente com relação a eles. Faça o teste energético para "Tenho medo de animais selvagens".

Caso você tenha nascido com medo de um animal, use o trabalho de *digging* para encontrar a crença raiz causadora disso. Trabalhei com muitas pessoas na Índia que nasceram com muito medo de tigres. Tive de ir para energias de vidas passadas para limpar esse medo.

É melhor ter bom senso com relação a animais de qualquer tipo e seguir o critério de segurança colocado por guardas florestais e outros naturalistas. Animais selvagens (em particular grandes carnívoros) devem ser observados a distância. É por isso que Deus nos ajudou a criar binóculos e câmeras!

Quando você estiver andando em um local selvagem, você deveria transmitir o sinal de que é seguro fazer isso e de que tudo a sua volta é seguro. Dessa forma, você verá mais animais sem se machucar. É especialmente importante que esse sinal de segurança seja enviado quando você for em direção a um animal. Em vezde mandar um sinal de medo, continue enviando: "Estou seguro". É sempre melhor fazer uma pesquisa e seguir as diretrizes de especialistas em vida selvagem na área.

Sugiro fortemente que, para se conectar com a vida selvagem, você expanda a sua consciência para o animal (veja as páginas 192-193). Tente isso com uma aranha, primeiro. As aranhas são criaturas muito intuitivas psiquicamente; então, se você mandar o pensamento de que elas devem sair da sua casa, muitas vezes elas sairão. Elas não argumentarão tanto quanto você pode pensar.

Se você praticar essa técnica com animais nos grandes parques nacionais, descobrirá que os animais são muito mais sintonizados com você do que imagina. Quando vou ao parque Yellowstone, normalmente subo e peço ao Criador para me mostrar um animal específico.

Boa sorte na sua jornada de cura animal!

DUALIDADE E DRAMA

Pode ser fácil se tornar obcecado pela dualidade e drama do Terceiro Plano, especialmente quando contemplamos alienígenas, OVNIS, metafísica e teorias da conspiração. Respostas claras não vêm com facilidade, porém com certeza há alienígenas no Universo que estão milhares de anos na nossa frente em desenvolvimento técnico. Temos muito a evoluir para nos igualarmos a algumas dessas raças.

É interessante que o desenvolvimento tecnológico tenha sido tão lento na Terra. Por exemplo, a Era do Ferro começou em torno de 1200 a.C., mas não alcançou seu total potencial até o advento do forno em 1600 a.C. Levou mais de 2 mil anos para encontrar uma forma confiável de fazer ferro fundido e aço. Mas, a partir da Segunda Guerra Mundial, começamos a nos desenvolver mais rápido do que em qualquer outro momento na história. Por que isso aconteceu? Será que recebemos informações que não tínhamos antes? Não gosto de debater sobre essas coisas, mas tive algumas experiências muito estanhas...

Algo estranho estava acontecendo em Idaho Falls em 1996 e 1997, além de tudo o que eu tinha experimentado antes. A primeira coisa que comecei a notar foi uma série de estranhos fenômenos alienígenas com mulheres que vinham até mim para leituras. Trabalhei com essas mulheres e elas geralmente melhoravam. A notícia se espalhou e logo um maior número de pessoas veio até mim reclamando de implantes alienígenas no seu corpo ou de visitas desses seres. Como eu não tinha medo disso, simplesmente removia os implantes em seus corpos e os mandava para a luz de Deus. Algumas dessas pessoas se tornaram grandes amigas.

Então comecei a perceber padrões para essas estranhas ocorrências: muitas dessas pessoas trabalhavam no Laboratório Nacional de Engenharia de Idaho, o centro nuclear fora de Idaho Falls.

Um homem, que me disse que trabalhava na Nasa, tinha o que pareciam sete objetos alienígenas em seu corpo. Esse foi o máximo que eu vi. Eu me perguntei: "Esses objetos são implantes alienígenas ou foram criados pela mente? Ele acredita tanto assim na existência desses implantes que acabou criando-os?".

Deixando de lado meus sistemas de crenças e dúvidas, foquei no que seria benéfico ao meu cliente. Subi e pedi a Deus para retirar os implantes e os testemunhei sendo removidos na sequência: primeiro do pescoço, da coluna e então dos tornozelos. O homem agradeceu e foi embora.

Depois disso, clientes mulheres começaram a me procurar quando estavam no quinto mês de gestação. A saúde da mãe e do feto estava ótima, mas algumas semanas depois elas voltariam confusas: os bebês tinham simplesmente desaparecido. Foi-me dito que não havia tido aborto e eu sabia que o corpo não havia absorvido o bebê, já que a gravidez estava em um estágio avançado. Cada uma dessas mulheres tinha um exame de ultrassom provando que a sua gravidez não era falsa. Os bebês simplesmente desapareceram da noite para o dia.

Quando perguntei ao Criador o que estava ocorrendo, vi a coisa mais estranha: alguém do futuro tinha voltado e pegado esses bebês. Eles estavam seguros, mas estavam em algum lugar no futuro quando a raça humana se manteve estéril. Vi que, em algum nível, aquelas mulheres haviam feito um acordo com seus próprios seres no passado. Não sei como isso aconteceu, mas eu pude sentir que os bebês estavam bem e que as mulheres engravidariam novamente em breve.

Pude observar essas ocorrências e colocá-las na minha estante do "inexplicável". Eu soube que a usina nuclear tinha feito alguns experimentos secretos e foi por isso que algumas pessoas daquela área tiveram experiências com OVNIS.

Perguntei ao Criador: "Por que as pessoas veem OVNIS e dizem terem sido abduzidas? Há alienígenas entre nós?". Essa foi a informação que eu recebi:

Primeiramente, cada grão de areia deste planeta tem memórias de tudo o que aconteceu aqui. Todos os eventos estão gravados na Terra em si. Nossos corpos são feitos da mesma essência da Terra. Nossos ossos são feitos de minerais da tabela periódica. Isso faz o corpo humano capaz de manter essas memórias também.

Posteriormente, me foi mostrado que em um passado distante uma raça avançada veio das estrelas e plantou humanos neste planeta. Somos sementes das estrelas e o DNA das sementes das estrelas dentro de nós tem ligação com muitas plantas deste Universo. Mesmo este planeta teve várias civilizações.

Depois, foi-me mostrado que há memórias na luz que brilha sobre a Terra. Isso significa que o Universo inteiro tem memórias de tudo o que aconteceu com ela. Essas memórias podem ser a razão por que pessoas intuitivas, às vezes, sentem que vêm de outros planetas.

Então, vi os mestres ascensionados vindo para este planeta para habitar corpos humanos, trazendo suas experiências de outros locais e planetas deste Universo.

Também vi pessoas contatando alienígenas de outros planetas com o poder dos seus pensamentos. Foi-me falado que havia muitos mundos neste Universo onde existe vida.

Da primeira vez que fui à Inglaterra, Guy e eu estávamos andando por Glastonbury e olhei para o outro lado da rua, onde vi um ser que tive certeza de se tratar de um extraterrestre.

Uma das coisas sobre as quais tenho certeza: nem todas as pessoas que me disseram que tiveram experiências alienígenas foram de fato abduzidas ou tiveram contato com alienígenas. Algumas dessas pessoas usaram experiências alienígenas para encobrirem experiências de abuso. Mas houve experiências alienígenas que eram completamente inexplicáveis e que aconteceram com cientistas racionais que trabalhavam em empregos bem pagos do governo.

Há muitas teorias sobre os reptilianos e extraterrestres, e pode ser que existam alienígenas que estejam viajando através do espaço, dobrando a continuidade do tempo. Tenho memórias de um tempo no Egito em que pessoas passavam por portas que dobravam o tempo. Eu era uma delas. Eu vim de Arcturus em uma missão de cura, plantação e outras práticas. Não tenho certeza de onde essas memórias vêm e isso não importa realmente. Tudo o que importa para mim é que o conhecimento de cura veio a mim nesta vida.

Há coisas que são difíceis de explicar, mas o principal é não permitir que o medo desses estranhos acontecimentos nos preocupe e nos afaste do nosso tempo divino. O que é importante é a energia do amor e do pensamento puro.

7

O Segundo Plano da Existência

A estrutura molecular do Sétimo Plano da Existência contém moléculas de carbono e é, portanto, de matéria orgânica. Então esse plano consiste em plantas, árvores e elementais que nos ensinam a estar em harmonia com eles. Dentro dessa harmonia, aprendemos a primeira lição: de como usar a energia da luz para curar.

Este capítulo é dedicado ao mundo intuitivo e secreto das plantas e árvores e como eles se relacionam com a nossa existência no Terceiro Plano. Nele, vemos a fundo como nos comunicamos com o reino vegetal e nos explica sobre seres, muitas vezes mal interpretados, elementais, que algumas pessoas chamam de fadas. Muitas das informações aqui foram escritas por muito tempo e foram explicadas nos meus livros anteriores. Mas, quando comecei este livro, novas informações começaram a chegar. Havia tantas informações sobre as árvores, plantas e animais que decidi criar aulas separadas acerca da vida secreta das plantas.

SIMBIOSE COM O SEGUNDO PLANO DA EXISTÊNCIA

Por centenas de anos, árvores, plantas e humanos desenvolveram um relacionamento interdependente. Plantas usam humanos para lhes propagar, espalhando suas sementes, e, em retorno, elas são indispensáveis para a sobrevivência humana e para a fundação da sociedade civilizada.

Essa simbiose não é unicamente com plantas e animais. O relacionamento entre plantas e insetos é, sem dúvidas, muito mais velho do que os nossos relacionamentos de hoje. Abelhas são amigas das plantas, mas gafanhotos talvez não sejam. Então as plantas desenvolveram repelentes para afastar insetos inimigos e fragrâncias para atrair insetos amigos para a polinização. Essas energias devem ser (como os cientistas dizem) um processo de evolução, mas nós temos conseguido acelerar isso pelo processo de seleção.

Os arqueologistas pensam que as plantas cereais, que nós hoje chamamos de trigo e cevada, foram desenvolvidas no "crescente fértil" do Oriente Médio nos últimos 10 mil anos. Elas eram simplesmente mato crescendo livremente, quando passaram por um processo de seleção entre outras plantas, pelas suas qualidades como alimento. O processo seletivo das plantas levou, sem dúvidas, muito tempo, mas essas plantas são o sustento que nos dão o pão nosso de cada dia. Outros grãos e vegetais também passaram por modificações genéticas ao longo de milhares de anos de desenvolvimento e que duraram até recentemente.

Parreiras, arbustos e árvores que tinham minúsculas frutas no seu estado selvagem também evoluíram pela seleção natural até culminarem em uvas, maçãs, peras, cerejas, bananas e ameixas, como as conhecemos hoje.

Aprender como cultivar e fazer a rotação de culturas deve ter sido um processo difícil de tentativa e erro que provavelmente abrangeu muitas gerações. Mas, uma vez que esse processo simples foi aprendido, ele nos deu uma ferramenta de aprendizagem mais efetiva do que qualquer outra antes: uma fonte de alimentos confiável e renovável. Foi o início da civilização como a conhecemos hoje.

Com a expansão da agricultura, nós começamos a alterar a própria paisagem para ela suprir as nossas necessidades. Três plantas nos possibilitaram mudar a aparência do mundo: trigo, aveia e cevada. Onde grandes florestas cobriam a paisagem, hoje há fazendas e cidades. Esse processo continua até hoje em lugares como a América Latina.

Muitos dos alimentos que consumimos têm um longo histórico de simbiose seletiva conosco. A questão é: "quem está usando quem?". São as plantas que estão nos usando como parte de um plano de sobrevivência maior, ou somos nós os seus mestres?

O tempo irá dizer quão efetiva será a jovem ferramenta de sobrevivência da agricultura em 20 anos, com o crescimento populacional e modificações genéticas.

Seres Iluminados

Pedi uma vez ao Criador para ele me apresentar a um dos seres mais iluminados da Terra. Fiquei surpresa ao ser levada para conhecer uma árvore. Eu a vi atravessando os processos da sua vida: ela tinha usado água e minerais do solo e luz do Sol no processo da fotossíntese, o sagrado processo de transformação de luz do Sol em energia. Então, percebi que árvores e plantas eram as criaturas mais evoluídas de Deus, agindo por meio da dança sagrada da conexão entre o Segundo e o Terceiro Planos da Existência.

Árvores e plantas transmutam a sagrada força de vida para que os animais possam utilizá-la. Eles recolhem nutrientes da mãe Terra por suas raízes e muito depois de morrerem elas continuam devolvendo esses nutrientes. Elas seguem o ciclo sagrado da natureza e somente competem para viver e não para destruir. Mesmo consumindo somente água e luz do Sol e usando apenas o solo para seu sustento, elas fornecem nutrição e abrigo a todas as outras espécies.

A própria força de vida, a luz que está dentro das plantas e das árvores, é importante ao corpo humano. É pela utilização dessa luz que nos mantemos conectados a todos os planos da existência. A maioria das pessoas da Terra precisa da luz do Sol para viver. É a essência da própria vida. Tudo neste plano está baseado no fogo da vida.

O modo pelo qual as plantas usam a luz para a fotossíntese é o processo no qual a energia do Sol é absorvida pela planta, convertida em glicose e armazenada para o uso posterior da planta.

Testemunhando a fotossíntese em uma planta ou árvore

1. Suba ao Sétimo Plano da Existência (veja as páginas 31, 32 e 33) e faça o comando: "Criador de Tudo o Que É, é comandado

(ou requisitado) que eu veja a fotossíntese nessa planta ou árvore. Mostre-me. Está feito, está feito, está feito".

2. Vá até a planta ou árvore, gratidão, como uma pena em uma brisa de verão. Imagine a luz sendo processada pela planta ou árvore e transformada em açúcar.
3. Enxágue-se no Sétimo Plano da Existência e permaneça conectado a ele.

No processo de fotossíntese, a planta absorve luz e cria energia. Mas eu acredito que elas usam a luz da forma oposta também. Acredito que elas podem exalar a luz de formas sutis para se comunicarem umas com as outras.

A COMUNICAÇÃO COM AS PLANTAS

Gentilmente, Suavemente

Um dia eu estava ouvindo algumas fitas que gravei havia alguns anos para alguns dos meus primeiros manuais. Essa informação era linda e interessante. No entanto, o que achei realmente fascinante era a essência da vibração em que eu estava, pois era muito diferente da que estou hoje. A forma que comunico a minha essência ao mundo tem mudado ao longo dos anos, como a minha vibração. Agora, a minha essência é muito mais suave e mais compatível com o meu ambiente. A forma que eu me comunico fisicamente com o mundo mudou também. Sou muito delicada na maneira com que me comunico com o corpo humano.

É muito importante ser delicado quando estiver fazendo o escaneamento do corpo, para que o sistema imunológico não pense que é um invasor. É importante também testemunhar uma cura com gentileza.

Muito dessa abordagem de energia de cura foi aprendida pela experiência intuitiva com árvores e plantas. Percebi que tinha de ser muito delicada quando eu estava dentro delas com a minha consciência.

O Escaneamento de uma planta

Este exercício serve para você ser apresentado ao Segundo Plano, para demonstrar como as plantas são sensíveis, para ensiná-lo a como se mover para dentro e para fora do espaço delas e para você praticar as suas habilidades de escaneamento. Isso vai aguçar suas habilidades e também seu discernimento.

A forma de você fazer uma leitura em uma planta ou árvore é se apresentando a ela e entrando no seu espaço, ficando lá por cinco segundos ou menos e saindo do espaço da planta. Dessa forma, a planta terá a completa assinatura das suas formas-pensamento e você terá o pensamento-assinatura da planta. Esse é o começo da comunicação entre vocês.

Seja delicado ao longo do processo: plantas e árvores são muito sensíveis e, se você lhes enviar pensamentos muito fortemente, elas podem até morrer.

Virtudes necessárias: compaixão, criatividade, perdão, gentileza, segurança e entendimento.

1. Suba ao Sétimo Plano da Existência (veja as páginas 31, 32 e 33) e faça o comando: "Criador de Tudo o Que É, é comandado (ou requisitado) fazer uma leitura nesta planta. Mostre-me o que eu necessito ver. Grato. Está feito, está feito, está feito".
2. Vá até a planta com a delicadeza de uma pena em uma brisa de verão. Agora, imagine-se indo gentilmente na direção da planta, dando uma rápida olhada e então saia do espaço da planta. Lembre-se: se você for com muita força, você pode fazer mal a ela.
3. Enxágue-se na energia do Sétimo Plano e permaneça conectado a ela.

Falando com Plantas e Árvores

Conforme fiz leituras em plantas e árvores, comecei a receber informações e percebi que havia muito que ainda não sabia sobre elas.

No começo, eu não sabia como falar com elas. As plantas se comunicam de diversas formas:

- *Por meio da luz:* a forma mais importante pela qual as plantas se comunicam umas com as outras é pela luz.
- *Por meio das raízes pelo solo:* plantas e árvores se comunicam por suas raízes, enviando mensagens em forma de uma vibração sutil utilizando os minerais do solo. Em árvores mais avançadas, as raízes estão conectadas com as de outras árvores e elas se comunicam diretamente.
- *Por meio de químicos:* uma planta ou árvore exala mensagens químicas com a intenção de atingir outras plantas na área, assim como repelir ou atrair insetos.

Essas são linguagens que podemos nos treinar para entender. Podemos convertê-las em tons ou imagens e então traduzi-las em palavras.

Por que nós aprendemos a falar com plantas? O dualismo permeia o Segundo Plano da Existência. Nele, aprendemos que, para toda a planta venenosa, há uma planta que é o antídoto. É por isso que falamos com plantas. Todas as plantas têm um grande propósito no esquema de todas as coisas.

Uma forma educada de acessar uma planta ou árvore é perguntando seu nome e seu tom. Tudo na natureza tem a própria forma de cumprimentar e cada planta tem o seu nome sagrado.

Muitos de nós estamos ocupados demais, pensando demais, para simplesmente escutarmos as plantas e as árvores. Novamente, a delicadeza é a melhor forma de falarmos com elas.

Aprenda a linguagem das plantas e das árvores

1. Suba ao Sétimo Plano de Existência (veja as páginas 31, 32 e 33) e faça o comando: "Criador de Tudo o Que É, é comandado (ou requisitado) que eu aprenda a linguagem dessa planta ou árvore. Faça o download do sentimento e do conhecimento dessa língua para mim. Grato. Está feito, está feito, está feito".

2. Testemunhe o conhecimento e a sabedoria da planta ou da árvore vindo até você, em todos os seus níveis.
3. Enxágue-se na energia do Sétimo Plano e permaneça conectado a ela.

Quando você já conseguir falar com as plantas, todas as plantas vão lhe falar se são benéficas ou venenosas.

Não é incomum que uma árvore queira saber as suas intenções antes de permitir que você fale com ela. Primeiramente, ela vai examiná-lo. Por exemplo, fui ao Parque Nacional Sequoia uma vez para falar com árvores gigantes que moram lá. O que descobri foi que as Sequoias Vermelhas falavam comigo abertamente, mas, quando entrei no espaço de uma delas, ela praticamente me tratou como uma formiga.

Ela perguntou: "O que você quer?".

"Eu sou uma humana", disse, "Quero falar com você".

"Melhor não", ela respondeu.

Eu tentei novamente: "Não, eu quero mesmo falar com você".

Após tentar falar com ela seis vezes, finalmente encontrei uma que queria falar comigo. Ela me contou sobre a sua vida, crescendo na floresta. Com isso, dei-me conta de que cada árvore tem a sua própria personalidade.

Em outro encontro com as árvores, fui à floresta, atrás da minha casa antiga, para escutar os choupos de lá. Percebi que cada uma delas falava comigo de forma amigável.

Comunicando-se com uma planta ou árvore

1. Suba ao Sétimo Plano da Existência (veja as páginas 31, 32 e 33) e faça o comando: "Criador de Tudo o Que É, é comandado (ou requisitado) que eu fale com essa planta ou árvore. Mostre-me. Grato. Está feito, está feito, está feito".
2. Vá até a planta, gentilmente, como uma pena em uma brisa de verão. Agora, imagine-se indo na direção dela, delicadamente, e pergunte seu nome sagrado.

3. Dê a planta sentimentos de amor gentil e diga-lhe seu nome (silenciosamente). Diga-lhe também seu nome sagrado, para que ela se sinta confortável com você.
4. Enxágue-se na energia do Sétimo Plano e permaneça conectado a ela.

Conforme investiguei plantas e árvores, vi que elas se comunicavam umas com as outras de forma impressionante. Uma árvore que esteja sendo atacada é capaz de propagar um aviso às outras árvores na área. Se o ataque for de insetos ou fungos, isso dará tempo para as outras árvores formularem químicos contra eles. Se uma planta ou árvore está saudável, ela pode lutar contra insetos, fungos, bactérias e vírus.

Plantas e árvores têm processos de pensamentos e energia de alma que são peculiares a elas. Elas estão conscientes dos sinais de luz de forma que nós não estamos. Animais e humanos emitem sinais de luz e nunca se dão conta de que as árvores e plantas estão intimamente conscientes dessas emissões. Elas sabem quando passamos por elas.

As árvores são organismos muito evoluídos. Alguns grupos de árvores são, na verdade, um organismo gigante. Um bom exemplo disso é o Pando, ou gigante trêmulo. Esse é um grupo enorme de álamos trêmulos interconectados que ficam em Utah. Essa colônia ocupa 106 acres (43 hectares) de terra e tem em torno de 47 mil caules, que continuamente morrem e se renovam pelas suas raízes. Esse sistema de raízes é um dos mais antigos organismos conhecidos – estimado em 80 mil anos, e a colônia de álamos se comunica através dele.

Enquanto algumas árvores se comunicam por sistemas de raízes, outras, com sistema de "raízes salva-vidas", usam diferentes tipos de comunicação. Por exemplo, alguns pinheiros do tipo *Pinus contorta* do parque Yellowstone se comunicam pela luz e pelo envio de mensagens químicas pelo ar. As coníferas também se comunicam pelas raízes, no entanto não tão efetivamente como outras espécies.

Muitas espécies de plantas e árvores são muito inteligentes e captam a essência dos nossos pensamentos. Os pensamentos se movem com mais rapidez do que a velocidade da luz e nós somos muito barulhentos com os nossos pensamentos. As árvores precisam se proteger dos nossos pensamentos para se manterem centradas. Elas estão conscientes de nós quando andamos na floresta e podem sentir se somos seus amigos ou não.

Se elas sentirem que há predadores ao seu redor, plantas e árvores mudam a sua estrutura química. As diferentes espécies de plantas em nosso jardim produzirão alertas. Elas agem como uma só entidade quando se sentem em perigo.

Árvores e plantas que dão frutos esperam que eles sejam comidos. É assim que elas procriam. É por isso que há sementes dentro das frutas e dos vegetais. Mas, quando as raízes são retiradas do solo, isso faz com que a planta se estresse. Por isso, é tão importante abençoar uma planta (enquanto estiver colhendo), para que a sua essência espiritual volte à luz rapidamente. Esse é um importante ciclo que também é como uma simbiose espiritual.

Hoje em dia, somos muito seletivos com as plantas e árvores que consideramos valiosas. No passado, árvores e plantas, eram nossas escolhas. É assustador ver como algumas delas reagem intuitivamente à nossa presença, negativa e positivamente, comunicando-se sobre nós, se somos ou não uma ameaça.

Gramíneas

As gramíneas não se comunicam de forma tão intensa quanto as árvores, mas percebem quando um animal está pastando sobre elas e usam seu sistema de raízes para transferir a informação para as outras gramíneas. Elas também podem proteger as outras tornando o seu sabor menos palatável ao predador.

Mesmo que sejam comidas, a maioria das gramíneas pode crescer rapidamente, já que cortá-las faz com que elas se espalhem no solo. Elas também aprenderam a estabelecer relacionamentos simbióticos com os animais. Elas sabem que os animais vão espalhar suas sementes e pólen, e elas terão mais chance de sobreviver; então, quando elas estão cheias de sementes, elas sinalizam aos animais: "Venham comer"! E então suas sementes serão espalhadas. Uma vez que os animais defecam as sementes intactas, as fezes agem como fertilizantes para que mais gramíneas cresçam. Essa simbiose tem acontecido há milhões de anos.

Testemunhe plantas e árvores se comunicando umas com as outras

1. Suba ao Sétimo Plano (veja as páginas 31, 32 e 33) e faça o comando: "Criador de Tudo o Que É, é comandado (ou requisitado) que eu testemunhe essa planta ou árvore se comunicando com as outras por suas raízes, seus mensageiros químicos ou pela luz. Mostre-me. Grato. Está feito, está feito, está feito.
2. Vá até a planta ou árvore delicadamente, como uma pena em uma brisa de verão.
3. Testemunhe-a se comunicando com outras plantas ou árvores.
4. Enxágue-se na energia do Sétimo Plano e permaneça conectado a ela.

Árvores Pai e Mãe

Para cada grupo de árvores, há um pai e uma mãe. A mãe é normalmente muito maior que as outras árvores. Ela acessa as conversas das outras árvores para verificar o que a informação significa. Ela envia mensagens de encorajamento e diz às árvores quais químicas exalar para evitar os ataques de insetos, fungos, bactérias e vírus. Ela também conforta e orienta as demais árvores.

A árvore pai tem uma energia muito protetora. Ela também recolhe informações de todos os tipos das plantas e árvores (não da mesma espécie) para o bem comum do grupo. Isso inclui informações sobre as mudanças no solo e no clima. Também traz conhecimento sobre a terra em volta e aprende como lidar com as ameaças da área.

Mesmo quando centenas de animais e pessoas estão nas montanhas, as árvores sabem onde cada um está e vigiam o comportamento de todos eles.

Se o pai ou a mãe árvore são mortos, outro é designado para tomar o seu lugar. Se uma parte do pai ou da mãe árvore é danificada, ela se torna o avô ou a avó árvore e uma árvore mais forte é escolhida para liderar e o conhecimento ancestral é transferido a ela. Da mesma forma, quando o pai ou a mãe árvore estão muito velhos para continuar o seu papel, elas transferem o conhecimento para uma árvore mais nova que assume o papel de líder das árvores.

O problema com os serviços de manejo das florestas é que eles cortam as árvores aleatoriamente, matando as árvores mais velhas que lideravam as mais novas. Isso causa um problema para todas as espécies, enfraquecendo-as e tornando-as mais suscetíveis a doenças e predadores. Com tantas árvores mais velhas sendo cortadas, conhecimentos de valor imensurável estão sendo perdidos. Interromper o desmatamento de árvores mais velhas seria um bom plano.

Conhecendo o pai e a mãe árvores

Neste exercício, é melhor conhecer a linguagem da espécie de árvores com que você vai se comunicar, e então se apresentar e deixar árvores pai e mãe lerem você. Depois disso, você pode falar com elas. Árvores são muito sábias em todos os assuntos e podem lhe dar bons conselhos. Elas podem precisar da sua ajuda para alguma coisa também.

1. Suba ao Sétimo Plano da Existência (veja as páginas 31, 32 e 33) e faça o comando: "Criador de Tudo o Que É, é comandado (ou requisitado) que eu veja as árvores pai e a mãe dessa área. Mostre-me o que preciso ver. Grato. Está feito, está feito, está feito".
2. Vá até as árvores, gentilmente como uma pena em uma brisa de verão, e se apresente com o seu nome sagrado.
3. Permita que elas se apresentem com seus nomes sagrados.
4. Agora, imagine-se indo delicadamente na direção da árvore pai ou mãe árvore, dando uma olhada rápida e então se retire do espaço dela.
5. Enxágue-se na energia do Sétimo Plano, mas permaneça conectado a ela.

CURA DE PLANTAS

Plantas e Vibrações

Plantas e árvores são feitas para absorverem luz, água, nutrientes e minerais do solo. Isso tem um efeito benéfico nelas, mas e quanto às substâncias danosas?

As plantas também absorvem poluição do ar, da água e do solo. Uma planta pode absorver estricnina, mercúrio, chumbo e outras químicas que não lhe fazem bem e continuar crescendo, mas quando ela ou seus frutos são colhidos e consumidos por nós, esses químicos vão diretamente para nosso sistema. É por isso que é importante centrifugar os vegetais, pois a maior parte desses químicos fica na polpa e não no suco. Cenoura, beterraba e aipo são boas opções.

Outro bom exemplo da habilidade das plantas em absorver substâncias negativas é quando herbicidas são utilizados nelas. Os herbicidas são formulados para funcionarem sistematicamente, o que significa que os químicos são absorvidos pela planta inteira, mesmo pelas raízes. Por isso, eventualmente, os metais pesados entram no nosso sistema também.

Além disso, plantas e árvores absorvem energia eletromagnética e radiação de todos os tipos. Hoje, nós enviamos ondas de rádiofrequência que são uma forma de radiação não ionizada. Em muitos estudos que cientistas fizeram sobre telefones celulares, não houve evidências conclusivas sobre os males que, ocasionam na nossa saúde. No entanto, um estudo concluiu que, enquanto se usava o celular por 50 minutos, o corpo usou mais glicose do que o normal. Isso pode ser a razão por que sinto que as ondas de rádiofrequência afetam as plantas de forma adversa, já que elas usam glicose para viver.

Nós criamos torres de celulares que empregam energia e falharam em perceber que as suas emissões podem danificar plantas e árvores. Acredito que as plantas e as árvores são tão sensíveis a essas energias que são enfraquecidas por elas e se tornam presas de parasitas e doenças por causa disso. Isso ocorre porque as energias dos celulares destroem a sua habilidade de se comunicar pela luz.

Aqueles que pensam que os pensamentos de outras pessoas não têm efeito nenhum sobre nosso corpo e mente, deveria considerar que todas as ondas elétricas, ondas de rádio, micro-ondas e outras formas de radiação a que estamos sujeitos e o efeito que elas têm sobre nós e sobre o mundo. Quando consideramos que o cérebro é um gerador de eletricidade, é óbvio que os pensamentos de milhares de pessoas terão um efeito. Nunca foi feito um estudo científico sobre isso, visto que é difícil medir a energia elétrica de milhares de pessoas. Mas isso não significa que esse tipo de energia não exista ou não tenha algum efeito. E se a grande maioria desses pensamentos for negativa, que tipo de efeitos eles terão, especialmente nas, altamente sensíveis, plantas e árvores?

É por isso que deveríamos mandar energias positivas para plantas e árvores. Elas são muito inteligentes da sua maneira e eventualmente se ajustarão às novas frequências de rádio, com tempo e suporte.

Nós deveríamos perceber também que, se essas ondas afetam as plantas, elas devem nos afetar da mesma maneira. Seria inteligente deixarmos a radiação dos nossos celulares fora de nossas casas. É claro que queremos continuar usando os nossos celulares, então podemos comandar e testemunhar que todo o excesso de radiação que nossos celulares emitem possa ser retirado de nós. Podemos usar o Sétimo Plano para comandar que sejamos protegidos de radiação, sempre usando o bom senso de manter os celulares fora da área onde dormimos, e podemos comandar que todo o excesso de radiação vá para a luz. Também fazemos isso para as nossas plantas, árvores e jardins. Por que somos parte do Quinto Plano, somos incrivelmente poderosos e podemos enviar o excesso dessa radiação através de um portal para que ela seja transmutada e usada como pura energia.

Ao comandar e fazer downloads que as plantas sabem como se ajustar às ondas de rádio também é útil. Se uma planta tem uma boa terra, muita luz do Sol, os nutrientes adequados e é ensinada como se ajustar às ondas de rádio, ela vai ficar forte e saudável e conseguirá lutar contra predadores no caminho.

Mostrar a uma planta como se ajustar a frequências de rádio

1. Suba ao Sétimo Plano da Existência (vejas as páginas 31, 32 e 33) e faça o comando: "Criador de Tudo o Que É, é comandado (ou requisitado) que essa planta (ou árvore) saiba como se ajustar às ondas de rádiofrequência criadas pelos humanos. Mostre à planta. Grato. Está feito, está feito, está feito".
2. Vá para a planta ou árvore gentilmente, como uma pena em uma brisa de verão, e testemunhe a sua vibração sendo ajustada com as de rádiofrequência.
3. Uma vez terminado o processo, enxágue-se na energia do Sétimo Plano e permaneça conectado a ela.

Cure uma planta

Se uma planta está doente, podemos curá-la com a ajuda do seu nome sagrado e amor incondicional. Usar o nome dela nos ajuda na cura, pois temos um ponto de referência a partir do qual trabalhar.

Testemunhe uma cura em uma planta

1. Suba ao Sétimo Plano da Existência (veja as páginas 31, 32 e 33) e faça o comando: "Criador de Tudo o Que É, é comandado (ou requisitado) que essa planta – ou árvore – (nome dela) seja curada. Grato. Está feito, está feito, está feito".
2. Vá até a planta, gentilmente como uma pena em uma brisa de verão, e testemunhe o Criador fazer a cura.
3. Quando terminar, enxágue-se na energia do Sétimo Plano e permaneça conectado a ela.

Testemunhe amor incondicional em volta da planta ou da árvore

1. Suba ao Sétimo Plano da Existência (veja as páginas 31, 32 e 33) e faça o comando: "Criador de Tudo o Que É, é comandado (ou requisitado) para envolver essa planta (ou árvore) com amor incondicional. Grato. Está feito, está feito, está feito".
2. Vá até a planta ou árvore, gentilmente como uma pena em uma brisa de verão. Testemunhe o amor incondicional envolvendo-a.
3. Enxágue-se na energia do Sétimo Plano e permaneça conectado a ela.

Cura pelas Plantas

"Sob os ramos do carvalho, perto do tronco, as pessoas ficavam doentes esperando a ajuda dos deuses. Debaixo dos galhos de carvalho, as esposas juntavam-se de mãos dadas ao redor dele, na esperança de terem lindos filhos. Entre os seus ramos frondosos, os novos bebês se deitavam, antes de serem encontrados no berço pelos outros filhos. Para uma criança pequena crescer forte e saudável, as mães a colocava sob uma árvore jovem.

Ainda mais maravilhoso, como medicina para o próprio país, o carvalho tinha o poder de curar. A nova terra às vezes sofria de uma doença chamada val (ou queda). Quando o doente contraia val, o chão afundava. Então as pessoas, as casas, as igrejas, o celeiro e o gado desabavam, desconsideravam-se e perdiam-se para sempre, numa torrente de água".

CONTOS *DE FADAS HOLANDESES PARA JOVENS*,
DE WILLIAN ELLIOT GRIFFIS

Você já se questionou sobre o porquê de existir um movimento nas nações industrializadas para trazer a natureza de volta para as cidades? Há, é claro, os benefícios óbvios da purificação do ar. Todos os dias, plantas e árvores nos curam com o oxigênio que elas liberam. Mas elas também curam pela vibração que emitem. O som das folhas das árvores ao vento, a sombra que elas nos dão e o amor delas são presentes imensuráveis se dermos tempo para percebermos.

Aceitando a cura de uma planta

1. Suba ao Sétimo Plano da Existência (veja as páginas 31, 32 e 33) e faça o comando, "Criador de Tudo o Que É, é comandado (ou requisitado) que eu permita a cura dessa planta ou árvore. Grato. Está feito, está feito, está feito".
2. Vá até a planta, gentilmente como uma pena em uma brisa de verão, e testemunhe uma cura por intermédio do Criador.
3. Assim que o processo terminar, enxágue-se na energia do Sétimo Plano e permaneça conectado a ela.

Curando o Solo e Preparando o Jardim

Todo mundo deveria ter um jardim para saber de onde a comida vem. O objetivo final seria usarmos a comida pura da essência de Tudo o Que É e criar os seus nutrientes a partir do divino, mas, enquanto isso ainda não acontecer, quanto mais orgânica for a comida que você consumir, melhor. O título "orgânica" não significa apenas que o produtor está fazendo o melhor para criar um produto que seja puro, mas também que os pesticidas dos campos ao redor não tenham contaminado o solo.

No processo de desenvolver um jardim, preparar um bom solo é de suma importância. Nos tempos modernos, retiramos do solo os nutrientes naturais com as práticas de cultivo modernas, somente fornecendo às plantas três nutrientes no processo de fertilização. Elas costumavam ter acesso a muito mais.

Outra preocupação que devemos ter é com todos os carros e aviões que passam pelos nossos campos e deixam resíduos que penetram nas plantas e no solo. Como já falamos, as plantas são feitas para absorverem luz, água e fertilizantes, mas elas também absorvem prontamente muitas químicas.

A única forma de limpar o solo é utilizado o mesmo método usado no corpo humano: dar-lhe as vitaminas e minerais certos para expulsar as toxinas. Na maioria dos casos os fertilizantes e uma combinação de minerais farão isso. É importante que você perceba o solo como um ser vivo que você está curando.

Você pode querer colocar mineral coloidal iônico (traços de minerais) no solo. Há fórmulas feitas da própria planta. Essas fórmulas podem ser usadas em jardins e para qualquer planta que forneça alimento. Iogurte natural dá ao solo as bactérias necessárias e também um bom húmus. Fertilizantes naturais são muito bons. Se você conseguir encontrar cinzas de madeira é muito bom para adicionar na sua mistura fertilizante. Colocar a mistura no final da estação de crescimento é melhor. O solo precisa, de preferência, estar preparado com a mistura durante o inverno para, na primavera, você plantar.

Plantas que crescem nesse tipo de jardim são fortes e resistentes às ondas de rádio e a predadores.

Em qualquer jardim, é melhor evitar os venenos químicos na forma de pesticidas. Se você usa essas substâncias, certifique-se de que os resíduos sejam retirados das plantas antes que as consumam.

As plantas competem por espaço, mas, mesmo quando você retira ervas daninhas do chão, você deve encaminhar a sua energia para a luz. Crie um sentimento de amor em torno da planta e isso vai ajudá-la a crescer muito melhor. Você pode fazer isso com o solo também.

Testemunhe amor incondicional sendo enviado ao solo

1. Suba ao Sétimo Plano da Existência (veja as páginas 31, 32 e 33) e faça o comando: "Criador de Tudo o Que É, é comandado (ou requisitado) que seja enviado amor incondicional para o solo, para nutrir essas plantas e árvores. Grato. Está feito, está feito, está feito".
2. Testemunhe o amor da criação sendo enviado ao solo. Testemunhe o solo sendo revigorado.
3. Enxágue-se na energia do Sétimo Plano e permaneça conectado a ele.

Sempre abençoe seu jardim e trabalhe nele de forma positiva, com alegria e amor e não com um sentimento de peso. Pensamentos, negativos e positivos, afetam a maneira que as plantas crescem. Há muitos fertilizantes que você pode usar no jardim, mas sem os minerais básicos e pensamentos de amor, as plantas não receberão a mesma essência de luz de você, e a luz que você come através das plantas que você colhe também não estará na sua forma mais elevada.

Colhendo as Plantas

Amor, alegria, felicidade e respeito são as chaves para realmente entender as plantas e árvores. Conforme você colhe as plantas, conecte-se ao Criador, volte para o tempo em que a planta era uma semente, envie amor e bênçãos a ela e veja-a crescer até a sua forma atual. Isso dará a ela maior potência

Colhendo uma planta ou árvore

1. Suba ao Sétimo Plano da Existência (veja as páginas 31, 32 e 33) e faça o comando: "Criador de Tudo o Que É, eu peço a essa planta permissão para colhê-la. Grato. Está feito, está feito, está feito".
2. Vá até a planta, gentilmente como uma pena em uma brisa de verão. Fale com ela usando a sua linguagem. Testemunhe-se indo ao passado quando a planta era uma semente e envie amor e bênçãos para ela até ela crescer na sua forma presente.
3. Enxágue-se na energia do Sétimo Plano e permaneça conectado a ela.

A Energia da Comida

A comida que consumimos é uma união entre os minerais do Primeiro Plano, as plantas do Segundo Plano e as proteínas do Terceiro Plano. Essa união de planos é pura vida, uma incrível fusão de energias que traz nutrição ao corpo. Por isso que é importante comer alimentos vivos, como frutas frescas, vegetais e cereais integrais, sem sacrificar as proteínas que são tão importantes ao corpo. Pense nisso – o DNA é feito de proteínas, então o que precisamos para reparar o nosso DNA? Proteínas!

Algumas plantas possuem grandes taxas de proteínas. Trigo, abacate e soja são algumas delas, mas penso que devemos ser cuidadosos com o consumo de soja, porque grande parte da soja é geneticamente alterada e isso pode causar câncer. A soja não alterada geneticamente é melhor. Se você consumir soja, sempre a abençoe. Já que tudo possui uma consciência que absorvemos quando comemos, nós precisamos abençoar a comida que comemos. Comida geneticamente alterada, especialmente o milho, tem uma consciência que talvez não nos faça bem. Se há dúvidas sobre a origem da comida, volte e abençoe a planta desde sua origem.

Se você comprar ervas, vitaminas ou comida de um mercado, pergunte ao Criador se elas são para o seu bem maior. Você consegue saber disso conectando-se ao Criador quando estiver segurando o produto e então simplesmente perguntar se a potência é correta. Uma vez que a substância tenha passado no teste, ela deve ser abençoada antes do consumo para assegurar sua potência máxima, efetividade e qualidade.

Mesmo que você tenha apenas uma janela, você deveria considerar plantar ervas. Além de elas fornecerem nutrição ao corpo, elas também nutrem a alma, quando absorvem a negatividade e a transmutam para energia positiva.

As vitaminas, simbolicamente, nos dão a sensação de sermos amados. Se elas estiverem em falta na nossa comida, nosso corpo não as estará absorvendo e isso resulta na sensação de falta de amor no corpo. Leveduras e bactérias, que também residem no Segundo Plano, ocorrem naturalmente no corpo, podendo ser tanto boas quanto ruins. No entanto, é importante que elas estejam equilibradas no corpo. Para experimentar a harmonia do Segundo Plano, o corpo deve estar em equilíbrio.

Ainda que eu ache possível criar intuitivamente no corpo algumas vitaminas e minerais que existem nos alimentos, "intuitivamente", também é importante sabermos que os alimentos trazem benefícios que não são notados imediatamente. O ato de comer e digerir dá ao nosso subconsciente o entendimento dos primeiros três planos da existência e um reflexo dos demais. O importante é estarmos conscientes da história que a nossa comida nos conta.

Há uma enorme quantidade de informações intuitivamente na nossa comida. Pelos alimentos, conectamo-nos com as energias ao redor e estamos em constante comunicação com tudo que já existiu nos primeiros três planos. Uma vez que nos abrirmos às possibilidades, há informações ilimitadas em uma simples fatia de pão.

Podemos acessar a informação da comida nos conectando ao Criador e então indo até o DNA para perguntar o que a comida está nos ensinando e trazendo para o nível consciente de entendimento. O simples ato de entendermos a partir do DNA pode nos dizer muitas coisas, como por que nós desejamos a comida que consumimos. Não desejamos nada de que não precisamos, então, se você está desejando comidas ricas em açúcar ou conservantes, você está em falta dessas substâncias no corpo.

Com o profundo entendimento sobre a comida, mudaríamos nossa alimentação e, se um número suficiente de pessoas tivesse esse entendimento, mudaríamos toda a estrutura da agricultura.

Vegetarianos

Muitas pessoas estão se tornando vegetarianas na atualidade. Uma das razões para isso é a preocupação com os seres sensíveis. Isso é ótimo, mas as plantas também são sensíveis. Uma cenoura não fica feliz quando você a corta pela metade.

É importante entender que tudo o que um animal experimentou está gravado nele. Algumas dessas memórias, sentimentos e emoções são transferidos à pessoa que está comendo, e o mesmo ocorre com a cenoura.

Dessa forma, é importante abençoar qualquer vegetal ou proteína animal que você come e testemunhar o espírito da planta ou animal sendo encaminhado para a luz. Tudo o que comemos merece nosso agradecimento pelo seu sacrifício.

PLANTAS COMO REMÉDIOS

A Comida Superior: Medicina das Ervas

Desde o início da humanidade, as pessoas têm usado as plantas de formas diversas. As ervas foram os primeiros remédios e, até hoje, 40% dos fármacos são feitos de componentes de ervas.

As ervas são denominadas comidas superiores. Elas dedicaram suas vidas ao propósito medicinal. A medicina das ervas pode ser estudada, mas, se colhe plantas selvagens da natureza para fazer seus remédios, você pode se comunicar diretamente com as plantas para saber se ela é boa ou não para você. Para isso, você pode se treinar para saber se a planta é benéfica, tocando-a e se comunicando com ela. Há muitos livros com gravuras para a identificação das plantas e, com a prática, você vai saber identificar as plantas que podem curar o corpo.

Quando estiver usando plantas para curas, sejam cultivadas em casa, sejam colhidas da natureza, devemos nos lembrar de arrancá-las com respeito. Por meio do Criador de Tudo o Que É, fale com as plantas na língua delas, expresse sua necessidade e peça permissão para arrancá-las. Elas devem lhe responder e direcioná-lo para aquela que melhor servirá ao seu propósito.

Há uma combinação orgânica de plantas para todas as doenças. Mas curadores que usam o Segundo Plano precisam de um conhecimento extenso sobre remédios de ervas e de como elas funcionam com outras medicinas. Sem esse conhecimento, podem colocar o cliente em risco. Curar com esse plano requer tempo e persistência.

Remédios de ervas não devem ser usados sempre. Perceba que seu uso é holístico.

"Dê-lhes Luz"

Precisamos da luz do Sol por causa da vitamina D e as plantas também precisam. Quando consumimos as plantas, estamos de alguma forma consumindo luz transformada.

Acredito que as plantas que têm a mais elevada luz para nutrição são as algas azul-esverdeadas, clorela e espirulina. Elas podem revigorar o corpo inteiramente. Sempre que você receber a mensagem "Dê-lhes luz", este é um recado para consumir alguma dessas plantas.

Algas Azul-esverdeadas

Elas contêm enzimas biologicamente ativas, glicoproteínas, lipídeos, minerais, carboidratos simples e vitaminas. As algas fazem fotossíntese com facilidade e algas azul-esverdeadas são conhecidas por seus inúmeros benefícios à saúde. Elas são antioxidantes, dão-nos energia e podem ser usadas para desintoxicação, ajudando no desejo por comida, na melhora da memória e no foco mental, aumentando a concentração e tirando as toxinas do corpo.

Clorela

É uma excelente fonte de clorofila, carboidrato, vitamina C, vitamina E e proteínas. Podendo ser usada para asma, gengivas sensíveis, queimaduras e infecções. Uma das melhores formas de retirar toxinas de mercúrio do corpo (deve-se começar com pequenas doses e ir aumentando gradativamente).

Espirulina

Uma fonte concentrada de aminoácidos, clorofila, ferro e proteínas. A espirulina é usada para melhorar o sistema imunológico e retirar doenças e toxinas.

Limpando a Radiação Negativa do Corpo

A maioria as pessoas acredita que toda a radiação é ruim. Mas radiação é simplesmente a emissão de energia em forma de ondas, que inclui a luz. Nós precisamos de radiação para viver. Na nossa sociedade industrial, contudo, somos impactados por uma quantidade enorme de radiação das maravilhas da tecnologia moderna. Comecei a perceber que a causa de alguns cânceres é a radiação. Comecei a liberar a radiação do dia a dia, como a de telefones celulares, computadores, luzes fluorescentes e outros equipamentos eletrônicos.

Para verificar os efeitos das radiações emitidas por essas e outras fontes, usei o seguinte processo. É melhor testemunhar a radiação ruim deixando o corpo e a energia positiva da luz permanecendo no lugar.

Liberando radiação

1. Suba ao Sétimo Plano da Existência (veja as páginas 31, 32 e 33) e faça o comando: "Criador de Tudo o Que É, é comandado (ou requisitado) que toda a radiação que não serve para

(nome da pessoa) seja retirada, transformada e enviada para a luz de Deus. Grato. Está feito, está feito, está feito".

2. Testemunhe a radiação sendo retirada e enviada para a luz de Deus.
3. Assim que o processo terminar, enxágue-se na energia do Sétimo Plano e permaneça conectado a ela.

Já que a radiação ruim não é uma substância que deveria estar no corpo, não é necessário substituí-la com nada.

OS ELEMENTAIS

"Há muitos anos, tantos que não podem ser registrados em almanaques nem medidos por relógios, milhares de boas fadas vieram do sol até a Terra. Lá elas se transformaram em raízes e folhas e se tornaram árvores. Havia muitos tipos delas, já que cobriam a Terra toda, mas pinheiros e vidoeiros, cinzas e carvalhos eram os chefes que fizeram a Holanda. As fadas que viviam nas árvores levaram o nome de Donzelas do Musgo ou 'Trintjes' das árvores, que é o nome em Holandês para Cátia e ou Catarina".

Dutch Fairy Tales para Young Folks, de Willian Elliot Griffis

Um dos aspectos mais interessantes do Segundo Plano da Existência são os elementais, os espíritos que guardam, protegem e nutrem o reino das plantas. Conforme você experimenta o reino das plantas, você começa a se abrir para os elementais, acreditando neles ou não.

Por causa da evolução espiritual e da ascensão da humanidade, os limites estão se tornando mais sutis entre os planos e é muito mais fácil para vermos através deles, como nunca antes. O limite entre o Segundo e o Terceiro Planos está se tornando particularmente estreito. Por isso, um grande número de pessoas está testemunhando o que chamam de fadas.

Eu gosto de chamá-los de "elementais", e não cometer erros; eles não são humanos em nenhum aspecto. Os elementais podem controlar a frequência da sua vibração e se misturarem com as plantas, tornarem-se seres líquidos ou aéreos, ou adquirirem a forma sólida que desejarem. É quando eles decidem tomar uma forma sólida que conseguimos vê-los, nas suas diferentes formas e tamanhos, como fadas, pois essa é a única maneira que nossa mente consegue aceitá-los.

O Segundo Plano é o primeiro dos planos que demonstra a habilidade de aproveitar a vida e rir. É quando começamos a experimentar a diversidade das emoções e sentimentos. Isso é aprendido pelos elementais também. Eles igualmente estão no processo de aprendizado sobre como fazer mudanças interdimensionais e curvar o tempo. Eles estão entrelaçados com as plantas, com a pura essência da luz e com o processo de fotossíntese.

A primeira vez que vi uma fada, como relatei em outros livros, foi quando eu estava com o Guy em uma cabana nas montanhas acima de Sandpoint, Idaho. Guy já sabia o que elas eram. Ele já havia trabalhado com a terra e sabia que havia espíritos ao redor das plantas e árvores. Ele também tinha uma vasta e antiga sabedoria sobre o assunto.

Quando conheci o Guy, percebi que, quando ele estava próximo, ele agia como um portal ambulante de fadas. Acho que era porque ele entendia que a terra tinha uma energia e as fadas eram transmissoras dessa energia.

Essa primeira experiência com fadas abriu um novo mundo para mim e percebi que a energia das fadas era centrada nas plantas e árvores. As pessoas chamavam essa essência viva de "os Verdes". Nas tradições europeias, essa essência é chamada de Homem Verde e Terra Mãe e, algumas vezes, há uma fusão entre esses dois aspectos. Os dois também já foram chamados de Rainha Fada e Rei Carvalho.

Os Filhos Menores dos Mestres

Tudo no Universo usa energia da forma mais elevada que consegue, seja a luz do Sol ou a luz transformada criada por algo mais. Como já vimos, as plantas usam as partículas de luz que absorvem para emitirem a sua própria luz em forma de comunicação. É essa a luz que atrai as fadas.

Fadas e elementais de verdade não deveriam se confundir pela moderna interpretação deles. Eles não são sempre incrivelmente lindos nem sempre agem com benevolência para conosco. Apesar de não serem exatamente fofinhos, são incrivelmente interessantes. Eles se movem mais rápido do que a velocidade da luz e geralmente não são vistos a olho nu, a não ser que escolham ser vistos. Nós os percebemos com uma forma humanoide, mas não significa que essa seja a sua real forma. A sua forma verdadeira é um tipo de energia espiritual luminosa.

Os elementais podem estar na mesma jornada que nós, através dos planos da existência. Nós deixamos o Quinto Plano, onde nascemos, para irmos ao Quarto Plano, mundo dos espíritos, onde somos ensinados, nutridos, amados e recebemos diferentes atribuições de acordo com as nossas habilidades. Primeiro, somos enviados ao Primeiro Plano para aprendermos sobre a estrutura molecular do reino mineral e dos blocos de construção da existência, que são a matéria inorgânica. Uma vez que esse conhecimento é adquirido, somos mandados para o Segundo Plano para estudarmos sobre as plantas. Então retornamos ao Quarto Plano para registrar isso. Pode ser que esses seres que percebemos como fadas sejam esses jovens espíritos que estão na parte inicial da jornada entre os planos.

Portal das Fadas

Os elementais são atraídos para a luz exalada pelas plantas e árvores. Eles as ajudam a crescer e enviar luz para se comunicarem com outras plantas. Os elementais também recebem os comandos árvores pai e mãe e enviam às outras árvores, como uma sirene. Eles também usam a energia gerada pelas árvores e plantas como portais para outras dimensões.

Entre as árvores mãe e pai, normalmente, há grandes portais em árvores que funcionam como entradas para as fadas. Também há lendas que falam de entradas em anéis de pedras e círculos de cogumelos. Nossos ancestrais observaram essas coisas e não as entenderam completamente, mas sabiam que elas existiram. Acredito que o que muitas pessoas hoje percebem como visitas alienígenas são, na verdade, fadas usando um portal dimensional.

Se você puder encontrar as árvores mãe e pai na floresta, olhe ao seu redor. Em algum local próximo a eles estará a Árvore Portal. Você pode tirar fotos para captar as energias vindas através do portal. Você também pode fazer isso com uma planta.

Testemunhe um portal árvore ou planta

Virtudes necessárias: aventura, esperança, bondade, moralidade e a habilidade de manifestar sonhos e magia.

Bloqueios: medo.

1. Suba ao Sétimo Plano da Existência (veja as páginas 31, 32 e 33) e faça o comando: "Criador de Tudo o Que É, é comandado (ou requisitado) que eu veja o portal dessa planta ou árvore. Grato. Está feito, está feito, está feito".
2. Apresente-se para a planta, vá até ela e encontre o portal dimensional.
3. Imagine que o portal está aberto e que permanece assim por alguns minutos.
4. Fotografe com uma câmera.
5. Comande para ver fadas e testemunhe a planta ou árvore ficar mais animada.
6. Quando terminar, enxágue-se na energia do Sétimo Plano e permaneça conectado a ela.

Quando você olhar para a imagem, vai conseguir ver pequenas esferas de luz em volta da planta ou árvore. Essas são formas-pensamento e campo energético de um portal ou fadas angelicais que estão ao redor.

Discernimento Adequado

Os elementais, às vezes, têm medo de nós, pois nos veem como predadores. Mas, mesmo que eles não façam parte do nosso sistema de crenças, quanto mais tempo você estiver no estado Theta, maior a possibilidade de você vê-los a olho nu. Use o discernimento adequado para trabalhar com eles, pois são seres extremamente poderosos e não processam pensamentos da mesma maneira que nós. Eles são parecidos, mas diferentes de nós.

Fadas são travessas e extremamente curiosas. Elas adoram nos incomodar tanto quanto gostam de nos ajudar. São espíritos divertidos com as suas próprias paixões e inconsistências. Elas são tão sensíveis às emoções humanas que podem morrer por um excesso de tristeza. Elas não gostam de obedecer a ordens, mas podem ser utilizadas se abordadas da maneira correta.

Em um dos meus cursos na Austrália, alguém levantou um ponto interessante. Eles descobriram que, toda vez que pediam ajuda a um elemental, ele esperava ganhar algo em troca. Então, se você notar a falta das suas chaves, ou de outro objeto brilhante, podem ter sido as fadas que os pegaram como um pagamento.

Assim como nós admiramos os brilhos de um diamante, os elementais amam as coisas brilhantes, por causa dos reflexos de luz que elas criam, assim como nós admiramos os brilhos de um diamante. Energia é criada quando a luz atinge uma formação de cristal e essa luminescência é uma essência divina para os elementais. É por isso que se sentem atraídos por cristais. Se eles se sentirem confortáveis com você, eles viverão nos cristais da sua casa.

Se decidir abrir sua casa para fadas ou lidar com elas de qualquer outra forma, você deve fazer isso a partir do Sétimo Plano. Dessa forma, as energias do Segundo e do Terceiro Planos trabalharão juntas, de modo que humanos e elementais vão ajudar uns aos outros e não entrarão em disputa. Se você lidar com um elemental da perspectiva do Segundo Plano apenas, haverá uma troca de energias e é possível que as fadas o levem para outra dimensão. Há muitas lendas de pessoas que foram levadas por elas.

Quando você se abre para a experiência com os elementais, lembre-se da lista a seguir:

- Sempre vá ao Sétimo Plano antes de falar com um elemental ou de ir a algum lugar com ele.
- Nunca peça um favor a um elemental, pois eles esperam uma troca de energia; pegarão objetos brilhantes sem permissão, sentindo-se completamente justificados ao fazerem isso.
- Os elementais só aparecem para aqueles que são puros de coração.
- Você não precisa acreditar em elementais para ver um.
- Eles só se mostrarão se souberem que não estão correndo perigo.
- Os elementais o respeitarão mais se você respeitar a si mesmo.
- Elementais não são deuses.

- Os elementais gostam de risadas e ficam encantados com a arte de cantar (se estiver afinado).
- Os elementais amam a arte. Eles amam nos ver pintar gravuras.

Testemunhe um elemental

1. Suba ao Sétimo Plano da Existência (veja as páginas 31, 32 e 33) e faça o comando: "Criador de Tudo o Que É, é comandado (ou requisitado) que eu veja o elemental dessa planta ou árvore. Grato. Está feito, está feito, está feito".
2. Vá para a planta ou árvore e encontre o elemental.
3. Enxágue-se na energia do Sétimo Plano e permaneça conectado a ela.
4. Tire uma foto (elementais sempre podem ser fotografados).

Como as fronteiras entre os planos estão começando a cair, alguns elementais vieram habitar corpos humanos. Todos conhecemos pessoas que agem exatamente como fadas ou duendes. É como se eles estivessem se transformando em fadas, e vice-versa. Acredito que os elementais fazem isso para ter uma experiência no Terceiro Plano.

Muitas dessas "pessoas fadas" estão aqui para proteger os elementais e seu hábitat. Elas são ambientalistas e naturalistas.

Os Elfos Islandeses

A fé nas fadas é pré-cristã e foi adotada pela maior parte dos povos do norte da Europa. As suas raízes advêm de um tempo em que estávamos mais conectados com a natureza e com as energias espirituais inerentes a ela. Em locais como a Irlanda e a Islândia, ela ainda sobrevive nos tempos atuais.

Na Islândia, há uma tradição muito antiga de seres chamados elfos, que vivem em lugares especiais. Uma recente pesquisa mostrou que somente 10% do povo islandês realmente acredita em elfos e outros seres sobrenaturais, mas, na construção das ruas, tomou-se o cuidado de evitar as rochas onde esses seres supostamente vivem.

Hafnarfjordur, nos arredores de Reykjavik, é um dos locais famosos onde vivem os elfos. Lá há uma grande rocha conhecida como casa deles. Quando os planos para a construção de uma via nas proximidades ameaçou destruir o santuário, ela foi desviada para não perturbar os residentes sobrenaturais.

Em torno de três horas dirigindo para o norte de Reykjavik, em Ljarskogar, outra via estava sendo construída, quando estranhos acidentes aconteceram em frente a uma pedra, conhecida por ser a casa de elfos. O trabalho foi suspenso e os trabalhadores chamaram um médium para descobrir se os acidentes haviam sido causados por elfos. O médium relatou que os elfos estavam pedindo para que as autoridades não explodissem a rocha onde eles moravam e para que encontrassem outro caminho para que a comunidade dos elfos não fosse prejudicada.

Os turistas podem encontrar na Islândia uma Escola de Elfos real, com um currículo, salas de aulas, livros, diplomas e pesquisas contínuas. Há livros especialmente sobre elfos, fadas da luz, povos ocultos, gnomos, anões e espíritos das montanhas. Os materiais descrevem 13 tipos de elfos, três tipos de povos ocultos, quatro tipos de gnomos, duas formas de trolls e três tipos de fadas.

8

O Colossal Armazenador de Memórias, o Universo

O Primeiro Plano da Existência consiste em toda a matéria inorgânica da terceira dimensão, todos os elementos que formam o Universo na sua forma original, todos os sólidos e quase todos os átomos da tabela periódica, antes de começarem a se juntar com bases de carbono. Quando moléculas de carbono são combinadas com alguns elementos, eles formam a vida das plantas do Segundo Plano da Existência. Então, um novo grupo de moléculas mais complexas, que têm movimento e mobilidade, surge. Essa combinação se torna proteínas que são a base do Terceiro Plano da Existência, o local dos humanos e dos animais. Essa é uma super simplificação do incrível processo da vida.

Esse material – os minerais vivos, os cristais, o solo e as pedras, do menor cristal à maior montanha – forma as estruturas de toda a vida orgânica. Desde que a vida começa com essas estruturas, parece lógico que essas essências tenham um componente espiritual. O Primeiro Plano da Existência nos traz o entendimento de que toda a vida inorgânica tem consciência própria.

MEMÓRIAS NO UNIVERSO

Cada sol do Universo tem uma luz que viaja para além dele. Conforme essa luz viaja pelas longas distâncias do espaço, ela capta o conhecimento de tudo a sua volta e de cada lugar por onde passa. No momento em que chega à Terra, ela carrega consigo o conhecimento acumulado. Cada animal, planta ou grão de areia na Terra tem a possibilidade de perceber todas as memórias que essa luz tem a oferecer.

Pessoas intuitivas são capazes de perceber alguns desses conhecimentos. Essa pode ser a razão pela qual as pessoas são capazes de escrever sobre outros sistemas estelares e suas culturas ancestrais sem nunca os terem experimentado diretamente. Pode ser por isso também que algumas pessoas recebem "visitas alienígenas" que não são na verdade visitas, mas, sim, memórias trazidas dos ventos solares pela própria luz. Esses dois fatores poderiam explicar por que tantas pessoas acham que elas tiveram muitas vidas passadas. Apenas ao tocarem ou se conectarem com a Terra ou ao absorverem luz, elas captam essas memórias que são inerentes a esse universo.

MEMÓRIAS NA TERRA

Os seres do Terceiro Plano, por sua vez, deixam suas impressões em tudo que eles tocam, e essas são absorvidas, como memórias pelos minerais do Primeiro Plano, solo e outros objetos sólidos. Eventualmente, elas estão na paisagem. As memórias de cada pessoa, animal e planta que já viveram na Terra estão gravadas em cada partícula de poeira e grãos de areia do planeta. Se você parar para escutar, você pode sentir as memórias que são inerentes à Terra. Quanto mais recentes elas são, mais na superfície estão e mais fáceis de ler. De certa forma, a Terra tem seus próprios Registros Akáshicos.

Guy cresceu em uma fazenda em Idaho e em um rancho em Montana. Seu bisavô, William Stibal, fundou a fazenda em Idaho em 1890. Naquele tempo a terra era selvagem e necessitava ser trabalhada. William fez as valas para a irrigação seguindo as estrelas, plantou árvores, cavou um poço, colocou as dependências e construiu um casarão em 1914.

Quando Guy herdou a fazenda 70 anos depois da morte de William, a primeira coisa que fizemos foi remodelar a casa que William e seu filho William (Bill) construíram. Foi um processo desanimador e teria sido mais fácil (e menos caro) ter construído uma nova casa. Mas contra toda a lógica, salvamos a velha casa da destruição. Durante a reforma, eu me senti compelida a colocar uma janela de vitral. Depois fiquei sabendo que isso era algo que William e sua esposa Bessie queriam. Eles haviam pensado em um no plano original da casa.

Então, coloquei um muro branco em volta da casa, exatamente como era quando William comprou-a.

Construí um novo celeiro para cavalos e comecei a criar cavalos Fresian, que são cavalos de tração leve. Descobrimos mais tarde que William Stibal Senior amava seus cavalos e os usava para puxar tratores quando eles atolavam. Ele tinha um celeiro que era feito especificamente para esses cavalos, com janelas para alimentá-los do lado externo.

Depois um dos campos foi nivelado, exatamente como ele gostaria que fosse.

Todos esses desejos estavam latentes ali. Os sonhos de William estavam gravados no terreno.

Locais Sagrados

Com o tempo, alguns locais acumularam sua própria energia especial e são usados com propósitos ritualísticos. Alguns exemplos são os círculos de Stonehenge e de Avebury na Inglaterra. Há muitas igrejas católicas que foram construídas sobre locais de rituais pela Europa.

Quando fui a Roma, Itália, fiquei em um hotel perto do antigo Coliseu. Quando disse aos meus amigos intuitivos onde eu estava hospedada, eles ficaram preocupados comigo. Eles acharam que deveria ser horrível estar hospedada em um local com aquela energia! Tantas pessoas morreram ali! Mas achei o Coliseu incrível. É claro que muitas pessoas morreram ali, mas tão importante quanto isso foi a vida que houve lá e os eventos que lá ocorreram. Não foquei na tristeza, mas na vitalidade do lugar.

Então, visitei a Basílica de São Pedro. Uma das mais belas igrejas do mundo. Mas a pessoa que me levou lá me disse quanto as pessoas de lá eram más. Ele perguntou: "Você sente o mal impregnado neste lugar?".

Não era essa a sensação que eu estava captando do local. Não era que eu não tivesse esse sentimento, mas é que, quando você olha para a grandeza da arte que há lá, tudo isso tem de ficar em segundo plano. Quando você olha para *Pietá*, escultura de Michelangelo, pode notar como ele captou a pungência no rosto de Maria enquanto ela tomava em seus braços o filho crucificado. Michelangelo também se recusou a colocar a marca nas mãos da escultura de Jesus, para que a imagem do filho de Deus não fosse maculada pelas marcas de pregos da crucificação. Ele fez isso pelo amor que sentia por Cristo e esse amor ficou retratado em cada centímetro da escultura. Quando você vê pela primeira vez os afrescos que ele pintou na Capela Sistina, pode sentir o amor que ele nutria pelo seu trabalho. Você também consegue ver sua ironia – em uma parede ele pintou um dos bispos que criticou o seu trabalho como um demônio no inferno.

Se você olhar para outros trabalhos dele, pode sentir a competição que existia entre os artistas, quando eles tentavam terminar seu trabalho antes dos outros. Você pode sentir o desafio de pintar a energia da espiritualidade em cada pintura e escultura do lugar. Mas, por tudo isso, você sente a alegria da vida em todas as suas obras de arte.

Senti que São Pedro foi, na verdade, queimado naquela colina em Roma e que o local se manteve sagrado apesar das vicissitudes dos maus papas, tristezas e ódio. O sagrado ainda permeia o lugar com uma ressonância de tirar o fôlego.

Alguns anos depois, eu estava em um local sagrado no México. Meu representante, Antônio, me levou ao Santuário da Virgem de Guadalupe na Cidade do México para ver a imagem da virgem que apareceu milagrosamente em uma Tilma, um tipo de capa vestida pelos mexicanos nativos. Descobri que os mexicanos iam até esse santuário para serem curados e terem sua fé renovada. Sua fé permeava o lugar, mas havia uma energia estranha de corrupção na igreja.

Quando eu vi a Tilma, soube que não era a original e que a verdadeira estava atrás, trancada em uma sala. Quando eu disse isso ao meu guia ele ficou impressionado e me perguntou: "Como você sabe disso? Eu conheço os seguranças que protegem o santuário e a original está trancada em um cofre".

O ponto é esse: se você procurar pelo mal, você sempre pode encontrá-lo. O mal existe no mundo, mas, quando as pessoas vão a lugares sagrados devem aproveitar o sagrado que está ali, sem se concentrar nos aspectos negativos que existem. Se focarmos no negativo, damos poder a ele e fazemos com que cresça.

As emoções são muito poderosas. Se muitas pessoas projetarem emoções durante um tempo em um lugar, elas criam campos de energia que são armazenados ali. Alguns locais sagrados acumularam tanta energia que criaram curvas no tempo.

Curvas no Tempo

Nós deixamos uma profunda impressão no local onde morremos. Essa impressão no local faz com que intuitivos, às vezes, tenham a sensação de que precisam viajar para terras distantes para coletar fragmentos de alma de vidas passadas. A ideia é que, uma vez que esses médiuns recolham esses fragmentos de alma, eles também recuperem o poder de suas vidas passadas e, assim, fiquem plenos. Isso tudo se baseia na ideia de que há memórias presas na terra.

A terra mantém gravadas as memórias de todos os tipos de eventos. Quanto mais recente é o evento, mais fortes são as memórias associadas a ele. Isso torna mais fácil percebê-lo intuitivamente. Por exemplo, nos Estados Unidos houve uma guerra civil em 1860 que causou 5 milhões de mortes. Em alguns campos de batalha dessa guerra, os ecos ainda são muito altos, pois muitas mortes aconteceram lá ao mesmo tempo.

A repentina liberação da força de vida do corpo é uma ação poderosa e, quando muitas pessoas morrem ao mesmo tempo, um vórtice de energia forma uma grande curva ou dobra no tempo e um portal é criado. Essa é uma das razões por que algumas pessoas conseguem ver uma batalha continuar mesmo cem anos depois de ter acontecido.

Essa é apenas uma das formas de curvas no tempo. Há muitos tipos e diferentes causas. Como a que eu vi no Parque Nacional Yellowstone muitos anos atrás.

O Parque Nacional Yellowstone é um dos meus locais favoritos no mundo todo. Uma das razões de eu ter ficado tanto tempo no Sudeste de Idaho foi para ficar perto dele. É um dos meus locais de poder, um lugar especial aonde vou para me recarregar com a energia vulcânica que tem lá. Energia vulcânica também cria curvas no tempo.

A primeira vez que vi uma curva no tempo em Yellowstone foi muitos anos atrás, quando estava descendo a trilha de Old Faithful.

Conforme cruzei uma ponte que passava por um lindo rio, vi um casal nativo-americano que estava absolutamente apaixonado (não, eles não estavam tendo relações sexuais, mas estavam apenas sentados, desfrutando da companhia um do outro). Eu tive uma forte sensação quando vi a mulher e isso despertou em mim um sentimento de *déjà vu*. Muitas memórias começaram a vir em relação à vida dela e eu a reconheci como "Aquela Que Fala com o Vento".

Essa é uma das razões pelas quais eu gosto de voltar ao Parque Yellowstone de tempos em tempos: para ver esse casal e para me recarregar com a energia desse lugar especial.

Descobri que era mais fácil ver esse divino casal quando o tempo estava um pouco nebuloso ou chuvoso. Por que posso vê-los? Acredito que há diversas razões. Acho que fui uma nativa-americana na vida passada e o amor intenso entre essas duas pessoas abriu um portal no tempo, de forma positiva, diferente de um campo de batalha ou de uma morte violenta.

Uma vez um homem veio receber uma leitura e ele via fantasmas de nativos-americanos andando na sua casa. Ele pensou que se tratava de espíritos errantes, mas, quando fui até a casa dele para enviá-los à luz de Deus, percebi que o fenômeno era uma curva no tempo. Como os espíritos não eram errantes, eu não soube como mudar a situação. Eu lhe disse que eles eram inofensivos e que ele deveria cobrar ingressos para as pessoas irem assisti-los. Se eu soubesse fazer o que sei hoje, eu teria movido a abertura do portal para fora da casa para outro lugar.

Uma curva no tempo é uma abertura para outro tempo. Você pode ver as pessoas lá, mas elas não podem ver você. Elas estão vivendo as suas vidas, e esse momento é o que você está vendo na curva do tempo.

Uma Curva no Tempo por um Cristal de Quartzo

Tenho muitos cristais em casa, porque os cristais de quartzo magnificam as energias intuitivas. Tenho também um mineral chamado cianita para que a energia dos cristais não dê dor de cabeça.

Na minha antiga casa em Labell, Idaho, havia tanta energia na casa que uma curva no tempo foi criada e eu via um fantasma de um fazendeiro andando pela sala. O homem não estava consciente da minha casa e pensava que estava arando o campo, mas ele estava em dois locais ao mesmo tempo. Ele não era um fantasma e eu só conseguia ver a metade do seu corpo, pois o nível da terra na sua época ficava abaixo do chão da minha sala. Então eu conseguia ver a metade dele caminhando no chão da sala! Admito que isso não acontecia o tempo todo, mas somente quando as condições eram adequadas, por exemplo quando havia chovido muito antes.

Também houver outras vezes em que eu vi uma tipi (tenda dos nativos americanos) quando eu estava olhando pela janela dos fundos da casa atrás de uma pequena ponte que leva a uma floresta de álamos. Essa visão não era de um fantasma, mas um eco de outro tempo.

AS MEMÓRIAS NA MÃE TERRA

Armazenadores de Memórias

A luz é uma grande acumuladora de conhecimentos e as memórias nela são facilmente guardadas na Terra. Os minerais da Terra mantêm as dos seres vivos e também de todos os eventos ocorridos no passado. Eles absorvem memórias não apenas das plantas e animais que morreram e retornaram à Terra. As pedras preciosas têm habilidade de ampliar as memórias de forma bem superior à de outros minerais. Esmeraldas, diamantes, rubis, safiras e tanzanites são muito boas para acumular memórias de coisas vivas e luz das estrelas. Ainda que estiveram enterradas na terra, elas guardam memórias da luz do Sol, assim como as memórias de outros sóis do Universo. É por isso que nós recebemos inspiração quando usamos cristais.

Recobrando conhecimentos passados de pedras preciosas

1. Vá para o Sétimo Plano da Existência (veja as páginas 31, 32 e 33) e faça o comando: "Criador de Tudo o Que É, é comandado (ou requisitado) que eu recobre todo o conhecimento que está nessa pedra".

2. Assim que o processo termine, enxágue-se na energia do Sétimo Plano e permaneça conectado a ela.

Cada cristal na Terra tem algum tipo de memória gravada nele e como uma consequência ele desenvolveu a habilidade de acelerar a energia dos animais e dos humanos. É por isso que você pode usar cristais para melhorar a sua inteligência e se aprimorar de outras maneiras em você. Uma das habilidades que alguns tipos de cristais do Primeiro Plano têm é a de acelerar a essência da pessoa que os utilizam no Terceiro Plano. É como uma união entre as energias do Terceiro e do Primeiro Planos, e se você pudesse ver essa interação através do olhar de um intuitivo seria interessante, a imagem da energia do cristal passando para a pessoa e voltando ao cristal.

Há algumas regras do que se fazer quando estiver lidando com cristais. Você nunca deve colocar um cristal ou mineral na água para então bebê-la. Alguns cristais e minerais possuem substâncias tóxicas neles, tais como arsênico, chumbo, cádmio, manganês ferro e outros que podem lixiviar na água. Se você beber, pode resultar em uma intoxicação por metais pesados.

As energias do Primeiro Plano não apenas aceleram os atributos que você já tem, mas essas essências da terra podem também ser programadas para complementar a sua vida e trabalhar para você. Os minerais e cristais que ficam na sua casa ou trabalho deveriam todos receber tarefas específicas.

Quando comecei a fazer a ativação do DNA, programei alguns dos meus cristais para fazerem a ativação do DNA em outras pessoas. Quando as pessoas os tocavam, seu DNA seria ativado. Fiz isso para que esse conhecimento não fosse perdido. Você pode programar uma pedra especial ou joia para ser o seu guardador de memórias.

Crie um armazenador de memórias

Faça o download das suas experiências no seu guardador de memórias.

1. Suba ao Sétimo Plano da Existência (veja as páginas 31, 32 e 33) e faça o comando: "Criador de Tudo o Que É, é comandado (ou requisitado) que eu faça o download do conhecimento das minhas experiências nesse garmazenador de memórias. Envolva-o com amor".
2. Assim que o processo terminar, enxágue-se na energia do Sétimo Plano e permaneça conectado a ela.

Você pode fazer o download no cristal para que ele tenha a habilidade de gravar tudo o que você aprendeu todas a vezes que você tocá-lo. Quando viajar, programe-o para que aonde você for seja como a sua casa.

Se você programar joias e elas forem passadas para seus filhos, elas terão a sua assinatura energética e eles serão aptos a se conectarem com você onde você estiver nos planos da existência.

Alguns de nós ainda estão à procura das joias que tivemos em outras vidas e que foram carregadas com as memórias ancestrais, as quais podemos nunca mais encontrar...

Energia das Pedras

Quando as pessoas em meus cursos veem que estou usando lindas pedras preciosas, elas devem saber que sou atraída por pedras por causa de sua energia e da sua beleza. Eu, dificilmente, compro diamantes, por exemplo, porque não me sinto atraída por eles. Eles não têm uma energia de que gosto. Descobri que alguns diamantes necessitam ser limpos de memórias de violência e de intrigas que eles carregam. Por causa disso, eu não comprarei "diamantes sangrentos".

As pedras seguintes são as que descobri que me dão proteção e cuja energia tem afinidade com a minha. Você, leitor, vai precisar descobrir quais os tipos de pedras e minerais são adequados pra si.

Ametista

A pedra dos aniversariantes de fevereiro é a ametista. Ela é parte da família do criptocristalino dos quartzitos comuns. É produzida quando um quartzo cristalino possui uma grande quantidade de ferro nele. Essa introdução de ferro dá um tom roxo profundo à pedra. A maioria das ametistas do mercado passa por um processo de tratamento por calor para ter a sua coloração realçada.

A ametista é uma em uma família de pedras que podem ser usadas pelos intuitivos. O seu nome vem do grego e significa "sobriedade". A ametista foi considerada por gregos e romanos um grande antídoto para o alcoolismo. Ela significa sobriedade até os dias de hoje.

O mito sobre a sua origem vem dos gregos. A história conta sobre Bacchus, o deus do vinho, que ficou irritado com um mortal que se recusou a reconhecê-lo e gritou ao vento a sua fúria sobre todos os mortais que não participavam do seu hábito de beber.

Ametista era uma jovem linda a caminho de ir adorar a sua deusa, Diana, quando foi detida por um deus furioso. Bacchus chamou dois tigres para devorá-la, mas Ametista chorou para Diana ajudá-la. Para salvar a garota, Diana a transformou em uma estátua de puro quartzo branco.

Quando Bacchus viu a linda estátua, ele se comoveu e derramou lágrimas de arrependimento pelas suas ações. Suas lágrimas caíram dentro do cálice de vinho, respingando vinho sobre a estátua. O quartzo branco absorveu a cor do vinho e as lágrimas do deus, e então a ametista foi criada.

Como você pode ver, a ametista é popular há milhares de anos e é uma de minhas favoritas. Essa pedra abre a intuição para os planos da existência. Ela abre o terceiro olho e as habilidades inerentes ao chacra da coroa. Quando colocada no corpo, ela abre a pessoa para o seu potencial intuitivo e aumenta as suas habilidades de cura. Se colocar em casa um aglomerado de ametistas, ela limpa e atravessa as energias negativas que entram pela porta ou que são absorvidas pelas paredes. É uma pedra vital para ter em casa, por esse motivo.

Andradita Melanita Granada

Essa é uma das minhas pedras preciosas favoritas. Ela pode reter a energia debaixo de uma pirâmide e foi a primeira pedra a despertar meus sentidos intuitivos.

Apofilita

A apofilita constantemente acorda nosso DNA para nosso tempo divino.

Água-marinha

É uma pedra da família berilo que os curadores deveriam ter em suas casas para criar conforto e ajudar na conexão entre as energias da

Terra e do céu e com o Criador. Essa pedra com as cores do oceano funciona como uma ponte intuitiva por causa da sua associação com a energia da água.

Ônix Preto e Obsidiana

Ônix Preto e a Obsidiana são boas pedras para protegê-lo contra os sentimentos negativos em casa e no trabalho.

Celestita

Celestita nos desperta para a presença dos nossos espíritos guias e anjos.

Citrino

Citrino é a variação amarelo-dourada do quartzo e irmão da ametista. O citrino natural é raro e a maior parte dos citrinos no mercado são ametistas ou quartzo esfumaçado, tratados no calor.

A cor dourada do citrino lhe dá a habilidade de atrair abundância e estabilidade financeira, por ser a cor do ouro. Quando falo de abundância, não estou apenas falando de dinheiro, mas também de saúde, equilíbrio nos relacionamentos, abundância na família e abundância espiritual. Tenho uma grande quantidade de citrinos dourados que uso para abençoar com abundância os meus alunos.

No nível físico, o citrino ajuda a limpar o fígado e a equilibrar o plexo solar.

Espiritualmente, ele nos traz a percepção de que criamos o que quisermos e integra nossa espiritualidade na nossa vida naturalmente. Ele aumenta a empatia para que possamos perceber os sentimentos dos outros de uma forma equilibrada.

A ametista e o citrino são meus cristais favoritos para ter em casa.

Diamante

O diamante foi por muito tempo o símbolo do amor. A pedra é uma ferramenta para o despertar espiritual, mas não é, na minha percepção, tão eficiente quanto a apofilita.

Dioptásio

Mais e mais pessoas se sentem atraídas a dioptásio como uma pedra intuitiva, pois ela cura o coração, amplia a energia do coração e atrai bondade.

Tenho algumas espécies dessa pedra que têm a clássica cor esmeralda com uma forte mancha azul. Colocar a dioptásiona sua casa traz a forte lembrança do dom da bondade, mas, como todas as coisas, é preciso que você aceite essa forte sugestão da pedra.

Esmeralda

Uma das grandes pedras curadoras do planeta Terra é a esmeralda. Essa é a pedra que a rainha do Egito usava no mundo antigo, e há razões para isso. Nas formas bruta e polida, essa incrível pedra da família berilo tem uma vibração muito alta. A esmeralda verdadeira traz de volta dons e experiências de vidas passadas e nos lembra de tudo o que seremos no futuro. Ela também traz a informação de diferentes tempos e lugares multidimensionais. Ela dá clareza para qualquer memória mantida no mundo metafísico.

Na sua forma polida, a esmeralda nos mantém calmos e alertas. Quando a usamos ou a colocamos em nossa casa, ela estimula o melhor que há em nós. Ela amplia nossa capacidade de cura do corpo físico e espiritual, com ênfase nos problemas do coração.

A esmeralda é muito importante para os tempos de grandes mudanças. Muitas memórias ancestrais estão aguardando para serem descobertas no seu coração. Versões mais baratas da esmeralda estão disponíveis no mercado e o preço alto nem sempre significa que a pedra tem melhores atributos.

Opala de Fogo

A opala de fogo é outra pedra importante nos tempos atuais. Como é uma pedra macia, formada principalmente por água, funciona como uma ponte entre as dimensões, tempos e lugares. Ela traz de volta as energias perdidas de quando alguém doa demais a sua energia aos outros, e então traz os fragmentos de sua alma. Ela também amplia cada atributo espiritual que temos e se mistura bem com outras pedras, apesar de os boatos dizerem o contrário.

Ouro e Prata

O ouro é um dos mais importantes de todos os elementos em termos de metafísica. Ele amplia tudo, mas também traz a perfeição ao corpo. O ouro é tanto masculino quanto feminino e afeta ambos os sexos da mesma forma, apesar da tradição de que o ouro é o metal do Sol (masculino) e que a prata é o metal da Lua (feminino). Podem ser usados para nos manter aterrados nesta realidade, mas também nos permitem deixar essa ilusão quando quisermos. Dessa forma, eles ajudam a alcançar os reinos espirituais e ainda assim permanecer no corpo humano.

Nem a prata nem o ouro interferem com a energia dos cristais, e o ouro amplia as propriedades dos minerais.

Hematita

A hematita é a pedra de proteção, guerreira. Ela amplia e equilibra o masculino em homens e mulheres.

Jade

Jade é a pedra de cura perfeita e pode auxiliar na cura de uma doença, tanto física quanto espiritual. É uma pedra que empodera o corpo enquanto tira dele as energias negativas. Ela quebrará quando alcançar um ponto em que absorveu muita energia negativa. Os curadores deveriam usar a jade no corpo, na sua casa e no seu trabalho.

Cianita

A cianita é uma das melhores pedras para limpar negatividade. Ela deve ser uma das pedras da sua sala de atendimentos, pois transforma energias estranhas em positivas. Ainda, doa energia para a sala de cura e, se for feito um download nela, ela cumprirá e se tornará ainda mais poderosa. Acianita também equilibra todos os outros cristais da sala para que as diferentes energias trabalhem juntas.

Diferente de muitos cristais, a cianita nunca precisa ser limpa. Fisicamente, trata dores de barriga e de cabeça.

Larimar

Larimar foi descoberta na República Dominicana em 1974. Ela traz de volta as memórias ancestrais e talentos latentes e também nos transporta ao futuro e para futuros talentos. Ajuda a despertar nosso DNA para que possamos nos lembrar da nossa divina missão do passado e do presente.

Moldavita

A moldavita é da família de pedras chamadas tektites. Elas são produzidas por impactos de meteoros, resultado da fusão entre o céu e a

Terra, e então são atraentes para pessoas metafísicas, como pedras de energia. Elas são, na realidade, o vidro que é formado sob calor intenso, causado por meteoros quando eles chegam à Terra ou na atmosfera terrestre. Ela pode ter diferentes cores, dependendo da composição da explosão do meteoro, do lugar onde ela aconteceu e da composição do meteoro em si. A moldavite é rara e bonita, da cor verde.

Essa pedra traz a percepção de que todos somos conectados com Tudo o Que É. Ela é levemente iluminada; então, ao colocá-la na sua casa, você estará aumentando a sua energia e fazendo com que os eventos ocorram mais rapidamente. Isso significa que é uma pedra de manifestação. Ela pode trazer grandes mudanças para a sua vida. Mas, se a programarmos para que nos traga boas lições, seremos capazes de ter um mínimo de controle sobre o ritmo do nosso caminhar e de quão severas serão as lições aprendidas.

Peridoto

O peridoto faz tudo o que uma esmeralda faz, mas em um grau menor. Muitas pessoas não podem pagar o preço de uma esmeralda, mas podem comprar um peridoto. Tanto a esmeralda quanto o peridoto destacam o nosso verdadeiro ser.

Pirita

A pirita é uma pedra para proteção.

Quartzo

O quartzo é um potente ampliador de energia, fato que os antigos já intuíam e que a ciência moderna pode agora confirmar completamente. Os cristais de quartzo têm o que a ciência moderna chama de propriedades piezoelétricas. Isso significa que eles têm a capacidade de transformar uma força mecânica em eletricidade ou uma corrente elétrica em uma força mecânica. Eles têm diversos usos no mundo moderno, incluindo em artefatos eletrônicos, ópticos, vidro manufaturado, argamassa, pedras de amolar, lixas e compostos para limpeza.

O quartzo é a segunda substância mais abundante na Terra. Nos tempos antigos, grupos de cristal de quartzo eram distribuídos nas quatro direções cardinais da casa para proteção contra negatividades de todos os tipos. A ideia era que a negatividade fosse movida suavemente pela casa, sem criar conflitos.

Os quartzos podem ser de cores diferentes.

Rubi

As pessoas se sentem atraídas pela energia do rubi porque ele aumenta a coragem. Especificamente, ele dá a quem o usa coragem para ser diferente e para afirmar aquilo em que acredita. É por isso que guerreiros são atraídos para essa pedra. O rubi também torna quem o usa mais focado em seus objetivos e na realidade criada. Ele dá um bom senso comum espiritual.

Safira

Safira é qualquer cor do mineral corindo que não seja vermelha (que é a rubi), então ela vem em muitas cores distintas e em um espectro variado, como o arco-íris. É uma pedra importante que nos coloca no nosso caminho espiritual da maneira melhor e mais elevada. Ela também nos ajuda a nos apresentar ao nosso eu espiritual.

A safira nos traz a verdadeira abundância, se pudermos aguentar sua grande energia. A safira azul tem a energia mais forte do que as pedras de outras cores. Uma boa safira vai nos realinhar constantemente, como se fosse uma pessoa importunando, dizendo que você saiu do alinhamento emocional e espiritual. Mas, quando estamos em alinhamento, a safira amplia nossas habilidades. Quando a usamos, conseguimos manter equilíbrio emocional ao nos comunicarmos com os outros.

O nível de energia de uma safira difere de pedra para pedra. A melhor recomendação que posso dar sobre comprar uma pedra preciosa de alto valor é saber quem é o vendedor. Se um vendedor disser que a pedra é completamente natural, ele pode não estar falando a verdade. A maioria das pedras corindo é tratada por calor ou irradiação. Isso não quer dizer que uma determinada pedra não é uma safira ou que não acelera a energia. Mas um bom acelerador de energia vai falar com você e lhe dizer se quer que você o compre ou não, e você deve ser capaz de sentir o nível da energia da pedra quando ela fala com você em sua linguagem sagrada.

Quartzo Fumê

A cor do quartzo fumê vem do resultado de raios gama (naturais ou artificiais) combinado com as impurezas de alumínio. Sua cor varia do marrom ao preto e, às vezes, cinza.

O quartzo esfumaçado é reconhecido pela sua habilidade de transmutar energia negativa em positiva. Tem a habilidade poderosa de absorver e limpar emoções indesejadas que foram projetadas no ambiente. É por isso que é tão bom de tê-la em uma sala de terapias.

Turmalina

A turmalina amplia nossas energias espirituais. Ela tem a habilidade de nos lembrar da beleza da criação.

Turquesa

Turquesa é usada para curas em todo o mundo, particularmente para artrites. Isso funciona como uma ponte que conecta a mente material com a mente espiritual fazendo-as trabalharem juntas ao mesmo tempo.

A Santa das Pedras Preciosas: Hildegard von Bingen

A tradição de curas com cristais vem, na sua maior parte, de Hildegard von Bingen, uma abadessa cristã que nasceu em 1098 em Bermersheim, na Alemanha. Ela foi a primeira grande mística de regiões germânicas. Seu trabalho, *Scivias*, que fala sobre suas visões religiosas, é famoso ainda hoje.

A inspiração para esse trabalho de Hildegard com as pedras preciosas, no seu tratado médico, *Physica*, é o Bispo Marbod de Rennes, que compilou um livro sobre elas 60 anos antes. No entanto, outros consideram seu trabalho visionário desde a sua origem.

Hildegard descreve as seguintes pedras preciosas: ágata, ametista, berilo, cornalina, calcedônia, crisolita, chrysoprásio, diamante, jacinto, jaspe, ônix, prase, rubi, safira, sardônix e topázio.

Provavelmente, para proteger seus ensinamentos de ataques, ela não ofereceu nenhuma bênção diretamente das próprias pedras. Ela não falou de nenhuma consciência específica delas mesmas, mas sugeriu, em razão da própria natureza das pedras, que elas eram hostis ao mal e intrinsecamente divinas, ao escrever:

> "Cada pedra tem fogo e umidade dentro dela. Mas o Diabo odeia e despreza as pedras preciosas, porque ele se lembra de que sua beleza apareceu para ele antes de ele cair das graças dadas a ele por Deus e também porque certas pedras preciosas são criadas pelo fogo no qual ele recebe a sua punição desde que, pela vontade de Deus, ele foi consumido pelo fogo".

Seria verdade dizer que as raízes, do que hoje conhecemos, das curas por cristais, vêm do misticismo cristão e não eram consideradas heresia pela Igreja medieval.

Todas as culturas usaram cristais praticamente da mesma forma que foram usados por Santa Hildegard e, mesmo separadas por longas distâncias, atribuíram basicamente as mesmas qualidades para as mesmas pedras. Os nativo-americanos, chineses, indianos, egípcios, romanos, gregos e aborígenes australianos têm usado pedras preciosas para curas. Essa prática já existe há milhares de anos.

PROGRAMANDO OBJETOS INANIMADOS

Todos os minerais têm a habilidade de guardar memórias e podem emitir energias que tenham sido dadas a eles – programadas neles – por formas-pensamento *light*. Os cristais têm essa habilidade por excelência, e essa é a razão, além da sua beleza, pela qual somos tão atraídos por eles, como armazenadores de memórias e transmissores de energia.

Uma das coisas que podemos fazer com um cristal é o download da forma-pensamento do Sétimo Plano nele e então programá-lo com a habilidade de transmitir a energia dessa forma-pensamento para toda a casa.

Uma das razões para fazermos isso é para que esse download substitua qualquer memória negativa que já esteja nas pedras. Outra razão é para que a energia que queremos seja enviada para nós.

Programe um objeto inanimado

1. Suba ao Sétimo Plano da Existência (veja as páginas 31, 32 e 33) e faça o comando: "Criador de Tudo o que É, é comandado (ou requisitado) que esse objeto receba o download da habilidade (nome da habilidade). Grato. Está feito, está feito, está feito".
2. Testemunhe o download vindo do Criador até o objeto.
3. Assim que o processo terminar, enxágue-se na energia do Sétimo Plano da Existência e permaneça conectado a ela.

A energia nos retroalimenta do mesmo modo como quando colocamos itens simbólicos na nossa casa ou negócio. Algumas pessoas possuem a imagem de Jesus ou crucifixos que têm um grande simbolismo de salvação gravado neles. Outras pessoas usam o símbolo do "OM" que representa o som do Universo. Esses símbolos inorgânicos têm apenas o poder que implantamos neles. No entanto, isso acaba mudando o nosso ambiente para melhor.

Se você vier à minha casa, você verá símbolos dos sete planos da existência. Tenho pedras do Primeiro, fadas e plantas do Segundo, fotos dos meus filhos do Terceiro, fotos dos meus ancestrais do Quarto, símbolos dos mestres do Quinto, a geometria sagrada do Sexto. Isso serve para eu me lembrar de que sou parte do Tudo o Que É.

Programe seu ambiente para melhorar sua vida

1. Suba ao Sétimo Plano da Existência (veja as páginas 31, 32 e 33) e faça o comando: "Criador de Tudo o Que É, é comandado (ou requisitado) que tudo em meu ambiente melhore a minha vida. Grato. Está feito, está feito, está feito".
2. Testemunhe os objetos da sua casa e proximidades recebendo o download com as energias que enriquecem a sua vida.
3. Assim que o processo terminar, enxágue-se na energia do Sétimo Plano da Existência e permaneça conectado a ela.

Quando você começa a programar o seu ambiente, você pode se dar conta de que há muitas coisas que você não quer mais. Assim como o seu corpo, sua casa também é um reflexo de você. Se ela está toda bagunçada, é porque a sua mente também está bagunçada. Se você tiver bagunça na sua mesa, na sua geladeira, além disso, você ainda tem filhos ou um fardo pesado na sua vida... Isso vem do sentimento de que você tem de carregar o peso do mundo nas suas costas. Limpe a sua casa e limpe a sua mente! Livre-se de tudo que está tirando sua energia e que não está lhe dando energia. Não guarde roupas que você não tem a intenção de usar novamente. Remova da sua casa tudo o que não lhe serve. Isso não significa que você tem de comprar móveis novos, mas que você deve ter coisas de que gosta e que o façam se sentir confortável. Se você não gosta de algo, desfaça-se! Isso abre espaço para abundância.

Abastecendo seu Ambiente

No estado de Theta, uma forma-pensamento condensada pode ser instalada em qualquer objeto importante da sua casa, carregando-o com as intenções corretas. Alguns exemplos:

- Sua mesa da cozinha deve ser carregada com a intenção de que lá sempre tenha abundância de alimentos, e que todos que sentarem à mesa sairão de lá recarregados e satisfeitos.
- Suas paredes devem permitir que você se sinta seguro.
- Seu sofá deve ser carregado para ser confortável e convidativo.
- Estátuas e pedras podem projetar abundância e refletir o sagrado.
- A cama deve ser carregada com amor, conforto, descanso e brincadeira.
- Os quadros podem ser carregados com nutrição, honra e inspiração (dependendo do tema).
- As esculturas podem ser carregadas com apreciação de beleza, poder e majestade.

Carregue todos os objetos da sua casa e do seu espaço com as suas intenções desejadas. Você pode se divertir muito fazendo isso.

Você deveria começar com o solo abaixo de você, para se livrar de fragmentos de alma que foram deixados para trás, e de todos os espíritos errantes também.

Liberando espíritos errantes e fragmentos de alma da terra

1. Suba ao Sétimo Plano da Existência (veja as páginas 31, 32 e 33) e faça o comando: "Criador de Tudo o Que É, é comandado que os espíritos errantes e fragmentos de alma negativos

sejam retirados desta terra. Está feito, está feito, está feito. E assim é".

2. Testemunhe os espíritos errantes e fragmentos de alma sendo enviados para a luz de Deus.
3. Quando tiver terminado, enxágue-se na energia do Sétimo Plano da Existência e permaneça conectado a ela.

Há um cristal na minha casa que tem o trabalho de expulsar todos os espíritos errantes. Há outro que tem o trabalho de enviar energia positiva para todos que entram pela porta. Cada cristal e todas as fotos são carregados com um download de um trabalho a fazer. Chamo isso de super *feng shui*. Reconheço que sou um pouco excêntrica. Bebo em copos azuis que têm o download de: "Tudo que eu bebo é puro e cheio de energia".

Você deveria programar todos os objetos em sua casa com um propósito específico. Uma das razões para isso é que eles têm impressões fantasmas de todas as pessoas que os tocaram no passado. Para um intuitivo, isso pode ser um pouco assustador!

Protegendo sua Casa

Para proteger e ampliar a energia que você quer na sua casa, pegue quatro cristais e os programe, então os coloque nas quatro direções cardinais da sua casa. Isso criará um vórtice de energia. A casa precisa ter um vórtice de energia positiva para que você se sinta energizado.

Uma vez criado o vórtice, assim como os objetos programados e cristais decorando a casa, esta terá uma energia própria que funcionará como um farol para espíritos errantes, espíritos, anjos e fadas, que são atraídos pela sua luz. É por isso que você deve limpar a sua casa 20 vezes ao dia colocando sinos ao seu redor.

Anjos e fadas são atraídos por sinos, e você deve programar a sua casa para acolher as fadas e os anjos, mas essas fadas devem ser educadas e não travessas. Quando você toca um sino, anjos e fadas serão atraídos para ele. Espíritos errantes e maus, por outro lado, odeiam sinos. Então, colocar sinos ao redor da casa vai impedir que qualquer energia negativa entre.

Conforme você tocar os sinos, faça o download neles de que: "Toda vez que você tocá-los, a casa e a região serão limpas de influências negativas".

Relógios que têm sinos e tocam todas as horas vão ajudar na limpeza do ambiente interno. Quando estou longe de casa por um longo tempo e não tenho como tocar os sinos, uso os relógios a bateria e deixo os sinos dos relógios fazerem o resto.

Regulando as Habilidades Intuitivas

Como mencionei anteriormente, alguns intuitivos têm uma tendência natural para criar vórtices de energia. Suas habilidades também podem gerar eletricidade estática. Quando essas pessoas estão emocionalmente equilibradas, está tudo bem, mas, quando elas não estão em equilíbrio, pequenos problemas técnicos podem ocorrer, tais como aparelhos elétricos explodindo, luzes se apagando, relógios parando, etc. No começo isso pode ser engraçado, mas depois de um tempo se torna caro. Por isso é importante que essas pessoas intuitivas mantenham o equilíbrio emocional.

Aprendi isso anos atrás quando trabalhei no processamento de batatas, como técnica de controle de qualidade. Eu testava o produto para sulfetos e aditivos. Eu ia pegar as amostras para testar e, quando chegava perto da máquina, esta parava de funcionar. Não demorou muito para os outros funcionários notarem que era só eu chegar perto de uma máquina que ela quebrava.

Na fábrica de batatas o trabalho era duro, longo e monótono. Então os funcionários me pediam para chegar perto da máquina deles para que pudessem tirar uma folga do trabalho. Quando eu ficava ali, a máquina quebrava, sempre. Os funcionários ficavam ali conversando por uma hora, aguardando a máquina ser consertada.

Nenhuma máquina estava a salvo de mim. Eu conseguia parar até as enormes esteiras de batatas chips. Eu parava até mesmo as máquinas de raio-x quando estava incomodada.

Um dia fui ver a minha amiga Chris, que também é intuitiva. Tivemos uma emocionante conversa sobre a vida durante uma hora, e então fui embora. No dia seguinte, ela me ligou e disse: "Vianna, eu te amo, mas talvez a gente não deva se encontrar por um tempo. Quando você esteve aqui pararam de funcionar meu micro-ondas, minha televisão e minha máquina de lavar roupas".

Eu me lembro de que, quando minha mãe ficava irritada, coisas estranhas aconteciam. Uma vez ela ficou tão irritada com seu namorado que todos os copos do guarda-copos explodiram. Isso pode acabar com um relacionamento. A mente é muito poderosa! Se você está explodindo as coisas, é um bom sinal de que você precisa regular suas habilidades.

Além disso, como intuitivo, você deve saber que, se estiver irritado ou chateado não deve dirigir. É possível que você quebre algo elétrico. Você deve fazer downloads em todos os eletrônicos para que eles estejam protegidos de você. E, antes de usar algum equipamento eletrônico, precisa estar calmo. Se você pegar o carro quando tiver estressado, diga a si mesmo que está em equilíbrio. Depois de fazer isso por um certo tempo, você vai se acostumando com essa energia intuitiva e esses problemas não acontecerão mais com tanta frequência.

Por outro lado, é possível curar aparelhos elétricos e máquinas. Há 20 anos, eu tinha um carro que dirigia à base de puro amor, fé e reza. Então um dia eu fiz algo que amassou a passagem do combustível. Estava tão estragado, que o combustível já não alcançava mais o motor. Quando levei ao mecânico, ele disse que não sabia como aquele carro ainda estava funcionando.

Outra vez, o carro estava andando com dificuldade e eu o levei ao mecânico novamente. Ele me disse então que a correia dentada estava estragada, que as faíscas estavam indo tão longe que ele não sabia como o carro podia estar funcionando.

INTERAGINDO COM A TERRA

As energias afetam todos nós e muitas vezes não percebemos quanto isso é poderoso. Acho que as pessoas estão até mesmo realizando curas espontâneas e recriando doenças em seus corpos, constantemente. Penso que isso tem muito a ver com fatores ambientais, como a falta das ondas de Schummann.

As Ondas de Schummann da Terra

Em 1954, dois cientistas chamados Schummann e Konig reportaram a descoberta de pulsações eletromagnéticas naturais da Terra, agora chamadas de "Ondas Schummann". Elas são ondas naturais formadas por quedas de raios na cavidade entre a superfície da Terra e a ionosfera. Os raios dão energia à cavidade e a fazem brilhar a frequências extremamente baixas, criando ondas eletromagnéticas que viajam ao redor da Terra na velocidade da luz, completando a volta no globo 7,83 vezes por segundo.

Um médico, dr. Ankermueller, percebeu que essa frequência se relaciona com as ondas cerebrais alfa nos humanos, e concluiu que as ondas de Schummann eram a essência das "ondas de pensamentos" da Terra. Ele contatou o professor Schummann, o qual permitiu que um dos candidatos a doutorado, Herbet Konig, analisasse. Ele comparou os resultados do encefalograma humano com os campos eletromagnéticos no ambiente e foi capaz de demonstrar que a frequência das ondas de Schummann era, na realidade, muito parecida com a frequência das ondas alfa.

Em uma pesquisa posterior, do dr. Wolfgang Ludwig, foi revelado que os sinais eletromagnéticos produzidos pelo homem na atmosfera tornaram a medição das ondas de Schummann quase impossível de ser mensurada em uma cidade. No espaço, quando os primeiros cosmonautas e astronautas não eram expostos às ondas de Schummann, eles reportaram estresse emocional e enxaqueca.

Mas, mesmo que as nossas cidades estejam interrompendo o ritmo de Tudo o Que É das ondas de Schummann da Terra, podemos dizer aos nossos espíritos para as recriarem, e isso irá compensar a sua falta.

A Terra nos Cura

Interagimos com a Terra de muitas formas. Muitos curadores têm uma necessidade incrível de curar a Terra da poluição que causamos desde o advento da Revolução Industrial. Ainda que isso seja muito importante, devemos entender que a Terra também nos cura.

A Terra gravou todos os eventos que aconteceram aqui. Ainda que haja muitas memórias de tristeza e muitos intuitivos as percebam, isso não significa que a Terra precisa que nós a curemos. Ela vai se curar sozinha de todos os erros que estamos causando ao meio ambiente. A Terra é tão antiga que esse ciclo de destruição e renascimento já aconteceu muitas vezes antes. Somos limitados no nosso entendimento de quanto poderosa e curadora a Mãe Terra realmente é, decorre o que da curta longevidade do nosso corpo. Mas, como espíritos imortais, veremos o momento em que a Terra renascerá e sua natureza restaurará o seu equilíbrio. Podemos até mesmo destruir o meio ambiente, mas a Terra continuará. Vida, morte e renascimento são processos naturais da Terra. Esse é o ciclo divino.

Isso não significa, no entanto, que não devamos nos movimentar para mudar a forma que usamos os recursos no presente. Nós devemos agir no sentido de não destruirmos o meio ambiente nesta existência.

Lembre-se de que dada essa chance, a Terra curará a si mesma e é nessa energia de cura que devemos focar e não na culpa e na tristeza que sentimos. Se conseguirmos aceitar a energia curativa da Terra, a própria Terra se tornará mais forte.

Da mesma forma que mandamos energia para a Terra, devemos ser capazes de aceitar a energia que ela envia de volta para nós. Mesmo uma planta em casa vai morrer se nós dermos muito amor a ela e não aceitarmos o amor dela de volta. Se você pedir, a Terra vai lhe enviar energia de cura. Você vai se surpreender, caso abra para receber.

Foque em permitir que a terra cure você na mesma medida que você a cura. A Terra *irá* curá-lo, mas somente se você não estiver ocupado tentando curá-la. Quanto mais energia você colocar em curar a Terra, mais tristeza virá a tona, pois há camadas e camadas de tristeza na Terra. Se você se concentrar nela, você não conseguirá avançar. Ao contrário, envie amor para a Terra e aceite o amor que vem de volta. Isso criará um ciclo divino entre a humanidade e a Terra.

As culturas tribais ancestrais seguiram esse ciclo divino e alguns elementos dele para sobreviverem até hoje. Os nativo-americanos ainda sabem sobre aceitar amor da Terra. Isso está nas memórias ancestrais do seu DNA. Os aborígenes australianos sabem a divina verdade sobre permitir que a Terra os guie e que eles não guiam a alma da Terra.

A alma da Terra não tem idade. Perguntei ao Criador quando o fim do mundo viria e vi que seria muito depois que já tivermos ido. Vi que podemos destruir a nós mesmos, mas, após alguns milhares de anos, a Terra seria restaurada e a vida continuaria sem nós. Agora que os mestres vieram ao Terceiro Plano, as chances de evitarmos a destruição e mudar o planeta para uma vibração de amor aumentou para 65%. No entanto, esses percentuais variam para cima e para baixo de acordo com as escolhas diárias que fazemos. Em algum nível, estamos conscientes disso. Quando as coisas estão mudando positivamente, sentimo-nos fisicamente bem. Mas, quando as nossas chances de nos salvar baixam, podemos experimentar algumas dores e sofrimentos que nós sentíamos antes.

Até agora, como espécie, temos caminhado na direção de tentarmos sobreviver, mesmo às custas do próprio meio ambiente, que é o que nos dá a nossa vida. O desafio que temos é transpor esses programas ancestrais de autodestruição.

Infelizmente, estamos aparentemente programados para criar destruição e guerra. Há sempre uma ameaça em algum lugar do planeta. Essa propensão ao conflito deixou memórias na Terra e em nós, pela consciência coletiva da nossa espécie, mas isso precisa ser ultrapassado para que possamos sobreviver. Se ficarmos obcecados com o risco da guerra, com as pessoas que foram mortas no passado, com a angústia e com a destruição que vêm com a guerra, então essa forma de consciência irá prevalecer na nossa sociedade.

Pare de sentir medo da Terra, da desolação, da negatividade e do ódio. Deixe que a energia positiva da Terra o cure. Suba e se conecte com Tudo o Que É e diga: "Eu estou aberto a qualquer amor que o mundo queira me dar", e as memórias negativas da Terra não vão mais afetá-lo.

Recebendo cura da Terra

1. Suba ao Sétimo Plano da Existência (veja as páginas 31, 32 e 33) e faça o comando: "Criador de Tudo o Que É, é comandado (ou requisitado) que a Mãe Terra me cure e que eu aceite isso. Está feito, está feito, está feito".
2. Testemunhe a energia de cura entrando no seu espaço.
3. Quando terminar, enxágue-se na energia do Sétimo Plano e permaneça conectado a ela.

Bênçãos da Terra – Bênçãos são mais Fortes do que Maldições

Quando Guy e eu ficamos juntos, ele quis consertar sua antiga casa, em vez de sair dela, pois ele a amava muito. Ele me prometeu que se dedicaria a arrumá-la. Concordei, mas achei que a casa tinha muitos desafios! Alguns deles incluíam o sistema de aquecimento e a purificação de água. Em seu tempo, nós fizemos as reformas e inúmeras renovações.

Quando terminamos, fiz uma pequena casa de campo fora dela. No entanto, não importava quanto nós renovávamos a casa, ela não parecia minha. Eu a programei, retirei maldições dela. Eu tentei. Toda vez que eu fazia limpeza nela, emergiam as memórias dos seus antigos donos. Algumas delas eram da ex-mulher do Guy e dos conflitos que eles tiveram naquela casa.

Levei um bom tempo até descobrir isso, mas um dia entrei na casa e percebi que eram as memórias de Guy que eu estava sentindo. Não era a casa, eram os sentimentos de Guy sobre ela.

Um dia eu olhei para o meu marido e disse: "Sabe, eu te amo, mas estou saindo desta casa".

Guy me disse que ele não se mudaria se na nova casa não houvesse árvores. Então manifestamos o que queríamos e encontramos uma casa, em que havia milhares de árvores, em apenas uma semana.

Então tivemos de vender a casa antiga. No começo, não conseguíamos vender, pois Guy estava apegado a ela. Então eu subi para além do meu espaço para ver se havia alguma energia segurando-o ali, como uma maldição. Descobri que, em vez de uma *maldição*, era uma *bênção* que o estava segurando ali. Isso estava acontecendo porque a terra havia concedido a ele uma bênção por ele ser o seu cuidador. Com a permissão de Guy removi a bênção e permiti que a terra abençoasse outro cuidador. Depois disso, foi mais fácil para ele prosseguir com a sua vida.

Em uma semana, vendemos a antiga casa. Muitos meses depois, passei dirigindo em frente a ela e pude sentir que ela não gostava do seu atual cuidador. Logo depois disso, ela foi vendida para uma pessoa do interior que entendia bem como cuidar de uma casa de campo. Então a casa pôde ser feliz novamente.

A nova casa que compramos estava esperando que eu fosse a sua cuidadora. Ela estava à venda há um ano e não tinha sido vendida. Quando eu a vi pela primeira vez, soube que isso estava acontecendo porque, quando as pessoas iam vê-la, a adolescente que morava lá as assustava ou o espírito de seu pai, que havia se suicidado na casa, as assombrava. No entanto, nada disso me assustou e eu fui olhar a casa novamente.

Da segunda vez que a vi, me deixaram lá sozinha por um momento. A voz da casa me disse para subir as escadas e olhar a mesa que estava lá em cima. Em cima da mesa havia um papel. No papel estava escrito o valor pelo qual a dona da casa a havia comprado e era muito diferente do valor que estavam pedindo por ela agora (que era um valor astronômico). Eu soube então quanto eu podia oferecer para que ela me vendesse a casa. Eu fiz duas ofertas e ela aceitou a segunda. Repare que objetos, casas e todos os tipos de coisas têm os seus próprios sentimentos e você deve estar ciente de que você pode ser abençoado para ser um cuidador.

A própria terra coloca um encanto sobre as pessoas que a compram. A terra, as plantas, as árvores e os animais da terra, todos combinam suas energias para se certificarem de que sejam cuidados da maneira correta. Isso não é mau se o dono da terra tem consciência disso. Mas, algumas terras levarão os seus donos à inconsciência. Qualquer negatividade que você mandar para a planta será refletida de volta a você e ampliada. Se você manda amor para a terra, ela também deve refletir isso de volta para você. Ela faz isso para que haja um equilíbrio nessa correspondência.

Sobre maldições, às vezes o que percebemos como maldição é apenas o pensamento negativo de outra pessoa. Acredito que pessoas podem se tornar tão sensíveis a ponto de escutarem os pensamentos negativos de outras pessoas e percebê-los como maldições que estão sendo enviadas diretamente para elas. Em qualquer situação, bênçãos são mais fortes do que maldições, juramentos ou votos. Se você se abençoar, isso o protegerá de maldições. (Se você não for capaz de fazer isso, então pode haver programas genéticos por causa de superstições passadas. Faça o teste energético para isso.)

Para liberar a bênção de uma terra, use o seguinte exercício:

Liberando uma bênção de uma terra

1. Suba ao Sétimo Plano (veja as páginas 31, 32 e 33) e faça o comando: "Criador de Tudo o Que É, é comandado (ou requisitado) que eu seja liberado dessa bênção, esse encantamento, dessa terra. Grato. Está feito, está feito, está feito".
2. Testemunhe a energia de encantamento sendo enviada para a luz.
3. Uma vez que terminar, enxágue-se na energia do Sétimo Plano da Existência e permaneça conectado a ele.
4. Agora tire uma foto da terra.

TRAGA TUDO JUNTO

Este exercício final vai guiá-lo por uma jornada para sentir, provar, tocar e ver os diferentes planos. Por meio dessa experiência, você poderá expandir a sua consciência para trazer todos os planos juntos e descobrir que você é os planos da existência.

Experimente Todos os Planos da Existência.

1. Suba ao Sétimo Plano da Existência (veja as páginas 31, 32 e 33) e faça o comando: "Criador de Tudo o Que É, é comandado (ou requisitado) para viaje para cada plano da existência, para sentir, tocar, provar e experimentar cada um deles em toda a sua glória, nesse dia (dia, mês, ano e hora). Grato. Está feito, está feito, está feito".
2. Visualize sua consciência sendo enviada para o Primeiro Plano da Existência.
3. Conecte-se aos minerais do Primeiro Plano da Existência e à sua forma de cura. O Primeiro Plano é composto de minerais, cristais, solo e rochas. É cada pedaço da Terra, desde o menor cristal à maior montanha, na forma inorgânica. Experimente os cristais e sua energia.

4. Conecte-se ao Segundo Plano da Existência e sinta o poder das ervas medicinais. O Segundo Plano consiste em material orgânico: vitaminas, plantas, árvores e elementais.
5. Conecte-se ao Terceiro Plano da Existência e perceba a ilusão. O Terceiro Plano consiste em moléculas baseadas em proteínas, estruturas à base de carbono e cadeias de aminoácidos.
6. Conecte-se ao Quarto Plano da Existência e aos seus ancestrais. O Quarto Plano é o mundo dos espíritos.
7. Conecte-se ao Quinto Plano da Existência e aos mestres. O Quinto Plano é o plano dos anjos, do Conselho dos Doze, da nossa família de alma, dos mestres, do nosso pai e da nossa mãe divinos.
8. Contate o Sexto Plano da Existência e as Leis.
9. Traga o conhecimento de todos esses planos para dentro de você e saiba que você é os planos da existência.
10. Quando terminar, enxágue-se com a energia do Sétimo Plano e permaneça conectado a essa energia divina.

Apêndice

Os Cinco Passos do Trabalho de Crenças e as Oito Formas de *Digging*

OS CINCO PASSOS DO TRABALHO DE CRENÇAS:

Os cinco passos são os seguintes:

1. Estabeleça um vínculo de confiança com a outra pessoa para encorajar a comunicação.
2. Identifique o assunto no qual a pessoa quer trabalhar.
3. Comece o processo de *digging*. Essa é a busca pela crença raiz que vai liberar todas as crenças que estão sobre ela.
4. Suba e conecte-se ao Criador, e então testemunhe as crenças sendo mudadas nos quatro níveis de crença – primário, genético, histórico e de alma.
5. Confirme que as crenças foram liberadas e substituídas por meio do teste energético.

AS OITO FORMAS DE *DIGGING*

O trabalho de *digging* é saber como fazer as perguntas certas e identificar a crença raiz que irá liberar todas as crenças que ela criou.
Há oito abordagens para o trabalho de *digging*.

1. Questões Básicas

Elas são:

"Quem?"
"O quê?"
"Onde?"
"Por quê?"
"Como?"

Exemplos:

"Por que você acha isso?"
"O que você aprendeu com isso?"
"Como isso te serve"?

Se a pessoa responde "Eu não sei", você pergunta: "E se você soubesse?" ou "Mas e se você soubesse...?". Isso permite a abertura para um programa de crenças mais profundo.

2. Fobias

Identifique o medo mais profundo que sustenta os outros medos. Pergunte:

"Qual a pior coisa que poderia acontecer se você estivesse em determinada situação?"

"O que aconteceria depois dessa situação?"

3. Drama (Trauma)

- Identifique um incidente no passado que evocou pela primeira vez a emoção traumática.
- Então identifique os atuais indicadores dos sentimentos da pessoa:

"Quando você começou a se sentir assim?"
"Com quem você se sente assim?"
"Onde você estava quando começou a se sentir dessa forma?"
"O que estava acontecendo nessa época?"
"Como você se sente sobre a situação?"
"Que ação você gostaria de tomar a respeito dos sentimentos que você tem sobre essa situação?"

- Identifique quando o sentimento evoluiu:

  "Qual a primeira vez que você esteve em situação similar e experimentou sentimentos similares?"
  "Como você se sentiu naquela situação?"

- Testemunhe crenças sendo liberadas e mudadas nos quatro níveis de crenças (primário, genético, histórico e de alma).
- Faça o download de sentimentos que são necessários para ajudar a pessoa a reconhecer a crença raiz.
- Pergunte:

  "O que você aprendeu com essa experiência?"
  "Por que você teve de experimentar isso?"
  "Como isso te serviu e como isso continua te servindo?"

4. Doença:

- Descubra qual é o problema e então comece a cavar mais a fundo.
- Descubra por que a pessoa ficou doente:

  "Quando foi a que a doença começou?"
  "O que estava acontecendo na sua vida naquele momento?"

- Descubra por que a pessoa continua doente:

  "Qual foi a melhor coisa que te aconteceu por estar doente?"
  "O que você aprendeu com essa doença?"

- Descubra por que a pessoa não consegue se curar:

  "O que aconteceria se você se curasse completamente?"

5. Manifestando

- Peça ao cliente para visualizar o que ele faria se tivesse todo o dinheiro de que precisasse.
- Pergunte ao cliente onde ele estaria se tivesse todo o dinheiro que quisesse.
- Como ele se sentiria se tivesse todo o dinheiro que quer.
- Essa pessoa tem um companheiro(a); se houver, como a família/amigos/alma gêmea reage(m) a todo esse dinheiro e tudo o mais? Descubra os problemas que fazem o cliente desconfortável

na sua visualização e comece a cavar mais fundo para resolver esses assuntos. Pergunte:

"O que você faria se tivesse todo o dinheiro que você sempre quis?"
"O que poderia dar errado nessa situação?"

6. *Trabalho de Gens*

Se você descobrir, pelo teste muscular, que uma pessoa possui certas crenças, mas ela, conscientemente, não acredita que as tenha, você poderá ver que ela ficará confusa, tornando difícil continuar o trabalho de *digging*. As crenças dela podem vir da sua genética ancestral e terem sido passadas adiante. Faça as seguintes perguntas e continue com o *digging*:

"Essa crença é da sua mãe?"
"Essa crença é do seu pai?"
"Essa crença é de algum ancestral seu?"

7. *Crenças da Consciência Coletiva*

Quando muitas pessoas têm as mesmas crenças, elas as aceitam como fatos e isso forma as crenças coletivas. Retire essas crenças e elimine-as completamente, para que o cliente possa evoluir.

Exemplos:

"Diabetes é incurável."
"Tenho medo de usar o meu poder."
"Eu fiz voto de pobreza."

Downloads:

"Diabetes é curável."
"Eu posso usar o meu poder com segurança e de forma pacífica."
"O voto de pobreza está completamente desfeito."

8. *O Impossível*

Esse trabalho é feito não para encontrar bloqueios, mas para reprogramar seu cérebro para aceitar o que é percebido como impossível. Pergunte:

"O que aconteceria se...?"

Esse apêndice foi compilado por Hiroyuki Miyazaki dos ensinamentos da Vianna Stibal.

Recursos

Cursos do ThetaHealing

O ThetaHealing é uma modalidade de cura energética fundada por Vianna Stibal, com instrutores certificados por todo o mundo. Os cursos e livros do ThetaHealing são desenvolvidos como guias de autoajuda para terapeutas desenvolverem as habilidades mentais curativas. O ThetaHealing inclui os seguintes cursos e livros:

Cursos do ThetaHealing ensinados por instrutores de ThetaHealing:

DNA Básico para Praticantes
DNA Avançado para Praticantes
Manifestação e Abundância para Praticantes
Anatomia Intuitiva para Praticantes
Criança Arco-Íris para Praticantes
Doenças e Desordens para Praticantes
Relações Mundiais para Praticantes
DNA 3 para Praticantes
Animal para Praticantes
Aprofundando no Digging para Praticantes
Planta para Praticantes
Alma Gêmea para Praticantes
Ritmo Peso Perfeito para Praticantes
Você e seu Parceiro para Praticantes
Você e o Criador para Praticantes
Você e seu Círculo Íntimo para Praticantes

Você e a Terra para Praticantes
Planos da Existência para Praticantes

Seminários Certificados ensinados exclusivamente pela Vianna Stibal e seus filhos no ThetaHealing Institute of Knowledge:

DNA Básico para Instrutores
DNA Avançado para Instrutores
Manifestação e Abundância para Instrutores
Anatomia Intuitiva para Instrutores
Criança Arco-Íris para Instrutores
Doenças e Desordens para Instrutores
Relações Mundiais para Instrutores
DNA 3 para Instrutores
Animal para Instrutores
Aprofundando no Digging para Instrutores
Planta para Instrutores
Alma Gêmea para Instrutores
Ritmo Peso Perfeito para Instrutores
Você e seu Parceiro para Instrutores
Você e o Criador para Instrutores
Você e seu Círculo Íntimo para Instrutores
Você e a Terra para Instrutores
Planos da Existência para Instrutores

O ThetaHealing está sempre crescendo e expandindo, e novos cursos são adicionados com frequência.

Livros:

ThetaHealing (Hay House, 2006, 2010)
ThetaHealing Avançado (Hay House, 2011)
ThetaHealing Doenças e Desordens (Hay House, 2012)
On the Wings of Prayer (Hay House, 2012)
ThetaHealing Rhythm for Finding Yor Perfect Weight (Hay House, 2013)

No Brasil, todos os cursos de ThetaHealing para praticantes são encontrados nas sedes, Rio de Janeiro e São Paulo, do Instituto Portal Healing Brasil.

O Instituto também promove cursos em diversos estados do Brasil e países do mundo.

Sobre a Autora

Vianna Stibal é uma jovem avó, artista e escritora. Seu carisma natural e compaixão por aqueles que necessitam de ajuda a tornaram conhecida como curadora, intuitiva e professora.

Após ter sido ensinada a se conectar com o Criador para cocriar e facilitar o processo único chamado ThetaHealing, Vianna soube que deveria compartilhar esse dom com o máximo de pessoas possível. Foi esse amor e apreciação pelo Criador e pela humanidade que possibilitou o desenvolvimento de sua habilidade de ver claramente dentro do corpo humano e testemunhar muitas curas instantâneas.

Seu conhecimento enciclopédico do corpo humano e profundo entendimento da psique humana, baseado na sua própria experiência e nos *insights* trazidos pelo Criador, tornam Vianna a praticante perfeita dessa incrível técnica. Ela obteve sucesso ao trabalhar com desafios da medicina, como hepatite C, vírus Epstein-Barr, AIDS, herpes, vários tipos de câncer e muitas outras desordens, doenças e defeitos genéticos.

Vianna sabe que a técnica do ThetaHealing é ensinável, mas, mais do que isso, ela sabe que a técnica necessita ser ensinada. Ela conduz seminários em todo o mundo para ensinar pessoas de todas as raças, religiões e crenças. Ela já treinou professores e praticantes que estão trabalhando em 152 países, mas seu trabalho não para por aí! Ela está comprometida em espalhar o paradigma do ThetaHealing no mundo inteiro.

<www.thetahealing.com>.

Sobre os Tradutores:

Giti Bond

Gustavo Barros

Giti Bond e Gustavo Barros, tradutores deste livro, são os pioneiros do ThetaHealing no Brasil e instrutores certificados como "Master and Science" (Mestrado e Ciência) no ThetaHealing pelo THInK - ThetaHealing Institute of Knowlodge no Estados Unidos.

Em 2010, na missão de trazer a formação completa para o país, ambos fundaram o Instituto Portal Healing Brasil, nas cidades do Rio de Janeiro e São Paulo, onde ministram todos os cursos de ThetaHealing para praticantes.

Além disso, ministram cursos em diversos estados do Brasil e do mundo.

Giti Bond e Gustavo Barros são os coordenadores de Vianna Stibal no Brasil na formação de instrutores.

Portal Healing®
BRASIL

Livro traduzido e distribuído no Brasil pelo Portal Healing Brasil.
Travessa Carlos de Sá, 10 – Catete
Rio de Janeiro – RJ – Brasil
Tels: 4003-3065 (Número nacional)
(21) 3071-5533/(21) 3071-4055 – RJ
Secretaria: (21) 98569-6087
Info: (21) 98494-9456
Produção: (21) 97997-2646
www.portalhealing.com.br
info@portalhealing.com.br

Leitura Recomendada

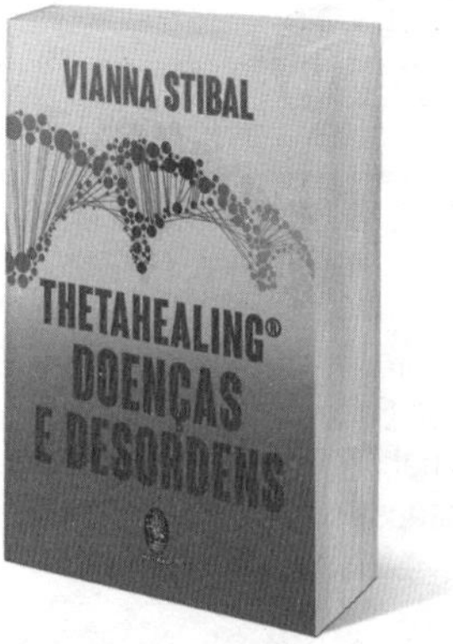

ThetaHealing® Doenças e Desordens

Vianna Stibal

Este é um guia definitivo para liberação das doenças a partir de uma perspectiva intuitiva, sendo complementar aos livros de DNA Básico e DNA Avançado de *ThetaHealing*, que introduziram esta técnica de cura surpreendente e suas poderosas aplicações para um público global. A ferramenta de referência perfeita para aqueles já familiarizados com o passo a passo do ThetaHealing.

ThetaHealing®

Uma das Mais Poderosas técnicas de Cura Energética do Mundo

Vianna Stibal

A ciência moderna está chegando a uma era de iluminação. Novas vias de pensamento estão emergindo, e a visão antiga de que a mente e o corpo são separados está se desintegrando. A consciência de que as emoções, os sentimentos e o poder do pensamento têm uma relação de sustentação e influência direta em nossa saúde física está se tornando parte do pensamento dominante.

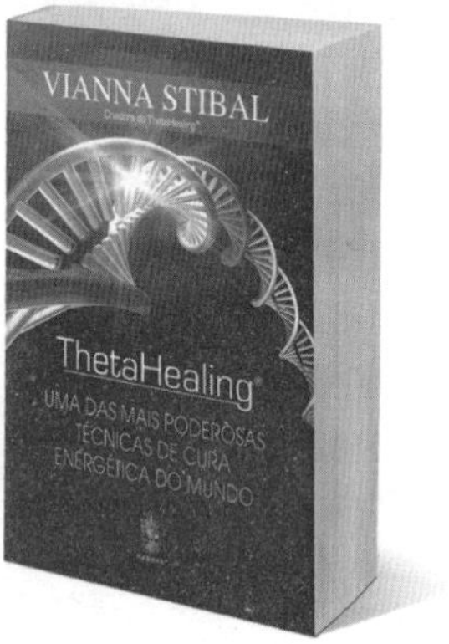

ThetaHealing® Avançado

Utilizando o Poder de Tudo o Que É

Vianna Stibal

Em seu primeiro livro, Vianna Stibal, a criadora do ThetaHealing®, apresentou esta técnica incrível para o mundo. Baseado em milhares de sessões com os clientes que experimentaram curas notáveis com Vianna, esse acompanhamento abrangente é uma exploração em profundidade do trabalho e dos processos centrais para ThetaHealing®.

www.madras.com.br